"十二五"普通高等教育车辆工程专业规划教材

汽车检测技术与设备

QICHE JIANCE JISHU YU SHEBEI

（第三版）

方锡邦　主　编
钱立君　孙　俊　副主编

人民交通出版社
China Communications Press

内 容 提 要

本书全面系统地介绍了汽车主要技术参数、技术性能以及汽车排放、噪声等方面的道路试验检测和台架试验检测的原理、方法及设备。

本书可作为车辆工程、交通运输、汽车服务工程等专业的教材,也可供有关工程技术和管理人员参考阅读。

图书在版编目(CIP)数据

汽车检测技术与设备/方锡邦主编. —3版. —北京:人民交通出版社,2012.7
ISBN 978-7-114-09749-2

Ⅰ.①汽… Ⅱ.①方… Ⅲ.①汽车-检测②汽车-车辆维修设备 Ⅳ.①U472.9

中国版本图书馆 CIP 数据核字(2012)第 066836 号

"十二五"普通高等教育车辆工程专业规划教材

书　　　名:	汽车检测技术与设备(第三版)
著　作　者:	方锡邦
责任编辑:	夏　犇
出版发行:	人民交通出版社股份有限公司
地　　　址:	(100011)北京市朝阳区安定门外外馆斜街 3 号
网　　　址:	http://www.ccpress.com.cn
销售电话:	(010) 59757973
总　经　销:	人民交通出版社股份有限公司发行部
经　　　销:	各地新华书店
印　　　刷:	北京市密东印刷有限公司
开　　　本:	787×1092　1/16
印　　　张:	12.5
字　　　数:	289 千
版　　　次:	2005 年 6 月　第 1 版 2009 年 4 月　第 2 版 2012 年 7 月　第 3 版
印　　　次:	2017 年 7 月　第 3 次印刷　累计 6 次印刷
书　　　号:	ISBN 978-7-114-09749-2
定　　　价:	25.00 元

(有印刷、装订质量问题的图书由本社负责调换)

"十二五"普通高等教育车辆工程专业规划教材

编委会名单

编委会主任

龚金科(湖南大学)

编委会副主任(按姓名拼音顺序)

陈　南(东南大学)	方锡邦(合肥工业大学)	过学迅(武汉理工大学)
刘晶郁(长安大学)	吴光强(同济大学)	于多年(吉林大学)

编委会委员(按姓名拼音顺序)

蔡红民(长安大学)	陈全世(清华大学)	陈　鑫(吉林大学)
杜爱民(同济大学)	冯崇毅(东南大学)	冯晋祥(山东交通学院)
郭应时(长安大学)	韩英淳(吉林大学)	何耀华(武汉理工大学)
胡　骅(武汉理工大学)	胡兴军(吉林大学)	黄韶炯(中国农业大学)
兰　巍(吉林大学)	宋　慧(武汉科技大学)	谭继锦(合肥工业大学)
王增才(山东大学)	阎　岩(青岛理工大学)	张德鹏(长安大学)
张志沛(长沙理工大学)	钟诗清(武汉理工大学)	周淑渊(泛亚汽车技术中心)

第三版前言

本书第三版是根据"十二五"普通高等教育车辆工程专业规划教材编委会2011年3月的北京会议精神和修订的编写大纲进行组织编写工作的。参编人员在第一版、第二版的基础上着重从以下两方面对本书的有关内容进行了修订。

一、针对部分新技术在汽车上的应用,对相关检测内容及方法进行了调整补充与更新。如第三章中增加了柴油发动机高压共轨技术轨压测量方面的内容;第四章增加了气体放电光源、LED前照灯结构和检测方面的内容;同时部分检测设备拓展升级功能分别在有关章节中作了介绍。

二、根据近年来颁布和修订的涉及汽车检测方面的国家及行业技术标准内容,本书有关章节作了相应的调整与修订。主要涉及《机动车运行安全技术条件》(GB 7258—2004)修订版中的有关规定内容和汽车安全性设施试验标准等相关内容。

本书第三版由方锡邦任主编,钱立军、孙俊任副主编,参编人员及编写内容与第二版相同。由于编者水平有限,疏漏之处在所难免,恳请广大师生和读者指正。

编 者

2012年3月

第二版前言

本书第一版自2005年6月出版以来,在国内高校师生和从事汽车检测技术的工程技术人员中间赢得了广大读者,并给予了较高的评价。2007年本书确定为"十一五"国家级规划教材。为此,撰写本书第二版,对第一版进行修订是非常必要的。

在第二版撰写过程中,我们在遵循第一版前言中所提出的编写思路的基础上,对第一版内容作如下调整和补充:

1. 近年来颁布的国家及行业标准中涉及汽车检测技术新的检验规程、检验方法、判定标准等相关内容补充到本书中。同时对第一版中已经废止的相关标准内容进行删减。

2. 随着现代科学技术在汽车上的应用日益广泛,尤其是汽车电子化进程获得快速发展,不断有新的电子控制系统装备到汽车上,以提高汽车的使用性能。这些新装备和新技术的应用,给汽车检测技术提出了新的课题。值得欣慰的是近年来汽车检测技术领域不断有新的研究成果,包括新的检测仪器设备以及新的检验方法等。我们尽力收集整理这些研究成果并编写在本书第二版中。

3. 针对本书第一版部分不适合的有关内容,包括已经过时的检测方法和检测设备以及插图等内容进行删减与更新。

本书第一版出版以来,编者经常接到热心读者提供的很多有价值的反馈信息。特别是部分高校老师和工程技术人员提出了很多建设性的建议。在本书第二版编写过程中,我们认真分析研究、积极采纳来自各方面的建议。力求使本书第二版能更好地惠及广大师生和读者。

我们首先感谢燕山大学韩宗奇教授在本书第二版撰写中给予的关心和支持,并提出很多宝贵建议;我们还要感谢合肥车力科技有限公司提供了许多资料和图片,从而丰富了本书的内容;在本书编写过程中国家襄樊汽车试验场和定远汽车试验场的领导和工程技术人员给予了大力支持并提供相关资料。在此向他们表示深深的谢意。同时我们还要感谢在本书第二版撰写、出版过程中关心支持及提供帮助的所有同仁和广大读者。

本书第二版由方锡邦任主编,孙骏、钱立军任副主编,参编人员与编写内容与本书第一版相同。尽管我们在本书第二版撰写过程中尽心尽力,但由于编者学术水平有限,错误和疏漏之处在所难免,恳请读者不吝赐教。

编 者
2009年3月

第一版前言

本书是根据人民交通出版社组织的"高等学校车辆工程专业教材编写会"确定编写规划和"汽车检测技术与设备"教材编写大纲编写的。本书既可作为车辆工程、交通工程、交通运输等专业课程教材,也可供有关工程技术和管理人员参考。

汽车检测技术是汽车工程领域一门实用性较强的学科。伴随着现代科学技术和汽车产业的发展,这项技术也不断得到发展和完善。目前,汽车检测技术已在汽车制造、使用维修行业以及车辆管理部门获得广泛应用。为适应社会对人才知识结构的需求,本书力求理论结合实际,突出教材的科学性、系统性和完整性。全面系统地介绍汽车主要技术参数、技术性能以及汽车排放、噪声等方面的道路试验(简称路试)检测和台架试验(简称台试)检测的原理、方法及设备,并着力反映本学科的最新研究成果。

在本书的编写过程中,还贯彻了国家颁布的相关技术标准。如汽车安全性主要依据 GB 7258—2004《机动车运行安全技术条件》(简称《技术条件》)对整车和有关总成的要求为主线进行编写;其他相关内容也参照了国家和行业标准进行编写。本书还用较多的篇幅介绍最新的检测仪器设备。这样做的目的是增强本书的实用性。

全书共分十二章,其中,第一章、第三章、第四章、第七章由方锡邦编写;第二章、第六章、第十章、第十二章由钱立军编写;第五章、第八章、第九章由孙骏编写;第十一章由唐永琪编写。由方锡邦任主编,并负责全书统稿与编审。

本书在编写过程中得到教材编写委员会的各位老师的指教;合肥工业大学王文平老师提供了大量资料,同时还得到很多企业支持并提供详实的资料,在此一并表示诚挚的谢意。

由于水平有限,书中定有错漏之处,恳请读者指正。

编 者
2005 年 4 月

目 录

第一章　绪论 1
　第一节　概述 1
　第二节　汽车检测内容与方法 1
　第三节　汽车检测技术的发展概况及趋势 2

第二章　整车技术参数检测 4
　第一节　外观检测 4
　第二节　结构参数检测 5
　第三节　质量与质心参数的测定 6
　第四节　通过性参数的检测 9
　第五节　稳定性参数的检测 11
　思考题 12

第三章　汽车主要总成技术状况参数检测 13
　第一节　发动机技术状况检测 13
　第二节　转向系统的检测 17
　第三节　车轮动平衡检测 28
　第四节　汽车车速表的检测 32
　思考题 35

第四章　汽车照明及信号装置检测 36
　第一节　概述 36
　第二节　汽车前照灯检测 37
　思考题 52

第五章　汽车动力性检测 54
　第一节　概述 54
　第二节　道路试验检测动力性 54
　第三节　台架试验检测动力性 64
　思考题 68

第六章　燃料经济性能检测 70
　第一节　燃料消耗量道路试验 70
　第二节　燃料消耗量台架试验 78
　第三节　电动汽车能量消耗率和续驶里程试验 84
　思考题 85

第七章　制动性能检测 86
　第一节　概述 86
　第二节　路试检测制动性能 86

  第三节 台试检测制动性能 ·· 91
  思考题 ·· 98

第八章 平顺性试验

  第一节 汽车悬架系统的特性参数测定 ·· 99
  第二节 道路行驶试验 ·· 102
  第三节 台架试验 ·· 109
  思考题 ·· 113

第九章 操纵稳定性检测

  第一节 概述 ·· 114
  第二节 道路试验 ·· 114
  第三节 试验仪器及设备 ·· 124
  思考题 ·· 127

第十章 汽车试验场与安全性设施试验

  第一节 概述 ·· 128
  第二节 道路试验设施 ·· 130
  第三节 汽车安全性设施试验 ·· 135
  思考题 ·· 149

第十一章 排放污染物检测

  第一节 废气中污染物的主要成分及其危害 ·· 150
  第二节 汽车有害排放物的测量方法 ·· 153
  第三节 试验规范与排放限值 ··· 168
  思考题 ·· 175

第十二章 噪声检测

  第一节 噪声及其危害 ·· 176
  第二节 噪声的检测 ·· 185
  思考题 ·· 191

参考文献 ·· 192

第一章 绪论

本章主要介绍汽车检测技术的概念及意义;汽车检测的主要内容及检测方式;汽车检测技术的发展趋势。

第一节 概述

随着现代社会的不断进步,人类越来越离不开汽车。然而,随着汽车数量的急剧增加,道路交通安全以及汽车排放与噪声引起的环境污染问题已引起人们的广泛关注。影响交通安全的原因是多方面的,其中由于汽车技术状况变坏而引发的道路交通事故要占相当的比例,而汽车排放与噪声造成的环境污染亦与汽车技术状况(如发动机技术状况、整车装配质量等)不佳有直接关系。减少汽车对人类社会环境的危害,保持车辆良好的技术状况一直是汽车生产企业和汽车使用部门共同追求的目标,也是促进汽车工程领域技术进步的不竭动力。

汽车技术状况是定量测得的表征某一时刻汽车外观和性能的参数值的总和(GB 5624—1985)。评价汽车使用性能的物理量和化学量称为汽车技术状况参数(GB 5624—1985)。汽车检测技术正是基于研究汽车技术状况变化规律,采用先进的仪器设备与技术,在汽车不解体的条件下,通过检测有关技术状况参数,迅速准确地反映整车技术性能及各系统总成的技术状况。以便掌握它们的变化规律,发现并及时排除故障,保持或恢复其良好的技术状况和使用性能。

第二节 汽车检测内容与方法

一、汽车检测内容

汽车检测主要围绕汽车安全环保和综合性能检测为重点。

检测内容包括以下三个方面:

1. 汽车主要技术参数检测

汽车主要技术参数是指涉及汽车行驶安全的有关整车(结构、质量、通过性、稳定性)参数、主要总成(包括发动机、转向系统、行驶系统等)技术参数、照明及信号装置技术参数等。通过检测这些参数能从总体上反映整车及主要总成的技术状况,从而判定汽车的安全性和可靠性。

2. 汽车主要技术性能检测

汽车主要技术性能包括动力性、经济性、制动性、平顺性和操纵稳定性等。通过检测能反映汽车技术性能的有关参数,便能评价和判定汽车各项技术性能的优劣。

3. 汽车排放、噪声检测

随着汽车保有量的迅速增加,汽车发动机排出的污染物和汽车行驶噪声已成为威胁人类生存的公害之一,并引起人们的高度重视,各国都相继采取强制措施限制汽车污染物的排放和噪声控制。通过对汽车排放、噪声相关参数的检测,定量判断汽车排放和噪声是否超过标准规定的限值。

二、汽车检测方法

汽车检测包括道路试验(简称路试)检测和台架试验(简称台试)检测两种方式。路试检测通常在汽车试验场内的各种典型路面和场地进行;台试检测是利用安装在室内各种检测设备仪器对整车及总成进行检测。路试检测的优点是汽车按实际运行工况进行检测,监测结果真实可信;缺点是试验条件(如气象条件)难以控制,且建设试验场投资巨大。室内台试检测的优点是检测设备投资相对较少,但道路及试验条件模拟难以与汽车实际运行工况完全一致。显然,两种检测方式各具特色,互为补充。有些检测项目两种方式可以相互代替,而很多项目则不能,如操纵稳定性试验大部分项目只能采用路试检测方式进行。两种不同的检测方式,各自运用不同的检测方法和检测参数,但对于同一检测项目,对检测结果的评价是一致的。

三、汽车试验场

汽车试验场是利用有典型地貌特征的场地而建立的用于从事各种环境条件下汽车性能试验的场地。试验场内建有各种典型道路路面与相关配套设施。利用试验场进行汽车性能检测的目的:一是试验场提供了各种标准化的试验环境条件,各类车型在试验场提供的公共平台进行试验,其检测数据科学公正,有利于客观真实地评判被测车辆各项技术性能;二是试验场设施齐全,各项汽车技术性能检测集中在试验场进行,大大缩短了试验检测周期。因此,汽车试验场已成为汽车检测不可缺少的重要设施。

第三节 汽车检测技术的发展概况及趋势

汽车检测技术大约是从 20 世纪 50 年代开始逐步形成、发展和完善起来的。早期检测主要是靠耳听、眼看、手摸等感观经验方法对汽车技术状况作出判断。从 20 世纪 60 年代开始,随着西方工业发达国家汽车生产能力的提高和汽车保有量的迅速增加,交通安全与环境保护问题开始引起人们的重视,为解决这些问题,各国一方面依法实行交通管制,规范交通参与者的行为;另一方面加强对车辆的管理,尤其对车辆技术状况实行监控。在此期间,各国相继开始研制生产先进的检测设备,力图用更科学的手段快速准确地判别汽车技术状况是否处于规定水平。新的检测设备和检测方法的出现,不仅提高了检测精度和工作效率,而且促进了汽车工业技术进步。

20 世纪 70 年代后期,国内有关企事业单位先后从国外引进部分较先进的检测仪器设备,通过使用以后,获得比较好的效果,受到国家有关部门的重视。国家在"六五"计划期间将汽车检测技术作为重点推广的新技术。在国家政策引导下,国内企业通过引进消化吸收国外技术,先后开发出一系列整车及总成零部件检测设备。公安部门用于车辆年审的汽车安全检测线在全国各地建立。交通运输管理部门用于营运车辆年审的汽车综合性能检测线也相继在各地布点建设。进入 20 世纪 90 年代,随着我国汽车产业的快速发展,汽车检测逐步成为汽车制造领域必不可少的生产工艺。目前,汽车检测技术在国内汽车生产及维修企业、交通运输管理部门和公安车辆管理部门都得到普及应用。

随着现代科学技术的发展,汽车工程领域不断取得令人瞩目的成就。目前,汽车产业已成为全球最大的制造业,年产量已超过7 000万辆,汽车保有量约7亿辆。汽车工业的发展对汽车检测技术提出了更高的要求。也促进了汽车检测技术不断取得新的发展。首先,随着计算机、自动控制等高新技术的广泛应用,汽车检测的仪器设备功能不断向多元化和智能化方向发展。如近年来研制的新型前照灯检测仪,既能检测远光配光特性,又能检测近光配光特性,且数据的检测传输与分析处理实现了智能化。为加强在用汽车的管理,各国都加快了相关法律规范的建设,并配套实施相关技术标准。如2004年5月1日我国颁布实施的《中华人民共和国道路交通安全法》中,制定了机动车辆登记、安全技术检验、强制报废等一系列法律制度。而我国颁布的《机动车运行安全技术条件》(GB 7258—2004)就是一部完整与道路交通安全法配套实施的国家技术标准。汽车管理的法制化无疑会促进汽车检测技术的发展进步。

  汽车检测一般只是通过检测有关技术参数了解汽车的瞬时技术状况,并断定汽车某些技术性能合格与否,至于故障的原因在很多检测项目上往往无法予以诊断分析,这是目前检测技术存在的一个缺陷。应用故障机理的解析技术确定和预测汽车技术状况的动态特性,应用诊断参数信息的识别和传感技术,建立故障模式(故障模式的精确度和通用性达到实用水平),这些都离不开计算机技术的广泛应用。充分运用计算机技术,分析诊断参数信息,提高诊断精确度,开发预测故障专家系统,提高诊断预测水平,使车辆保持良好的技术状况,并将检测、诊断和预测融为一体,是今后汽车检测技术的发展方向。

第二章 整车技术参数检测

本章主要介绍汽车外观、结构、质量、通过性等技术参数的检测原理与方法。

第一节 外观检测

一、外观检测的必要性

汽车在使用过程中,随着行驶里程的增加,有关零件将分别产生磨损、腐蚀、变形、老化或因意外事故等损坏。其结果是不但其技术状况逐渐变坏,致使汽车的动力性下降,燃料经济性变差和工作可靠性降低,而且还会相继出现种种外观症状。有些外观症状(如车体不周正、车身和驾驶室的覆盖件开裂、油漆剥落和锈蚀等)将影响车容、市容;有些外观症状,如前后桥、传动轴、车架和悬架等装置有明显的弯、扭、裂、断等伤损,传动轴连接螺栓松动,转向拉杆球销的磨损松旷等,将会直接影响行车安全。因此,车辆的外观检测是运行安全检测过程中重要内容之一。

二、外观检测的方法

随着近代科学技术的发展,人们开始应用仪器设备进行车辆性能检测和诊断。但是,车辆的某些故障,特别是车辆外部的故障,使用任何仪器和设备进行检测都不尽完善。例如车辆外部损伤,漏水、漏气、渗油,螺栓和铆钉松动、脱落等,仍须依靠检测人员的技能和经验,用感观法以及简单的检测器具进行定性的直观的检测。

三、外观的仪具检测

外观检测项目可分为两大类:一类检测项目可用直观检测法检测;对于有定量规定的一类项目则须采用仪器设备和客观检测方法作定量分析。

送检车辆在进行外观检测之前,一般都要进行外部清洗,为此检测站应配备清洗和吹干设备。

外观检测项目中,须在底盘下面进行的项目,最好在设有检测地沟及千斤顶或汽车举升器的工位上进行。

四、整车外观检测的项目

1. 车辆标志

车辆标志包括车辆的商标、铭牌、发动机型号、底盘型号。车辆的商标(或厂牌)、型号标记必须设置在车身前部的外表面上。

车辆必须装置车辆铭牌。铭牌应置于车辆前部易于观看之处。客车铭牌应置于车内前乘客门的上方。车辆的铭牌应标明厂牌、型号、发动机功率、总质量、载质量或载客人数、出厂编号以及出厂年、月、日及厂名等。

发动机的型号和出厂编号应打印在发动机汽缸体侧平面上。字体为二号印刷字,型号在前,出厂编号的两端打上星号(☆)。

底盘的型号和出厂编号应打印在金属车架易见部位,字体为一号印刷字,型号在前,出厂编号在后,在出厂编号的两端打上星号(☆)。

2. 漏水检查

在发动机运转及停车时,散热器、水泵、缸体、缸盖、暖风装置及所有连接部位均不得有明显渗漏水现象。

3. 漏油检查

机动车连续行驶距离不小于10km,停车5min后观察,不得有明显渗漏油现象。

4. 车体周正的检查

《机动车安全运行技术条件》规定:车体应周正,左右对称部位高度差不大于40mm。

将送检车辆停放在外观检测工位。首先目测检查,观察是否有严重的横向或纵向歪斜等现象,再用高度尺(或钢卷尺)、水平尺检测是否超过规定值。同时检查车架和车身是否变形,悬架是否断裂或刚度下降,轮胎装配及气压是否正常等。如果有异常,即使车体歪斜未超过规定值,亦应予以排除。否则,歪斜会越来越严重,引起操纵不稳、行驶跑偏、中心转移、轮胎磨损加剧等弊病。

第二节　结构参数检测

车辆结构参数主要包括车辆外廓尺寸、轴距、轮距、前悬、后悬、驾驶室内部尺寸以及人机工程参数等。

一、主要结构参数的定义

1. 汽车的外廓尺寸

汽车的外廓尺寸指车辆的长度、宽度及高度。车辆外廓尺寸不得超过或小于规定的外廓尺寸界限。

车辆的长度系指垂直于车辆的纵向对称平面并分别抵靠在汽车前、后最外端凸出部位的两垂直面之间的距离,如图2-1所示。

车辆的宽度系指平行于车辆纵向对称平面并分别抵靠车辆两侧固定凸出部位(除去后视镜、侧面标志灯、示廓灯、转向信号灯、挠性挡泥板、折叠式踏板、防滑链以及轮胎与地面接触部分的变形)的两平面之间的距离,如图2-2所示。

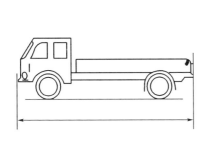
图 2-1　车辆长度示意图

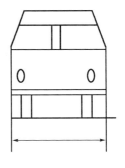
图 2-2　车辆宽度示意图

车辆的高度系指在车辆无装载质量时,车辆支撑水平地面与车辆最高凸出部位相抵靠的水平面之间的距离。车辆的所有固定部件均包含在此两平面内,如图2-3所示。

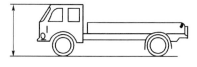

图2-3 车辆高度示意图

汽车的长度、宽度、高度是根据汽车的用途、道路条件、载质量(或载客量)及结构布置等因素而确定的。为了使汽车的外廓尺寸适合于本国的公路、桥梁、涵洞和公路运输的标准及保证行驶的安全性,各国对公路运输车辆的外廓尺寸均有法规限制。

我国对汽车的外廓尺寸界限规定如下:

车辆高度≤4m;车辆宽度≤2.5m;车辆长度:货车、越野车≤12m,客车≤12m,铰接式客车≤18m,半挂汽车列车≤16.5m,全挂汽车列车≤20m。

2. 汽车的轴距

汽车的轴距是指汽车在直线行驶位置时,同侧相邻两轴的车轮落地中心点到车辆纵向对称平面的两条垂线间的距离。

3. 汽车的轮距

汽车的轮距是指在支撑平面上,同轴左右车轮两轨迹中心间的距离(轴两端为双轮时,为左右两条双轨迹的中线间的距离)。

4. 汽车的前悬

通过两前轮中心的垂面与抵靠在车辆最前端(包括前拖钩、车牌及任何固定在车辆前部的刚性部件)并垂直于车辆纵向对称平面的垂面之间的距离。

5. 汽车的后悬

通过车辆最后端车轮的轴线的垂面与抵靠在车辆最后端(包括牵引装置、车牌及固定在车辆后部的任何刚性部件)并垂直于车辆纵向对称平面的垂面之间的距离。

后悬的长度取决于货箱的长度、轴距和轴荷分配情况,同时要保证车辆具有适当的离去角。一般地说,后悬不宜过长,否则上下坡时容易刮地;车辆转弯时,车辆通道宽度过大,容易引起交通事故。

在《机动车安全运行技术条件》中规定:客车及封闭式车厢的车辆,其后悬不得超过轴距的65%,最大不得超过3.5m。其他车辆的后悬不得超过轴距的55%。对于三轴车辆,若二、三轴为双后桥,其轴距以第一轴至双后桥中心线的距离计;若一、二轴为双转向桥,其轴距以一、三轴的轴距计。

二、检测方法

测量前,须将车摆正,放在水平干燥的沥青路面或水泥路面上,将车辆的外廓尺寸投影在地面(或垂直墙壁)上进行测量或直接测量车的外廓尺寸、内部尺寸及人机工程参数,所用仪器是皮卷尺、2寸以上钢板直尺、铅锤和粉笔等。检测计量单位均采用毫米。

第三节 质量与质心参数的测定

汽车质量参数主要包括整车干质量、整车整备质量、总质量、装载质量、轴载质量等。质心位置参数主要包括车辆质心水平位置、质心高度等。

一、质量与质心参数的定义

1. 整车干质量

整车干质量是指装备有车身、全部电气设备和车辆正常行驶所需要的辅助设备的完整车辆的质量(不包括燃料和冷却液质量)与选装装置(包括固定的或可拆装的铰接侧栏板、篷杆、防水篷布及系环、机械的或已加注油液的液力举升装置、连接装置等)质量之和。

2. 整车整备质量

整车整备质量是指整车干质量、冷却液质量、燃料(不少于整个油箱容量的90%)质量与随车件(包括备用车轮、灭火器、标准备件、三角垫木和随车工具等)质量之和。

3. 装载质量

装载质量是指货运质量与客运质量之和。最大货运质量与最大客运质量之和称为最大装载质量。

4. 总质量

总质量是指整车整备质量与装载质量之和,整车整备质量与最大装载质量之和称为最大总质量。

5. 轴载质量

轴载质量可分为厂定最大轴载质量和允许最大轴载质量。前者是指制造厂考虑到材料强度、轮胎的承载能力等因素而核定出的轴载质量;后者是指车辆管理部门根据使用条件而规定的轴载质量。

6. 质心位置参数(a、b、h_g)

1)质心水平位置

质心水平位置是指质心距前轴中心线的水平距离 a 和质心距后轴中心线的水平距离 b。

2)质心高度

质心高度是指质心距车辆支撑平面的垂直距离 h_g。

二、质量与质心参数测定方法

1. 质量参数测定方法

车辆先从一个方向驶上秤台依次测量前轴、后轴质量。当台面较大时,可依次测量前轴、整车和后轴质量。然后,车辆掉头从反方向驶上秤台按上述程序重复测量前述几个参数。以两次平均值作为测量结果。为保证测量精度、秤台入口地面应与台面保持同一水平面。

测量时,车辆要停稳、发动机熄火、变速器置于空挡、制动器放松、不允许用三角木顶车轮。货箱内的载荷物装载应均匀、驾驶员和乘客座椅上放置65kg的砂袋代替乘员质量。

2. 质心参数测定

1)质心水平位置测定方法

根据前面测定的轴载质量和轴距,按下式计算出汽车质心离前轴或后轴中心线距离:

$$a = \frac{m_2 L}{m_1 + m_2} \tag{2-1}$$

$$b = \frac{m_1 L}{m_1 + m_2} \tag{2-2}$$

式中:L——轴距,mm;

a、b——车辆质心至前轴、后轴中心线距离,mm;
m_1、m_2——前轴、后轴轴载质量,kg。

2)质心高度测定方法

车辆质心高度测定方法,采用摇摆法或质量反应法。

(1)摇摆法。试验装置如图2-4所示,图中 I 为平台框架自身质心至刀口距离;h_g 为汽车质心高度;H 为平台台面至试验台刀口的距离。

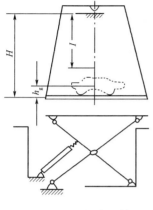

图2-4 摇摆法测定汽车质心高度试验装置图

将车辆开上试验台的举升平台,使车辆纵向质心对准举升平台中心线,其偏差应不大于5mm。车辆停稳后拉紧驻车制动器操纵杆,并在前后轮胎外缘处卡紧三角木,以防止车轮滚动或晃动。举升平台后挂上四条长摆的钢链,降下举升托架,此时停放有被测车辆的平面摆架应处于水平位置,无明显倾角,否则应重新对准车辆质心与平面中心线的位置。

摆动平台摆架使之在1°范围内摆振,待摆振稳定后,连续测量10个周期的长摆摆振时间,试验进行三次,各次的单摆周期的平均值之差应小于万分之五秒。长摆测定后,再次举升托架,使平台摆架升高至设计规定的短摆高度,挂上四条短摆钢链,重复上述操作,测定短摆摆振周期。最后,举升平台托架,卸下钢链,降下平台至地平面,试验结束。

根据测定的试验数据先分别计算长、短摆摆振周期的平均值,即

$$T_1 = \sum_{i=1}^{3} \frac{T_{10}}{30} \tag{2-3}$$

$$T_2 = \sum_{i=1}^{3} \frac{T_{20}}{30} \tag{2-4}$$

式中:T_1、T_2——分别为长、短摆周期的均值,s;

T_{10}、T_{20}——分别为长、短摆10个周期的摆振时间,s。

车辆质心高度 h_g 按式(2-5)计算:

$$h_g = \frac{B-A}{C} \tag{2-5}$$

其中:

$$A = 4\pi^2 \left[J_1 - J_2 + (H_1^2 + H_2^2)\frac{m}{g} \right]$$
$$B = T_1^2(m_0 I_1 + mH_1) - T_2^2(m_0 I_2 + mH_2)$$
$$C = m(T_1 - T_2)8\pi^2 \frac{m}{g}(H_1 - H_2)$$

式中:J_1、J_2——试验台长、短摆平台框架绕试验台刀口的转动惯量,kg·mm·s²;

I_1、I_2——试验台长、短摆平台框架自身质心至刀口距离,mm;

m_0——平台框架自身总质量,kg;

m——被测车辆总质量,kg;

g——重力加速度,mm/s²;

H_1、H_2——试验台长、短摆平台台面至试验台刀的距离,mm。

汽车绕自身质心横轴的转动惯量用下式计算:

$$J_0 = \frac{D-E}{10^3}$$

其中:

$$D = \frac{T_1^2}{4\pi^2}[m_0 I_1 + m(H_1 - h_g)]$$

$$E = J_1 + \frac{m}{g}(H_1 - h_g)^2$$

式中:J_0——汽车绕自身质心横轴转动惯量,kg·mm·s²。

(2)质量反应法。测试前将悬架弹簧按空载状态下卡紧锁死。首先,在水平状态下测量轴载质量等有关参数。将后轴放置于已调整好的秤台上,前轴停放在另一秤台的支撑物上,并保持在同一水平面内。称出后轴载质量 m_2。以同样的方法称出前轴质量 m_1,分别沿通过前轴和后轴中心的垂线,在车身上左、右各标一记号点(以下简称前后轴左右记号点),测量其高度,计算出前后轴的左右记号点垂直高度的平均值 h_1、h_2。测量各车轮的静载荷半径 r_i。然后,使车辆保持在某一纵向倾角状态下,测量轴载质量等有关参数。抬高汽车前轴使其纵向倾角分别为16°、18°、20°。测量每次抬高到规定角度时后轴载质量 m_2^a。分别测量每次抬高到规定角度时左右记号点离地高度,计算出前后轴左右记号点的垂直高度的平均值 h_1^a、h_2^a。

根据测得的试验数据,先按式(2-6)计算汽车车轮静载荷半径,即

$$r_s = \sum_{i=1}^{N} \frac{r_i}{N} \tag{2-6}$$

式中:r_s——汽车车轮静负荷半径,mm;

N——该车车轮总数。

后轴轴载质量增量按式(2-7)计算,即

$$\Delta m_2 = m_2^a - m_2 \tag{2-7}$$

式中:Δm_2——后轴载质量增量,kg。

左右记号点离地高度增量的平均绝对值之和按式(2-8)计算,即

$$\left.\begin{array}{l} \Delta h_1^a = h_1^a - h_1 \\ \Delta h_2^a = h_2^a - h_2 \\ \Delta h^a = |\Delta h_1^a| + |\Delta h_2^a| \end{array}\right\} \tag{2-8}$$

式中:Δh^a——汽车在某一纵向倾角时,左右记号点垂直位移增量均值绝对值之和,mm;
Δh_1^a、Δh_2^a——汽车在某一纵向倾角时,前后轴左右记号点垂直位移增量均值,mm。

最后,根据上述计算结果,按式(2-9)、式(2-10)计算出汽车质心高度,即

$$h_g^a = r_s + \frac{\Delta m_2^a L}{m_0} \sqrt{\left(\frac{L}{\Delta h^a}\right)^2 - 1} \tag{2-9}$$

$$h_g = \sum_{i=1}^{3} h_g^a / 3 \tag{2-10}$$

式中:h_g——质心高度,mm;
h_g^a——在某一纵向倾角时的质心高度,mm。

第四节 通过性参数的检测

通过性参数主要包括最小离地间隙、接近角、离去角、纵向通过角、转弯直径和转弯通道

圆等。

一、通过性参数的定义

1. 最小离地间隙

最小离地间隙指车辆支撑平面与车辆上中间区域内最低点之间的距离。中间区域为平行于车辆纵向对称平面且与其等距离的两平面之间所包含的部分,两平面之间的距离为同一轴上两端车轮内缘最小距离的80%,如图2-5所示。

2. 接近角

接近角指水平面与切于前轮胎外缘(静载)的平面之间的最大夹角。前轴前面任何固定在车辆上的刚性部件不得在此平面下方,如图2-6所示。

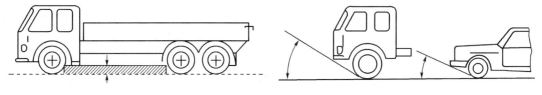

图2-5　最小离地间隙　　　　　　　　图2-6　接近角

3. 离去角

离去角指水平面与切于车辆最后轮轮胎外缘(静载)的平面之间的最大夹角。位于最后车轴后面的任何固定在车辆上的刚性部位不得在此平面的下方,如图2-7所示。

4. 纵向通过角

纵向通过角指当分别切于静载车辆前后轮胎外缘且垂直于车辆纵向对称平面的两平面交于车体下部较低部位时,车轮外缘两切面之间所夹的最小锐角,如图2-8所示。

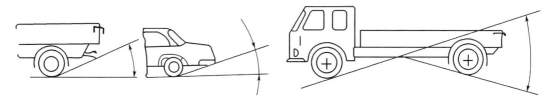

图2-7　离去角　　　　　　　　　　图2-8　纵向通过角

5. 转弯直径

转弯直径指内、外转向轮(转向盘转到极限位置)的中心平面在车辆支撑平面上的轨迹圆直径。

6. 转弯通道圆

转弯通道圆(转向盘转到极限位置)为如下两个内外圆:

(1)车辆所有点在车辆支撑平面上的投影均位于圆外的最大内圆。

(2)包含车辆所有点在车辆支撑平面上的投影的最小外圆。

二、通过性参数的测量方法

1. 测量条件

(1)测量场地应具有水平坚硬覆盖层的支撑表面,其大小应允许汽车作全圆周行驶。

(2)汽车转向轮应以直线前进状态置于测量场地上。

(3)汽车轮胎气压应符合设计要求。
(4)汽车前轮最大转角应符合该车的技术条件规定。

2. 测量仪器、设备

(1)高度尺:量程为 0~1000mm,最小刻度为 0.5mm;
(2)离地间隙仪:量程为 0~500mm,最小刻度为 0.5mm;
(3)角度尺:量程为 0°~180°,最小刻度为 1°;
(4)钢卷尺:量程为 0~20m,最小刻度为 1mm;
(5)行驶轨迹显示装置;
(6)水平仪。

3. 测量部位及载荷状况

(1)接近角、离去角、纵向通过角的测量部位按 GB 3730.3—1992 的规定,测量的载荷状况分别测量空车和满载两种状况。

(2)最小离地间隙的测量部位:测量支撑平面与车辆中间部分最低点的距离且指明最低点部件。测量的载荷状况为满载。

(3)汽车转弯直径的测定方法:

①在前外轮和后轮胎面中心的上方,在车体离转向中心最远点和最近点垂直地面方向,分别装置行驶轨迹显示装置。

②汽车以低速行速,转向盘转到极限位置且保持不动,待车速稳定后起动显示装置,使各测点分别在地面上显示出封闭的运动轨迹之后,将车开出轨迹外。

③用钢卷尺测量各测点在地面上形成的轨迹圆直径,应在互相垂直的两个方向测量,取算术平均值作为测试结果。

汽车向左转和向右转各测定 1 次。

第五节 稳定性参数的检测

汽车的静态横向稳定性是汽车设计和结构布置是否合理的重要方面,也是安全检验的重要内容之一。

一辆停放在横向坡度角为 α 的坡道上的汽车,其受力情况如图 2-9 所示。

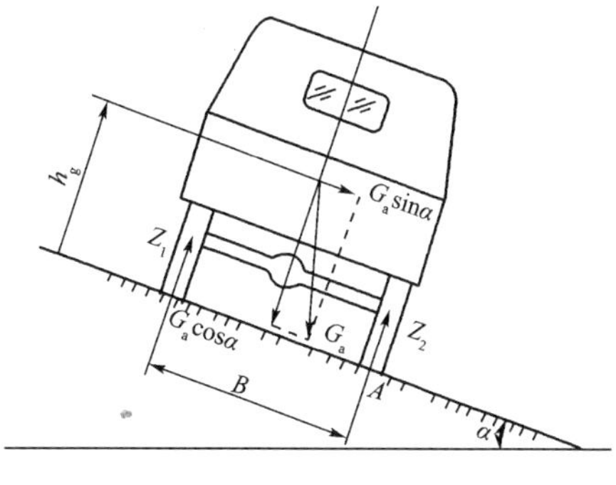

汽车在横向坡道上停放,随着 α 角的增大,Z_1 减小,Z_2 增大。

当车辆处于横向侧翻的临界角度 α_0 时,则
$$Z_1 = 0$$
此时对 A 点取矩,则有
$$G_a \cos\alpha_0 \frac{1}{2} B = G_a \sin\alpha_0 h_g$$

图 2-9 汽车静态在横向坡道上的受力图

整理后,得
$$\tan\alpha_0 = \frac{B}{2h_g}$$

从上面推导出的公式可以看出,当轮距一定时,汽车横向侧翻的临界角度 α_0 与汽车的轮

距和质心高度有关。即汽车的静态横向稳定性是汽车设计和结构布置合理性的重要特性之一。它将影响汽车运行中的横向稳定性,所以要求进行这方面的检验。

我国《机动车运行安全技术条件》规定,汽车在空载、静态情况下,向左侧和右侧倾斜如下角度,不得翻车:

(1)汽车(被牵引的车辆除外):$\alpha \geq 35°$;
(2)总质量为车辆装备质量的1.2倍以下的车辆:$\alpha \geq 30°$;
(3)卧铺客车:$\alpha \geq 32°$;
(4)双层客车和其他客车在运行质量状态下:$\alpha \geq 28°$。

检验汽车静态横向稳定性可以在汽车倾斜试验台上进行。将汽车驶上倾斜试验台,使汽车的纵向中心线平行于倾斜试验台转轴的中心线。将汽车制动,用绳索在汽车将出现滑移或翻倒的反方向上栓住,但绳索上不应预先施加拉力。此后,将试验台缓慢而稳定地倾斜,当倾斜角达到规定的值时,车辆不翻倒为合格。如若测取某车辆的最大横向稳定角时,则将倾斜试验台继续缓慢而稳定地倾斜,当汽车出现侧滑或翻转时,即刻从试验倾斜角度指示盘上记下读数值。如此进行,左右倾斜各2~3次,取其平均值。

日本产 TA-2001 型倾斜角度试验台,最大倾斜角度为45°;最大载质量20t;动作时间:上升至45°为240s,下降至0°为100s。台盘尺寸:3m×9m;电源为 AC 200V,动力采用 3.7kW 的电动机。

思 考 题

1. 汽车外观检测一般有哪两种方法?
2. 汽车的结构参数主要有哪些?
3. 汽车质心参数的测定有几种方法?
4. 汽车的通过性参数主要有哪些?
5. 汽车的静态横向稳定性是如何检测的?

第三章　汽车主要总成技术状况参数检测

本章主要介绍发动机、转向系统、行驶系统(轮胎)、车速表等影响汽车安全性的几个主要总成技术状况检测原理、方法及设备。

第一节　发动机技术状况检测

发动机是汽车中最重要的部件之一。发动机不仅结构复杂,而且运行时内部零部件要在高温、高压的苛刻条件下工作,且转速和载荷经常变化,所以发动机的故障率比较高,常因故障而导致其性能下降,以致不能工作。

我们一般从发动机的动力性、经济性和机械磨损等几方面来评价发动机的技术状况。具体检查项目包括发动机的功率、燃油消耗、点火系统工作状况、汽缸密封性、机油品质、发动机温度以及运行时的异响、振动等。本章重点介绍有关发动机功率检测、点火系统工作状况等问题。

一、发动机功率的检测概述

我们一般所说发动机的额定功率,就是指发动机携带必要的部件运转时所发出的最大功率。

发动机在使用一段时间后,所能够输出的最大功率会比刚出厂时要小,因而其动力性能逐渐变差。因此,测量发动机最大功率的下降程度,可以作为衡量发动机使用前后或维修前后技术状况变化的一个指标。

测量功率的试验通常又称测功试验。测量发动机的功率,可以有稳态测功和动态测功两种方法:

(1)稳态测功又称有负荷测功,是指在发动机节气门开度一定、转速一定和其他参数不变的稳定状况下,通过给发动机加一定的模拟负载,来测量发动机的转速、转矩和功率的方法。这种方法测试结果准确,但需要在专门的试验台架上进行,所以也比较费时费力。通常在汽车制造厂和科研部门较多使用这种方法。

(2)动态测功又称无负荷测功或无外载测功,是指发动机在不带负荷的情况下,突然开大节气门,使发动机克服惯性和摩擦阻力而加速运转,通过测量发动机的加速性能来测量所发出瞬时功率的方法。这种方法操作简单,不需将发动机从车上拆下来,所用的仪器设备也比较轻便,不过测量精度不高。交通管理部门和维修厂家较多使用这种方法。

二、无负荷测功原理

理论上,我们可以将发动机自身的以及所带动的所有运动部件等效地看作一个绕曲轴中心旋转的回转体。当发动机在低速情况下突然开大节气门时,它所发出的转矩除了克服各种机械阻力外,其有效转矩将使发动机加速运转。通过测量发动机曲轴旋转的角加速度,或者测量从低速到高速所用的时间，就可以计算出发动机所发出的功率。

1. 通过测量曲轴旋转速度和加速度计算发动机的瞬时功率

我们知道，发动机所发出的有效转矩与角加速度之间有如下关系：

$$M_e = J\frac{d\omega}{dt} \qquad (3-1)$$

式中：M_e——发动机的有效转矩，N·m；

ω——转动角速度，s^{-1}；

$d\omega/dt$——角加速度，s^{-2}；

J——发动机转动系统的当量转动惯量，$kg·m^2$。

一般旋转体的转动惯量与旋转体的质量、形状和尺寸有关（图3-1）。由于发动机结构复杂，不是简单的旋转体，而且还带动了风扇、水泵、发电机等旋转部件，所以其转动惯量中，包含了这些附件的影响。

我们又知道，发动机的转速 n 与角速度 ω 有如下关系：

$$\omega = \frac{2\pi n}{60} \qquad (3-2)$$

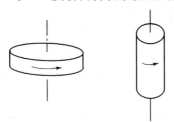

a) 盘形圆柱体，转动惯量较大　　b) 棒形圆柱体，转动惯量较小

图3-1　同样质量、不同形状的旋转体转动惯量不同

发动机所发出的功率，除一部分用于克服机械阻力被消耗之外，其有效功率部分将使发动机加速。有效功率 P_e 与有效转矩 M_e 和瞬时转速 n 的关系是：

$$P_e = \frac{2\pi}{60} \cdot 10^{-3} M_e n = \frac{M_e n}{9550} \quad (kW) \qquad (3-3)$$

将式(3-1)和式(3-2)代入式(3-3)，可以得：

$$P_e = \left(\frac{2\pi}{60}\right)^2 \cdot 10^{-3} Jn\frac{dn}{dt} = C_1 Jn\frac{dn}{dt} = C_2 n\frac{dn}{dt} \qquad (3-4)$$

式中：C_1——常数，$C_1 = \left(\frac{2\pi}{60}\right)^2 \cdot 10^{-3}$。

发动机的转动惯量 J 可以由手册资料或者经过试验得到，因而 $C_2 = C_1 J$ 也是常数。由上式可以看出，发动机在加速过程中所发出的瞬时功率与转速和转速变化率的乘积成正比。因此，只要能够测量发动机的转速和转速的变化率，就可以计算出发动机的瞬时功率。例如，要测量图3-2升速曲线中 A 点的瞬时功率，只要知道 A 点瞬时速度 n_1 和该点速度的变化率（曲线的斜率）即可。

2. 通过测量加速时间来计算发动机的平均功率

在实际使用过程中，通常不是测量某一转速下的瞬时功率，而是测量加速过程中某段时间内的平均功率。如图3-3所示，我们要计算转速从 n_1 到 n_2 的平均功率。

首先将式(3-4)写成平均值形式，即

$$P_{av} = C_2 n_{av} \left(\frac{dn}{dt}\right)_{av} \qquad (3-5)$$

式中：P_{av}——平均功率；

n_{av}——平均转速；

$\left(\dfrac{\mathrm{d}n}{\mathrm{d}t}\right)_{av}$ ——平均转速变化率。

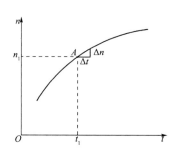

图 3-2 根据速度和速度的变化率测量瞬时示意图

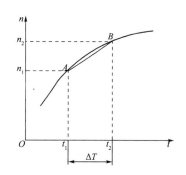

图 3-3 通过速度变化所需时间计算平均功率

由图 3-3 容易得到以下两式：

$$n_{av} = \frac{n_1 + n_2}{2} \tag{3-6}$$

$$\left(\frac{\mathrm{d}n}{\mathrm{d}t}\right)_{av} = \frac{n_2 - n_1}{t_2 - t_1} = \frac{n_2 - n_1}{\Delta T} \tag{3-7}$$

因此可以得出：

$$P_{av} = C_2 n_{av} \left(\frac{\mathrm{d}n}{\mathrm{d}t}\right)_{av} = C_2 \frac{n_2^2 - n_1^2}{2\Delta T} = C_3 \frac{n_2^2 - n_1^2}{\Delta T} \tag{3-8}$$

由上式可知，发动机发出的平均功率 P_{av} 与从 n_1 到 n_2 所需时间成反比。实际测量时，n_1 和 n_2 是给定的，所以只要测量时间 ΔT，就可以算出平均功率。

三、各汽缸功率均衡性检测

发动机所发出的功率，应该是各汽缸发出功率的总和。从理论上讲，正常运行时，发动机各汽缸所发出的功率应是相同的。但由于结构、供油系统以及点火系统方面的差异，各汽缸实际发出的功率还是会有所不同；特别是当某汽缸有故障时，这种差别就更加明显。例如，当发动机以某一转速运行时，若某汽缸火花塞突然断火，该汽缸就不能做功，发动机总功率就会下降。

依据这种分析，我们就可以采用轮流将各缸断火的办法，来判断某缸技术状况是否完好。"单缸断火"的具体测试方法有两种：一种是测试功率的变化，另一种是测试转速的变化。

1. 单缸功率的检测

利用前面介绍的无负荷测功原理，我们可以测量某单个汽缸的功率。方法是：首先测量整个发动机的总功率，然后在某缸断火条件下，再测量发动机的功率。两次测量功率之差，就应是断火汽缸所发出的功率。用这样的方法，依次将各缸断火，分别测量各次断火后的功率，并得出各单缸功率。比较各单缸功率，即可判断各缸工作情况。正常时，各单缸功率应是基本相同的，单缸断火后的功率也应该是相近的，若某缸断火后，测得的功率没有变化，则可以认为这个汽缸本来就未参与做功。

2. 单缸断火后转速的变化

发动机在一定转速下运行时，若某缸突然断火，则发动机输出功率将减少，因而转速也会降低，以寻求与负载和摩擦功率新的平衡。若各缸的功率是均衡的，则当各缸轮换地断火时，转速下降的幅度应基本相同。反之，若转速下降的幅度差别很大，则说明有的汽缸工作不正常。因而我们可以利用单缸断火情况下的转速下降数值,来评价各缸的工作状况。正常时转速下降的平均值与汽缸数有关。显然,汽缸数越多,单缸断火后转速下降值就应越小。表3-1给出了发动机在以800r/min的转速稳定工作的条件下,取消一个汽缸工作后,转速的平均下降值。一般要求转速下降的最高、最低值之差,不应大于平均值的30%。若某缸断火后,转速下降值远小于平均值,则说明该缸工作不良。当然,转速下降越小,说明该缸发出的功率也越小;若转速下降为零,证明该汽缸不工作。

单缸断火后转速下降的平均值　　表3-1

发动机汽缸数	转速下降平均值(r/min)
4	150
6	100
8	50

应该指出,发动机汽缸数越多,每个汽缸对发动机总功率的贡献率就越低,单缸断火后转速下降值就越小,测量的误差以及判断故障的难度也就越大。

四、测试发动机性能的仪器设备

做无负载测功试验、功率均衡性检测等,都可以用专门的无负载测功仪进行,目前汽车维修企业多使用比较先进的发动机无负载测功仪。发动机分析仪是一种用于检测发动机各系统工作状态和运行参数的功能很强的智能化仪器。现以K100汽车发动机分析仪为例,它不仅可以进行无负载测功试验,还可检测发动机各系统的工作状态和运行参数,以及测试点火、喷油、电控系统传感器、汽缸压力和柴油发动机轨压等。同时可对数据结果进行分析、处理和存储,为发动机的技术状态判断和故障诊断提供科学依据。

1. 分析仪的结构

K100发动机分析仪的结构如图3-4所示。它主要由微机系统、主机铁盒以及主机柜等组成。

微机系统主要包括主机、显示器、键盘、鼠标、打印机、UPS电源等部件,承担测试过程的数据处理、显示和打印等工作。

主机铁盒内部安装K100核心电路板及输入输出端口,用来连接各类夹器、探针、传感器和信号电缆等,提取和采集发动机的各种状态信号。它可将发动机的所有传感信号,经衰减、滤波、放大、整形处理后,转换成标准的数字信号并进行输出;PC3000扩展总成通过专用硬件及软件支持可以扩展K100的诊断功能。

2. 分析仪的主要功能

发动机分析仪不仅可以测试各种发动机的动力性能、各系统运行状况,还可以测试电喷发动机传感器信号参数以及进行故障分析诊断等。K100发动机分析仪基于32位主控CPU和高速数字处理芯片,能够在20MHz采样频率下实时处理信号,其主要功能包括:

①汽车初级、次级点火波形分析:通过五通道示波器可显示点火击穿电压、闭合角、燃烧时

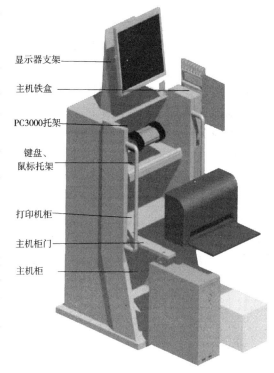

图3-4　汽车发动机分析仪式样

间等,可以诊断点火系统的火花塞、高压线、点火线圈、出进气系统、燃油系统的可能故障点。

②电流电压表显示及波形分析记录:实时测量记录发动机电控线路的电气参数并以波形方式显示一段时间内发动机在不同工况下的电流电压变化趋势,还能够测量蓄电池起动电流和电压。

③柴油发动机轨压测试:测量和判断柴油共轨发动机的高压油路的工作状况。

④真空压力测试:测量发动机系统内部压力分布。

⑤无负载测功及联网打印:能够在发动机无需外载荷的情况下,测量出发动机的功率大小,为发动机提供功率比较,联网打印功能能够将无负载测功的测试数据发送到测试服务器,生成更全面的测试报表。

第二节 转向系统的检测

一、转向盘的转动阻力和自由转动量的检测

1.《机动车运行安全技术条件》规定

(1)机动车的转向盘应转动灵活、操纵轻便,无阻滞现象。机动车应设置转向限位装置。车轮转向过程中,不得与其他部件有干涉现象。

(2)机动车转向盘的最大自由转动量不得大于:

①最大设计车速大于或等于100km/h的机动车为15°;

②最大设计车速小于100km/h的机动车为25°(三轮汽车除外)。

2.转向盘转动阻力的检测

转向盘的转动阻力是评价转向盘转动是否灵活、轻便的量化指标。转动阻力大,即转向沉重,会增加驾驶员的劳动强度和影响行车安全。转向盘转动阻力一般用弹簧秤拉动转向盘的轮缘检测(图3-5),或用专门的转向测力仪检测。图3-6所示为该仪器的结构和装置图,以ZCA型转向参数测量仪为例进行说明。

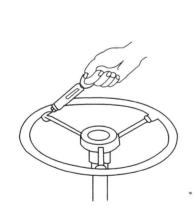
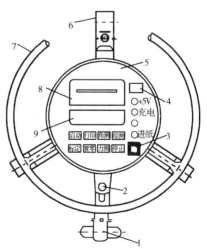

图3-5 转向盘转动阻力的检测　　图3-6 ZCA型转向参数测量仪

1-固定杆;2-固定螺栓;3-电源开关;4-电压表;5-主轴箱;6-连接叉;7-操纵备用;8-打印机;9-显示器

检测方法:顶起前桥,使左右车轮悬空,将测试仪安装在被测车辆的转向盘上,起动电源开

关,按下"力测"按键,缓慢地将转向盘由一端尽头转到另一端尽头,则仪器开始定时测量并显示仪器上的作用力矩 M。按下式算出转向盘轮缘上的转动力:

$$转动力 = \frac{M}{2r}$$

式中:r——被测车辆转向盘的半径,m。

检测时,注意车轮能否转到极限位置或是否与其他部件发生干涉现象。

3. 转向盘自由转动量的检测

转向盘自由转动量是评价转向是否灵敏、操纵是否稳定的指标。如转向盘自由转动量超过《机动车运行安全技术条件》规定中的要求,在行驶中,要用较大幅度转动转向盘,才能控制车辆的行驶方向,且在直线行驶时感到行驶不稳定,严重影响行车安全。

用 ZCA 型转向参数测量仪测量转向盘自由转动量的方法如下:

顶起前桥,将转向盘由一端尽头转到另一端尽头,记住圈数,再回转其总圈数的一半,然后放下前桥,保持转向盘位置不动,将测试仪安装好,起动电源并按下"角测"按钮,向一个方向缓慢转动转向盘,直至轮胎开始转动时,停止转动转向盘,则仪器自零开始测量并显示转向盘转动的角度。用同样方法可测出另一个方向的转向盘自由转动量的值。

二、四轮定位参数检测

正确的车轮定位(wheel alignment)是车辆良好的操纵稳定性、直线行驶性能和自动回正能力的保证。定期对车轮定位参数进行检测和调整,使其保持在正常范围内,能够保证汽车有良好的操纵,而且还能够减少轮胎异常磨损,减少悬架系统及转向机构零部件磨损和降低燃油消耗。

车轮定位一般指转向轮前束(或前张)、车轮外倾角、主销后倾角、主销内倾角,统称为前轮定位。现代汽车对后轮前束(或前张)、车轮外倾角以及前轴偏角、后轴驱动偏角等参数也提出要求,通常进行四轮定位检测和调整。

1. 四轮定位参数的概念

1)车轮外倾角(CAMBER)

车轮外倾角是车轮宽度方向上的中心线相对于垂直方向的夹角,其单位为度。车轮上边向外倾斜时,外倾角为正;向内倾斜时,外倾角为负,其示意图如图 3-7 所示。

2)主销后倾角(CASTER)

主销后倾角是在车辆侧面看主销中心线与垂直方向的夹角,其示意图如图 3-8 所示。

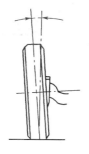
图 3-7 车轮外倾角示意图

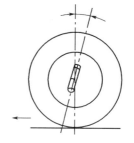
图 3-8 主销后倾角示意图

在车辆的前进方向上,若主销中心线与地面的交点落在车轮中心线前面,则主销后倾角为正;落在车轮中心线后面,则主销后倾角为负。

3) 主销内倾角(KING-PIN)

主销内倾角是主销中心线与车轮宽度方向上的铅垂线的夹角,如图 3-9 所示。如果主销的上部向内倾斜,则主销内倾角为正;向外倾斜,则主销内倾角为负。

4) 转向角

车辆转向时左右转向轮的运动轨迹是不一样的,内侧车轮轨迹的曲率比外侧车轮要大。就是说内侧车轮的转角比外侧车轮要大。当向右或向左转向时,这组数据是对称的,由此可判断转向机构的对称性是否有问题。这个数值可以从转盘的刻度盘上读出,如图 3-10 所示。

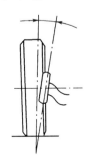
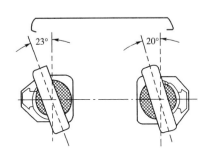

图 3-9　主销内倾角示意图　　图 3-10　转向角测量示意图

5) 车轮前束(TOE-IN)

车轮前束是左右轮前部和后部对应位置间的距离 A 与 B 之差所形成的角度。因此前束可以用差值(mm)表示,也可以用角度表示。前束分为两种,即各轮前束和总前束。各轮前束是指左或右轮前后直径处与直行线偏差的尺寸或车轮宽度中心线与车辆中心线的夹角;总前束是左右轮前束之和,即 B 与 A 的差值或两轮偏差角之和。

$A>B$,前束为负;$A<B$,前束为正,如图 3-11 所示。

6) 前轴偏角(SET-BACK)

前轴偏角又称后退角,是前轴轴线与车辆中心线的垂直线之间的夹角,见图 3-11。

7) 后轴驱动偏角(THRUST-ANGLE)

后轴驱动偏角又称推力角,是后轴垂直线与车辆几何中心线的夹角,如图 3-11 所示。

2. 车轮定位参数测量

1) 车轮前束的测量原理

车轮前束可以根据其定义直接测量,常用的测量方法有:拉线式测量法、光束刻度板测量法及光电测量法等。

(1) 拉线式测量法。根据前束的定义,在车轮最前端和最后端(可以是在车轮内侧面上或车轮中心平面上对应点)分别测量 B、A 值,$A-B$ 即得前束值。需要注意的是,在测量前束时,必须使车体摆正,转向盘位于中间位置,最好用锁紧机构把转向盘固定。

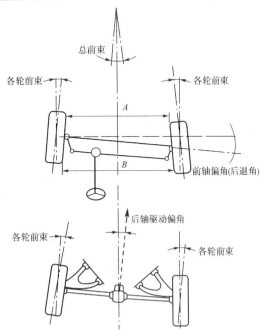

图 3-11　车轮前束、前轴偏角、后轴驱动偏角示意图

(2) 光束刻度板测量法。利用光束发射器和刻度板(标尺)测量车轮前束,如图 3-12 所

示。把光束发射器分别安装到左右车轮上,光束照射方向与车轮平面平行,把两个刻度板分别放置在轮轴前、后方距离轮胎 5 倍于车轮直径处,左右移动刻度板使其两端标尺上指示值相同,则前后刻度板读数之差可以用来换算车轮前束值,总前束为左、右轮前束之和。根据几何

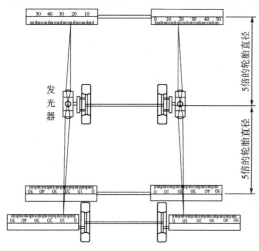

图 3-12 前束值光束刻度板测量法示意图

关系,刻度板放置在轮轴前、后 5 倍于车轮直径处(即 10 倍于车轮半径),所以前后刻度板读数差值 10 倍于车轮前束值。因此,前后刻度板读数之差值为 1cm,车轮前束值为 1mm。

(3)光电测量法。安装在两前轮和两后轮上的测量头上均装有发光器和光接收器,既可以利用同一轴上左、右轮互为基准(图 3-13a),也可以利用同一侧的前、后轮互为基准(图3-13 b)来测量车轮前束。

因为四轮定位仪采用传感器不同,其测量原理亦有所不同,这里以光敏三极管式传感器和 CCD 技术为例来说明其测量原理。安装在两前轮和两后轮上光敏三极管式传感器均有光线发射器和光线接收器,光线接收器是一组等距离排列的光敏三极管,在不同位置上光敏三极管接收到光线照射时,该光敏管产生的电信号就代表了前束值的大小。

当前束为零时,在同一轴左右车轮上的传感器发射出的光束重合。当车轮存在前束时,在左轮传感器上接收到的光束位置偏移值则表示右侧车轮的前束值(或前束角),注意当光速位置相对于原来的零点位置向前为负前束,向后为正前束。同理在右轮传感器上接收到的光束位置偏移值则表示左侧车轮的前束值(或前束角),即左右轮传感器互为基准测量。由于车轮前束角很小,一般不超过 1°,前束值不超过 12mm,所以由于基准偏转带来的误差很小,可以忽略不计。

CCD 又称电荷耦合器件,是 20 世纪 70 年代发展起来的新型半导体集成光电器件。它是在一块硅面上集成了上千个各自独立的光敏元。当光照射到光敏面上时,受光光敏元将聚集光电子。通过位移的方式,将光量输出,产生光位置和光强的信息。它分为线阵 CCD 和面阵 CCD 两种。线阵即是光敏元眼 X 方向排列 1~2 排。测的是光在 X 方向上的位置及光强信息。面阵 CCD 的光敏元排列成矩阵方式。

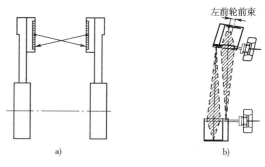

图 3-13 前束值光电测量法示意图

测的是 X 和 Y 方向上的位置及光强信息。运用 CCD 技术及计算机图像处理技术能准确测量前束,并间接测量前轴偏角和后轴驱动偏角。

2)车轮外倾角测量原理

车轮外倾角测量通常采用重力方向作为基准。重力方向可以利用重力摆或气泡水准仪。在测量车轮外倾角时,也必须保证车体摆正,转向盘位于中间位置,因为车轮偏转其车轮外倾角将发生变化。车轮外倾角的测量方法有:

(1)利用光束发射器和摆式刻度盘测量车轮外倾角。采用上述前束测量用光束发射器,

另配一个摆式刻度盘(图3-14),即可测量车轮外倾角。光束发射器安装在轮轴上,光束照射方向与车轮平面平行,摆式刻度盘与汽车纵向轴线垂直方向摆放。先让光束对准刻度线圆心,然后转动光束发射器使光束向下移动到刻度线上,由于光束照射方向与车轮平面平行,所以光束与垂直线的夹角就是车轮外倾角,从刻度盘上即可直接读出车轮外倾角。

(2)利用汽泡水准仪测量车轮外倾角。通过支架垂直于转向轮旋转平面安装水准仪,水准仪上有可测量倾角的气泡管,气泡管也与车轮旋转平面垂直(图3-15),所以气泡管与水平方向的夹角与车轮外倾角相等。气泡管中的水泡偏移量与倾角大小成比例,气泡管可按倾角刻度,也可把气泡管调回水平位置,气泡位移量或角度调节量即反映了车轮外倾角 α 的大小。

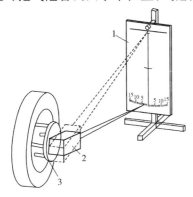

图3-14 光束摆式刻度盘测量车轮外倾角
1-摆式刻度盘;2-发光器;3-装夹机构

图3-15 气泡水准仪测量车轮外倾角

(3)利用电子式倾角传感器测量车轮外倾角。光电式四轮定位仪采用电子式倾角传感器测量车轮外倾角,也是以重力方向作为参考基准,利用倾角传感器把角度信号转换成电信号。

3)主销后倾角和主销内倾角的测量原理

主销后倾角和主销内倾角均不能直接测出,只能采用建立在几何关系上的间接测量。测量时需将转向轮分别向左、向右转动一定角度,此时主销后倾角、主销内倾角以及车轮外倾角都会随之改变。在一定条件下,主销后倾角、主销内倾角的大小都与车轮外倾角的变化近似为线性关系。下面以主销后倾角的测量为例进行说明。

根据几何关系可得

$$\gamma = \arctan \frac{\sin\alpha_i - \sin\alpha_o}{\sin\delta_o - \sin\delta_i} \tag{3-9}$$

式中:γ——主销后倾角;

α——车轮外倾角;

δ——转向轮转动角度即转向轮底部转盘的转动角度;

i——车轮向内转动时;

o——车轮向外转动时。

为了提高测量精度,减小主销内倾对车轮外倾角变化的影响,可采用相对测量法,即使车轮向内、向外转动角相同,即 $\delta_o = -\delta_i = \delta = 20°$,代入上式有

$$\gamma = \arctan \frac{1}{2\sin\delta}(\sin\alpha_i - \sin\alpha_o) \tag{3-10}$$

因为主销后倾角和车轮外倾角都很小,可以近似地取 $\sin\alpha \approx \alpha$,$\tan\gamma \approx \gamma$,所以

$$\gamma = \arctan \frac{1}{2\sin\delta}(\alpha_i - \alpha_o) \tag{3-11}$$

式(3-11)表明主销后倾角近似地与车轮外倾角变化量成正比,其比例系数取决于转向轮转动角度δ,见表3-2。

对应不同转向轮转角δ的比例系数值　　　表3-2

$\delta(°)$	5	10	14.5	20
$1/2\sin\delta$	5.74	2.88	2.00	1.46

通常转向轮转动角度δ为20°,所以有

$$\gamma = 1.46(\alpha_i - \alpha_o) \tag{3-12}$$

式中:α_i、α_o——分别是转向轮向内、向外转动到20°时,车轮外倾角的大小。

式(3-12)表明,只要测量出车轮外倾角的变化量$\alpha_i - \alpha_o$再乘以1.46的比例系数,即可得到主销后倾角。车轮定位仪用1.46倍的系数标定仪器,就可直接读出主销后倾角。

主销内倾角测量与主销后倾角测量在原理上完全相同,只是角度测量平面与主销后倾角测量时旋转了90°。

3. CCD四轮定位仪

转向轮定位参数的技术状况对车辆的操纵稳定性、转向回正能力、直线行驶性、轮胎的磨损及燃料的消耗等都有直接影响,所以定期对车轮定位参数进行检验及调整是十分必要的。对车轮定位参数的检验有静态检验和动态检验两种:静态检验是用车轮定位仪检测出各定位参数值,动态检验是用侧滑试验台检测出转向轮的侧向滑移量。利用四轮定位仪定量测出各定位参数的数值,可以与原车设计所规定的前束值(角)、车轮外倾角、主销内倾角和主销后倾角对比检验。GB 7258—2004 中规定:"机动车前轮定位值应符合该车有关技术条件"。

四轮定位仪按测量技术的不同,历经了拉线、光学、电子、CCD以及最近推出的三维数字成像(V3D)等不同技术发展阶段。

现以国产CCD海豚系列四轮定位仪为例介绍四轮定位仪的结构与检测方法。

1)四轮定位仪的结构

四轮定位仪大致可以分为以下几个功能模块(图3-16):

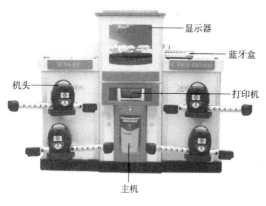

图3-16　CCD四轮定位仪

(1)上位机:由一台标准PC(计算机)及四轮定位专用软件组成。

(2)下位机:由四个传感机头组成。

(3)通风系统:采用蓝牙无线通信技术,实现上位机与下位机之间信息的相互交换。

(4)机械部分:由四轮定位仪所需转角盘、制动固定器、转向盘定位器、机头挂架等组成。

上位机为一台标准PC(计算机),是四轮定位的控制中心,配合专用软件,完成指令下达、数据计算、结果显示及打印输出等功能。

下位机是四轮定位仪的核心部件,共由四个机头组成,每个机头内部包含主控板、倾角传感器、CCD摄像传感器、红外发射管、蓝牙通信板及电源等。主控板是由单片机及其外围电路组成,接受主机指令并完成相应操作,最后将结果传输至PC。每个机头有四组传感器,即两个倾角传感器,两个CCD摄像传感器,如图3-17所示。

两个倾角传感器相互垂直安装于机头内。一个平行于机头轴,一个垂直于机头轴。前者用于测量车轮外倾角,后者用于测量主销内倾角和后倾角。两个CCD摄像传感器,一个安装于机头前束杆前端,且平行于机头轴;一个安装于机头内,且垂直于机头轴,用于测量前束。CCD 和红外发射管都成对出现,每个机头有两对组成,分别测量前束和轮边的角度。CCD 具有极高的分辨率,采用 CCD 技术可以大大提高四轮定位仪的测量精度。同时,在测量光位置的使用中,CCD 为一数字器件,其他是由 2000 多个各自独立的光敏元组成,通过移位的方式求出光线的位置信息,因此无需 A/D 转换。

蓝牙通信板为一对多的通信系统。计算机通过 COM 口,将命令发给蓝牙控制器,进行信号调理,并以无线电方式传输至各个机头。四个机头有其固有的编码,其内部的蓝牙通信板接收到命令后,要通过识别,完成上位机的命令,并将测量数据经蓝牙通信板返回给计算机。

2)检测方法

四轮定位仪检测方法如图 3-18 所示。

(1)车轮外倾角、前束按如下步骤测量:

①摆正车头,即通过转动转向盘,使车辆的两前轮各轮前束相等,即 $\alpha = \beta$ 视为摆正。四轮定位的所有参数都是在此基础上测得。

图 3-17 CCD 机头构成

②车轮外倾角和前束的测量:外倾角的测量使通过机头内的倾角传感器测量。通过测量倾角传感器的输出,测得车轮外倾角与设备基准值之间的差异,从而计算出该车轮倾角的大小。它属于直接测量。

前束的测量是由 CCD 与红外线发射管共同组成的光学系统来实现。红外发射管发射的红外光经滤光透镜聚焦到 CCD 上。前束就通过 CCD 测量出来传输给计算机,并经处理后显示在屏幕上。

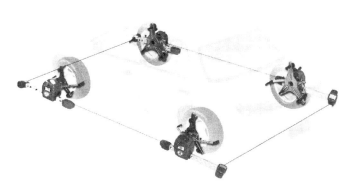

图 3-18 四轮定位仪测量示意图

(2)主销内倾角、后倾角的检测:

①用制动踏板固定器将汽车的制动踏板压下,以防止前轮的滚动对测量造成的误差。

②将转向盘插销取下,并使转向盘处于 0° 位置。

③将两前机头杆分别调平。

④逆时针转动转向盘,使左右车轮分别转至 20° 位置,按下机头上的确认键,记录当前的角度。设 α_1 为左侧外倾传感器的值,α_2 为左侧内倾传感器的值,β_1 为右侧外倾传感器的值,β_2 为右侧内倾传感器的值。当转动转向盘时,左右车轮到达 20° 的时刻不同,只要本侧转向盘到达 20° 便应停止转动转向盘,静止 2s,以使传感器稳定,按下本侧机头上的确认键。再继续

转动转向盘,调整另一侧车轮达到20°,并按下该侧机头上的确认键。

⑤顺时针转动转向盘40°,使左右车轮分别转至反向20°位置,按下机头确认键,记录当前传感器的角度 α_3、α_4、β_3 和 β_4。具体要求同上(注意:按机头确认键时,不可调整机头状态)。这里 α_3 为左侧外倾传感器的值,α_4 为左侧内倾传感器的值,β_3 为右侧外倾传感器的值,β_4 为右侧内倾传感器的值。

主销内倾角和后倾角由下列公式便可得到:

$$左侧主销后倾角 = \alpha_1 - \alpha_2$$
$$左侧主销内倾角 = \alpha_3 - \alpha_4$$
$$右侧主销后倾角 = \beta_2 - \beta_1$$
$$右侧主销内倾角 = \beta_4 - \beta_3$$

(3)前轴偏角、后轴驱动偏角测量。前轴偏角为汽车两前轮或两后轮相互提前或退后的角度。当右轮相对于左轮后退,在车头摆正情况下,两侧机头相对于车辆几何中心线有一个角度 α 和 β,若 $\alpha = \beta$,则前轴偏角为零,否则:退缩角 $= (\alpha - \beta)/2$。

后轴驱动偏角(推力角)是通过后轮前束来测得。设 γ 为后轴驱动偏角,α 为左侧后轮前束角,β 为右侧后轮前束角,则:$\gamma = \dfrac{\alpha - \beta}{2}$。

汽车不应该有推力角。若推力角过大,必须对后轮前束进行调整,否则将影响到整车的性能。

4. V3D 四轮定位仪

1)V3D 技术的基本原理

(1)透视及透视缩短原理。若想让机器"看见"车轮的定位角度,需要应用到物体的光学透视原理和透视缩短原理。透视原理用于测量物体移动的距离;透视缩短原理用于测量物体旋转的角度。

从图3-19中可以看到:根据透视原理,铅笔由近及远时,所产生的视觉效果是铅笔的视觉尺寸会变得越来越小,所谓物像的近大远小;根据透视缩短原理,一个圆环沿纵轴方向旋转时,圆的水平尺寸将变得越来越短,逐渐变成一条线段(其长度是椭圆的长轴),继续旋转时,圆环由线段逐渐伸展为椭圆,直至变成一个满圆。旋转过程时,视觉中不变的尺寸是圆的转轴长度,依据视觉中椭圆形状,可计算出圆环沿纵轴方向所转过的角度。同样,也可计算出圆环沿横轴方向所转过的角度。圆环的横轴旋转和纵轴旋转效果的叠加,可计算出三维空间任意方向上圆环所转过的角度及其转轴的空间位置。

(2)计算物体的距离与转角。如果知道了观测点至被观测物的距离和被观测物的实际尺寸,就可以通过软件计算出想确定的定位尺寸。因此首先要确定照相机至被观察物体的距离,这可以根据图3-20和基本三角公式确定:

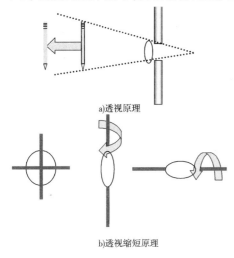

图3-19 透视与透视缩短现象

a)透视原理
b)透视缩短原理

图3-20中焦距 F 和被观察物体实际尺寸 P 已知,被观察物体在焦距点处的成像尺寸 A 是由软件计算出。首先计算角度 γ 和 Z,计算公式为

$$\tan\gamma = (A/2)/F$$
$$Z = (P/2)/\sin\gamma$$

由于知道了 A、F、P 和 Z，就可以利用下述公式计算出 D：
$$D = (P/2)/\tan\gamma$$
$$Z^2 = (P/2)^2 + D^2$$

同样，也可以根据图 3-21 计算出被观测物体倾斜的实际角度 R。

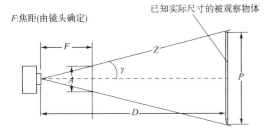

图 3-20　计算照相机与物体之间的距离　　　　图 3-21　计算物体旋转的角度

V3D 之所以选择圆作为观测物体（目标）是由圆的几何特性所决定的。圆是轴对称图形，也是中心对称图形，且圆心到圆周上各点尺寸是一样的。是进行透视及透视缩短操作最理想的图形。

当一个圆向远处移动时，看起来会逐渐变小，参见图 3-22。若事先知道该圆的实际尺寸，就可以计算出该圆与观察点的距离。

如图 3-23 所示。当圆向左或向右旋转时，其宽度看起来也会变小；当圆向前或向后旋转时，其高度看起来也会变小。借助于上述宽度和高度外观上的变化，就可以计算转动角度。

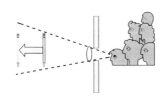  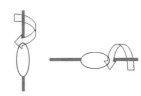

图 3-22　圆移动时的视觉效果　　　　图 3-23　圆转动时的视觉效果

2) V3D 的组件

V3D 定位仪使用的目标盘是经过特殊设计的（图 3-24），其上面有若干个圆斑，圆斑是由特殊的反光材料制成，非对称排列且大小不等，以便利用圆的透视和透视缩短特性，并且相互校验。目标盘只是一个被动的反光板，其上没有任何连接线路和感应性的电子器件。

V3D 的照相机是由一系列发光二极管（LED）和 CCD 照相机组成（图 3-25）。发光二极管

图 3-24　特制的目标盘　　　　图 3-25　V3D 定位仪照相机

用于照亮目标盘。光线照到目标盘时并反射回来被照相机接收。这些圆的映像经软件处理，以确定距离和角度。LED 灯所发出光线的亮度非常高。目标盘反射回来的光被过滤，只允许 LED 光被使用。LED 光每次闪光，照相机都捕捉到一张映像，如图 3-26 所示。

3）3D 模式

（1）定位角度表达。如上面所述，根据透视原理，V3D 测量系统可测量出目标盘所移动的距离；根据透视缩短原理，当圆环沿纵轴旋转时，可以此方式测量出前束角的变化。当圆环沿横轴旋转时，可以此方式测量出主销后倾角的变化。

如图 3-27 所示，将目标盘通过夹具以特定角度安装在车轮上，当前后推动车辆时，车轮及目标盘随之前后滚动，这一过程中目标盘的对称线将形成一组矢量曲面，两条对称线之间的夹角称为矢量角，通过矢量角，可计算出车轮外倾角的变化。

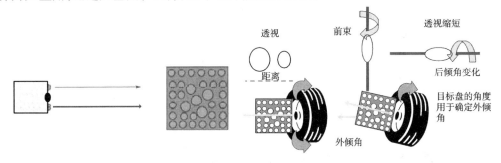

图 3-26　LED 灯工作原理　　　　　图 3-27　距离、前束、后倾角及外倾角的测量

（2）建立测量基准平面——车身平面。V3D 在建立模型时首先确定四个车轮旋转轴线，再由四个轴线确定车轴平面，即车身平面（图 3-28），这个平面是 V3D 测量系统的测量基准平面。这个基准平面的优点是不依赖于重力或重力传感器。

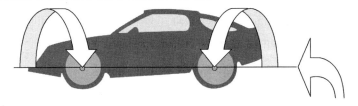

图 3-28　建立车身平面

5. 转向轮定位值的动态检测

转向轮定位值的动态检测设备有两种基本类型：滑板式侧滑试验台和滚筒式车轮定位动态试验台。目前，国内几乎全部采用滑板式侧滑试验台进行动态检测。

研究表明，汽车转向轮的前束值与外倾角对其侧滑的影响比较大。侧滑试验台就是为了检测汽车转向轮外倾角与前束值作用的综合结果。

1）转向轮前束引起的侧滑

转向轮有前束后，在滚动过程中车轮力图向内滚拢，只是由于转向桥不可能缩短，因此，在实际滚动过程中才不致于向内滚拢。但由此而形成的这种内向力势必成为加剧轮胎磨损的主要因素。

又假设让两个只有前束而没有外倾的转向轮向前驶过如图 3-29 所示的滑动板，也可以看到左右转向轮下的滑动板在转向轮内向力的反作用力的推动下，出现图 3-29 中虚线所示的分别向外侧滑移的现象。其单转向轮的外侧滑是 S_1 为

$$S_\mathrm{t} = \frac{L' - L}{2}$$

2)转向轮外倾角引起的侧滑

转向轮外倾角的存在,在滚动过程中车轮将力图向外张开,只是由于转向桥不可能伸长,因此,在实际滚动过程中才不至于真正向外。但由此而形成的这种外张力势必也成为加剧轮胎磨损的因素。

假设让两个只有外倾而没有前束的转向轮同时向前驶过两块相对于地面可以左右滑动的滑动板,就可以看到左右转向轮下的滑动板在转向轮外张力的作用力的推动下,出现如图 3-30 中虚线所示,将分别向内侧滑移。其单边转向轮的内侧滑量为

$$S_\mathrm{c} = \frac{L - L'}{2}$$

侧滑试验台就是应用上述滑动板原理来检测出转向轮的侧滑量。侧滑量的刻度单位用 m/km 表示。

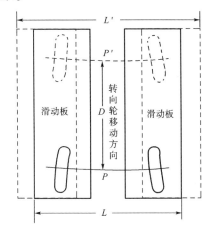
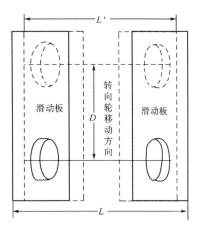

图 3-29 由车轮前束引起滑动板的侧滑　　图 3-30 由车轮外倾角引起滑动板的侧滑量

3)滑板式侧滑检测台的结构

滑板式前轮侧滑检测台按其结构形式可分为单滑板式和双滑板式两种。

目前使用的滑板式侧滑检测台大多是双板联动的结构形式。它们由侧滑量检测装置、侧滑量定量指示装置和侧滑量定性显示装置三大部分组成。

(1)侧滑量检测装置。如图 3-31 所示,侧滑量检测装置由左右两块滑动板、连杆机构、位移传感器和复位装置等组成。当汽车以 3~5km/h 的速度平稳地驶过检测台时,由于汽车前轮定位的四个参数不平衡,造成汽车在行驶时会发生偏移,此时,台面板通过直线导轨和两台面板之间的连杆机构进行左右等量的相对移动,其移动量通过传感器反应出来,输入中央处理机,经计算机处理后,显示出来,也可打印输出。

滑动板表面做成凸凹不平的花纹形状,以减少转向轮胎与滑动板之间可能产生的滑移,因此滑动板通过直线轴承、轨道和两板之间的连杆机构,在外力作用下能进行左右等量的相对运动,车轮为正前束时,滑动板向外侧滑动;车轮为负前束时,滑动板向内侧滑动。当车轮驶离滑动板,它们在复位弹簧的作用下恢复到零点位置。滑动板的纵向长度有 500mm、800mm 和 1000mm 三种,滑动板纵向尺寸不同,所测得侧滑量也不同。

(2)侧滑量信号采集与指示框图如图 3-32 所示。

检测台一般采用单片计算机作中央处理机,并采用 STD 总线结构。当汽车的被测轮到达滑动板时,光电传感器产生一脉冲信号,通过 I/O 接口通知 CPU,CPU 将对电位器式传感器循环采样侧滑量值,并对信号进行滤波、零位自动调整等处理。当光电传感器再次产生一脉冲信号时停止采样,显示最大值,并判别合格否,打印报表。

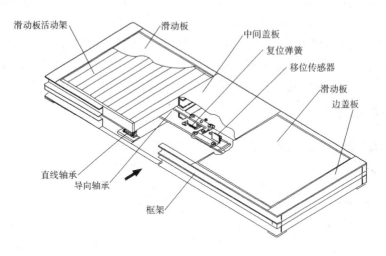

图 3-31 侧滑量检测装置结构示意图

4)侧滑检测台的使用方法

由于各种侧滑检测台的牌号、形式有所不同,因此使用时必须按照其"使用说明书"的规定使用。一般试验台的使用方法如下:

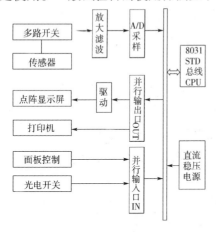

图 3-32 侧滑量信号采集与指示框图

(1)检测前的准备。使用试验台之前,除按规定的项目及期限进行检查外,还要对被检汽车进行下列准备:

①使轮胎气压符合规定值。

②清除轮胎上粘有的油污、水渍或轮胎花纹沟槽内嵌有的小石子等,使轮胎干净。

(2)检测步骤:

①取下滑动板的锁止销钉,接通电源。注意指示仪表的指针应指示"零"位置。

②汽车以 3~5km/h 速度垂直驶向检测台,使被测车轮从滑动板上通过,注意此时严禁转动转向盘或制动。

③待被测汽车转向轮从滑动板上完全通过时,显示屏便指示最大侧滑量值。

④检查结束后,将滑动板锁止,切断电源。

第三节 车轮动平衡检测

一、概述

随道路条件的改善和汽车技术水平的提高,汽车行驶速度不断提高,车轮不平衡对汽车性能将产生严重的影响。如果车轮不平衡,在高速旋转时由于车轮不平衡质量产生的不平衡力的大小和方向在不断变化,将引起车轮上下跳动和横向摆动,使车辆难于控制,直接影响汽车操纵稳定性和行驶安全性。车轮不平衡还会加剧轮胎、转向机构、行驶系及传动系统零部件的非正常冲击和磨损,缩短其使用寿命。因此,车轮动平衡检测已成为汽车检测的重要项目之一。

二、车轮平衡的概念

1. 车轮静平衡与静不平衡

首先支起车桥,使车轮离地并调整好轮毂轴承松紧度,然后用手轻轻转动车轮,使其自然停转。车轮停转后在离地最近处作一标记,如此重复上述试验多次。若车轮经多次转动自然停转后,所作标记的位置各不相同,或强迫停转后,消除外力车轮也不再转动,则车轮为静平衡。静平衡的车轮,其质心与旋转中心重合。

如果每次试验标记都停在离地最近处,则车轮为静不平衡。静不平衡的车轮,其质心与旋转中心不重合。车轮不平衡质量 m 在车轮高速旋转时产生离心力 F(图3-33),其大小为

$$F = m\omega^2 r$$

式中:$\omega = 2\pi n$;

　m——不平衡质量;

　r——不平衡质量质心到轮心的距离;

　n——车轮转速。

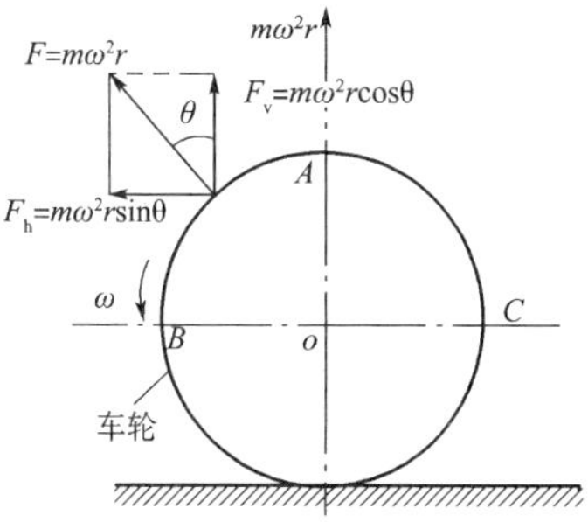

不平衡力的垂直分力和水平分力分别为

$$F_h = F\sin\theta = m\omega^2 r\sin\theta \tag{3-13}$$

$$F_v = F\cos\theta = m\omega^2 \cos\theta \tag{3-14}$$

图3-33 车轮不平衡力及其分力

由式(3-13)、式(3-14)可知,不平衡力的水平分力和垂直分力的大小和方向在不断变化。垂直分力使车辆产生垂直振动,影响乘坐舒适性。对于转向轮,水平分力的大小和方向变化,使其对主销中心产生的力矩大小和方向也随之变化,从而引起转向轮摆振,影响汽车的操纵稳定性,加剧轮胎和转向系零件的磨损。

2. 车轮动平衡与动不平衡

车轮静平衡不一定是动平衡。这是因为车轮的质量分布相对车轮纵向中心面不对称造成的。如图3-34所示。当 $m_1 = m_2$,$r_1 = r_2$ 时,车轮是静平衡的,不平衡点离心力合力为零。但是离心合力矩不为零。转动中产生方向反复变动的力偶矩 M,使车轮处于动不平衡状态,如图3-34a)、b)所示。如果在 m_1、m_2 同一作用半径的相反方向上配置相同质量 m'_1、m'_2,则力偶矩 M 消失,车轮就处于动平衡状态中,如图3-34c)所示。车轮动不平衡是造成汽车前轮摆振的主要原因。因此,车轮作动平衡检测是非常必要的。

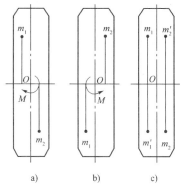

图3-34 静平衡车轮动不平衡

三、车轮动不平衡的原因

车轮达到动平衡状态肯定是静平衡的,所以检测调整的最终目的使车轮达到动平衡。引起车轮动不平衡的主要

原因有如下几个方面:

(1)轮毂、制动鼓(盘)加工时定心不准,加工误差大;非加工面铸造误差大;热处理变形;使用中变形或磨损不匀等。

(2)轮毂上轮胎螺栓孔分布不匀,螺栓质量不等。

(3)轮辋质量分布不均或径向圆跳动、端面圆跳动太大。

(4)轮胎质量分布不均,尺寸、形状误差大;使用中变形或磨损不均。

(5)使用翻新轮胎或垫补轮胎。

(6)轮毂、制动鼓(盘)、轮胎螺栓、轮辋、轮胎等组成一体后,累积的不平衡质量误差或尺寸误差过大。

四、车轮动平衡检测原理

如图3-35为离车式硬支撑车轮动平衡机的工作原理图。所谓硬支撑是指支撑刚度很大,车轮支撑系统振幅很小,车轮的惯性力可以略去不计。

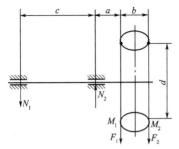

图3-35 硬支撑式车轮动平衡机工作原理图

假设有不平衡质量 m_1、m_2,集中在两侧轮辋的边缘处,且同一(角度)方向。车轮旋转时产生离心力,图3-35中 F_1、F_2 为这两个离心力在传感器平面的投影,N_1、N_2 为平衡机在左、右支撑测得的动反力。根据力和力矩的平衡条件,有

$$\sum F_Y = 0, N_1 - N_2 + F_1 + F_2 = 0 \quad (3-15)$$

$$\sum M = 0, N_1 c - F_1 a - F_2 (a+b) = 0 \quad (3-16)$$

联立解方程式(3-15)、式(3-16)可得

$$F_1 = -\frac{a+b+c}{b} N_1 + \frac{a+b}{b} N_2 \quad (3-17)$$

$$F_2 = \frac{a+c}{b} N_1 - \frac{a}{b} N_2 \quad (3-18)$$

式中:a——被测车轮在平衡机上的安装尺寸,由平衡机上提供的专用工具测得;

b——被测车轮轮辋宽度,可用专用卡规测量;

c——平衡主轴两支撑点之间的距离,为平衡机的结构参数(已知);

N_1、N_2——为支撑处反力,由相应传感器转换成电信号后测出。

由式(3-17)和式(3-18)计算出 F_1、F_2 后,再根据离心力计算公式 $F = m\omega^2 r$ 求出不平衡质量 m_1、m_2,即

$$m_1 = \frac{F_1}{\omega^2 r} = \frac{2F_1}{\omega^2 d} \quad (3-19)$$

$$m_2 = \frac{F_2}{\omega^2 r} = \frac{2F_2}{\omega^2 d} \quad (3-20)$$

式中:ω——车轮平衡时平衡机主轴的转动角速度;

r——不平衡质量(即平衡块)到车轮旋转中心的距离。

一般平衡块安装在轮辋边缘,所以 $r = d/2$,d 是被测车轮轮辋直径,可以根据轮胎代号读取。

五、车轮平衡检验设备

1. 就车式车轮平衡机

1) 结构

就车式车轮平衡机(图3-36)除车桥支架外,其他部分如电测系统、光电相位检测装置、显示仪表板和摩擦轮驱动电动机等均安装在一个驱动小车上。

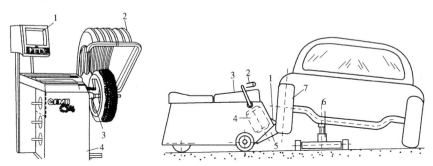

图3-36 就车式车轮平衡机

1-光电传感器;2-手柄;3-仪表板;4-驱动电动机;5-摩擦轮;6-传感器支架;7-被测车轮

支架中包含一个复杂的力传感器,用以测量由车轮不平衡质量产生的不平衡力。车桥支架在安装位置随被测车型和操作人员的习惯及现场条件而定,完全是随机的,因此就车式平衡机电测系统必须具有自标定功能。所谓自标定功能,是指能根据已知不平衡质量(一般为30g)所引起的不平衡力大小相位,反算出实测的不平衡力对应的不平衡质量大小和相位。

光电相位检测装置包括一个强光源和两个光电管。强光源用以照射轮胎上的反光标志,提供相位识别信号。根据两个光电管接受反光信号的前后可以判断车轮的旋转方向。

2) 检测方法

用就车式车轮平衡机检测车轮静平衡的方法和步骤如下:

(1) 被测车轮的准备。去掉车轮轮辋上已有平衡块,清除轮胎表面的泥土和花纹中的石子,检查轮胎气压并充至规定值,在轮胎侧面任意处贴上白色反光标志。

(2) 用举升器顶起车桥,将车桥落座于车桥支架上,检查车轮转动是否自如,车轮轴承有无松旷,如松旷应进行调整。

(3) 把摩擦轮紧压在被测车轮上,按下第一次试验按钮,起动电动机带动摩擦轮和被测车轮高速旋转,注意使车轮旋转方向与汽车前进时一致。待转速上升到适当转速时,分离摩擦轮同时释放按钮,测量系统记录与不平衡力及其相位有关的、但未经标定的原始数据。

(4) 在反光标志处加装预设的标定质量,按下第二次试验按钮,重复第三步操作。当转速达到设定值时指示灯亮,测量系统把第一次试验测得的数据转换成为应加装的平衡块质量和相位,并显示在仪表板上,这就是平衡机的自标定功能。根据显示的质量,在指定相位上加装上平衡块,同时去掉标定质量块。

(5) 再次重复第三步操作,检测剩余不平衡量,是否满足规定要求。

如果是驱动桥,则可利用发动机动力驱动车轮旋转,其他操作同上所述。对于平衡要求较高的车辆,为了消除阻尼造成的相位误差,平衡时可令车轮左右各转一次,取两次的平均值为最后测定值。

2.离车式车轮平衡机

1)结构

离车式车轮平衡机目前应用最多的是硬支撑式、两面测车轮动平衡机(图3-37),主要由驱动机构、转轴、支撑装置(包括动反力测量传感器)、锥体压盘及快速螺母、制动装置和防护罩等组成。

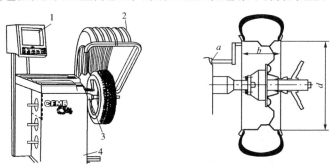

图3-37 硬支撑式离车式车轮动平衡机
1-显示屏幕;2-防护罩;3-轮轴;4-机体

有些离车式平衡机的参数显示和操作系统提示采用CRT显示(图3-37),测量结果显示清楚直观,有屏幕提示便于操作,但造价较高。有些离车式平衡机采用发光二极管显示,结构简单,工作可靠,成本低廉。两者虽然外形结构差异很大,但其基本操作内容则大同小异。

2)检测方法

用离车式车轮动平衡机检测车轮平衡的方法和步骤如下:

(1)检测车轮的准备。去掉车轮轮辋上已有平衡块,清除轮胎表面的泥土和花纹中的石子,检查轮胎气压并充至规定值。

(2)接通主机电源。定期对平衡机测量系统进行标定(又称设定程序),以保证测量精度。

(3)根据被测车轮轮辋中心孔大小选择合适的锥体压盘,把车轮安装到平衡机转轴上,注意对中要准,并用快速螺母装夹牢固。

(4)输入轮辋直径、轮辋宽度和轮辋边缘到机箱距离等参数。注意有些平衡机要求轮辋直径和轮辋宽度的单位是英寸。

(5)放下车轮保护罩,自动进入平衡测试程序(有些平衡机需要按动按钮)。当测量完成时,平衡机仪表会自动显示轮胎两侧的不平衡质量m及其相位。车轮制动直至停止,在车轮停止转动前不得打开车轮保护罩。

(6)根据测量结果,在轮辋两侧边缘指示相位上分别装上相应质量块。

(7)加装完毕后应再次检验,观察剩余不平衡量是否满足法规要求(一般要求5g以下)。

第四节 汽车车速表的检测

一、车速表检测的必要性

驾驶员经常看到或听到这样的警语:"十次肇事九次快",它告诉人们,开车时一定要准确地控制车速,决不要违章超速。从理论上讲,如果车速增加2倍,制动距离就要增加4倍,这就是为什么车速越快,就越容易肇事的道理。汽车的行驶速度是驾驶员依靠车速表的指示值进行控制的,如果车速表的指示误差大,驾驶员也就很难准确地掌握车速,就有可能导致交通事故的发生。而车速表随着汽车行驶里程的增加,由于驱动其工作的齿轮、软轴和车速表本身的技术状况会发生变化,以及车轮滚动半径的变化,其指示误差就很可能愈来愈大。因此,为了保障行车安全,在《机动车运行安全技术条件》中,对汽车车速表的检测做了如下的规定:

当车速表试验台的速度指示值为40km/h时,车速表指示值应为40~48km/h;当车速表的指示值为40km/h时,车速表试验台的速度指示值应为32.8~40km/h。

二、车速表指示误差的检测原理及方法

车速表在室内的台架检测通常在车速表试验台上进行。汽车车速表指示误差的检测方法,如图3-38所示,它是将被检汽车的车轮置于车速表试验台的滚筒上使之旋转,把滚筒当作活动路面,以此来模拟汽车在道路上行驶的实际情况进行检测的。

车速表试验台滚筒的线速度可用下式计算:

$$v = ln \times 60 \times 10^{-6}$$

式中:v——滚筒的线速度,km/h;
  l——滚筒的圆周长,mm;
  n——滚筒的转速,r/min。

该值就是真正的车速值。用速度传感器使其显示在试验台的速度指示仪表上,根据汽车车速表指示值与试验台的速度仪表指示值对比,即可得出汽车车速表指示误差值。

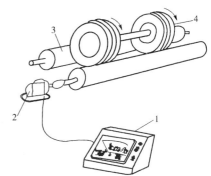

图3-38 车速表误差的测量方法
1-速度指示仪表;2-速度传感器;3-滚筒;4-被测车轮

三、车速表试验台的类型与构造

1. 车速表试验台的类型

汽车的车速表一般都是由变速器的转轴通过软轴驱动的。前置发动机的汽车车速表,大多采用这种方式驱动。但对于后置发动机的汽车,由于变速器距驾驶室仪表板上的车速表太远,如果仍通过软轴由变速器驱动,势必会出现传动精度低和软轴寿命短等方面的问题。因此,这类汽车的车速表都改由从动车轮(转向轮)驱动。为了适应汽车车速表不同的驱动形式,车速表试验台也有以下两种不同的类型。

1)标准型

如图3-39所示,标准型车速表试验台的本身不带驱动装置,它的滚筒由被检汽车的驱动车轮带动旋转,驱动试验台的速度表指示。

2)驱动型

如图3-40所示,驱动型车速表试验台的本身带有驱动装置(图3-40中的电动机6),用其滚筒带动被检汽车的从动车轮旋转,驱动汽车车速表指示。

此外,还有把车速表试验台与制动试验台或底盘测功试验台组合在一起,构成综合型试验台的类型。

2. 车速表试验台的构造

车速表试验台由速度检测装置、速度指示装置和速度报警装置等组成。

1)标准型车速表试验台

(1)速度检测装置。速度检测装置主要由滚筒、速度传感器、联轴器和举升器等组成。

33

滚筒通常为左右2个,直径为185mm,用轴承将它们安装在框架上,并用万向节联轴器或普通联轴器把左右两个前滚筒连在一起,以防止检测时,汽车差速器齿轮的滑转。

速度传感器一般采用测速发电机,将其装在滚筒的一端,它能把对应于滚筒转速所发出的电信号送至速度指示装置。

举升器安装在左右两边的前后滚筒之间,它和滚筒的固定装置联动,即举升器的托板处于升起状况,被检汽车上下试验台时,其滚筒不会转动。

(2)速度指示装置。速度指示装置是按照测速发电机发出的电压工作的。它能根据滚筒外圆周长和其转速计算得到滚筒表面的线速度(km/h),在指示仪表上显示。

(3)速度报警装置。为了便于检测人员能更快地判明被检汽车的车速表是否合格,车速表试验台均具有速度显示的功能,包括将速度指示表的合格范围涂成绿色带、装上红色报警灯和蜂鸣器。

①将35~44km/h的速度指示范围涂成绿色带。

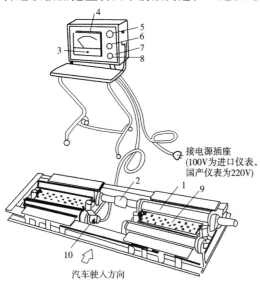

图3-39 标准型车速表试验台
1-滚筒;2-联轴器;3-零点调整螺钉;4-速度指示仪表;5-蜂鸣器;6-报警灯;7-电源灯;8-电源开关;9-举升器;10-速度传感器(测速发电机)

②指针指示在40~80km/h的速度范围内,红色指示灯亮,蜂鸣器响。

2)驱动型车速表试验台

驱动型车速表试验台是为检测车速表由从动车轮驱动的汽车而设计生产的。它的结构基本上与标准车速表试验台相同,仅仅是在滚筒的一端装置一台电动机,用以驱动其滚筒再带动汽车从动轮旋转。

驱动型车速表试验台的滚筒和电动机之间一般都装有离合器。如果用离合器将电动机与滚筒脱开,即与标准型车速表试验台具有同样的功能。

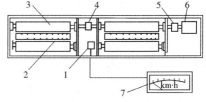

图3-40 电动机驱动型车速表试验台
1-测速发电机;2-举升器;3-滚筒;4-联轴器;5-离合器;6-电动机;7-速度指示仪表

四、车速表试验台的使用方法

车速表试验台的牌号、形式不同,其使用方法是有区别的。因此,在使用前一定要认真阅读试验台的使用说明书,掌握正确的使用方法。一般的使用方法如下。

1.检测前的准备

1)试验台的准备

使用试验台之前,除按规定的期限及项目进行检查外,在使用过程中,还要注意仪表指针复位、举升器的动作、各导线的接触等情况,发现故障,及时处理。

2)被检汽车的准备

(1)轮胎气压应符合汽车制造厂的规定。

(2)轮胎沾有水、油等或轮胎花纹沟槽内嵌有小石子时,应清除干净。

2.检测步骤

(1)接通试验台的电源。

(2)操纵手柄,升起滚筒间举升器的托板。

(3)将被检汽车输出车速信号的车轮尽可能与滚筒成垂直状态地停放在试验台上。

(4)操纵手柄,降下滚筒间举升器的托板,直到轮胎与举升器的托板完全脱离为止。

(5)用挡块抵住位于试验台滚筒之外的一对车轮的前方,以避免汽车在检测时从试验台上滑出去。

(6)对于标准型车速表试验台:

①起动汽车,由低挡逐级换入最高挡,待汽车的驱动轮在滚筒上稳定后,缓缓地踩下加速踏板,进行平稳地加速运转。

②当汽车车速表的指示值达到规定的检测速度值时,读取试验台速度表上的指示值。

(7)对于驱动型车速表试验台

①接合试验台的离合器,使滚筒与电动机连在一起,如图3-41所示。

②将汽车的变速器换入空挡,接通试验台电动机的电源,驱动型车速表试验台驱动滚筒带动汽车输出车速信号的车轮旋转。

③当汽车车速表的指示值达到规定的检测速度值时,读取试验台速度表的指示值。

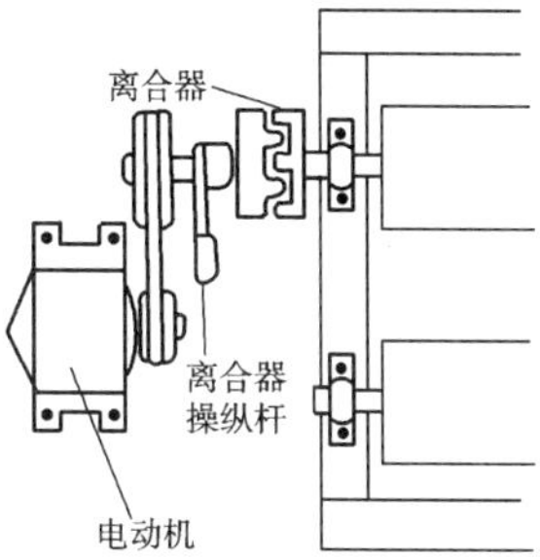

(8)检测完后,轻踩制动踏板,直到滚筒停止转动。对于驱动型车速表试验台,必须先切断电动机电源,然后再踩制动踏板。

图3-41 驱动型车速表试验台

(9)去掉车轮前的挡块,操纵手柄,升起滚筒间的举升器托板,将被测汽车驶离试验台。

(10)切断试验台的电源。

思 考 题

1. 简述测试发动机功率的意义。
2. 什么是发动机稳态测功?什么是发动机动态测功?
3. 简述无外载测功的两种测量方法及其依据的基本原理。
4. 发动机进行"单缸断火"试验的目的是什么?
5. 汽车运行中对点火系统的一般要求是什么?
6. 次级点火电压波形中,对点火效果影响最大的是哪些部分?
7. 次级点火电压波形中,触点闭合阶段过长或过短各有什么问题?
8. 在次级点火电压的平列波形中,若某缸击穿电压过高或过低,各可能有什么问题?
9. 简述点火提前角的测试原理。
10. 车轮定位参数主要有哪些?各起什么作用?
11. 简述车轮不平衡的产生原因及其危害?
12. 简述就车式平衡机的基本工作原理。
13. 简述离车式平衡机的基本工作原理。

第四章 汽车照明及信号装置检测

本章主要介绍汽车前照灯及信号装置有关技术要求;前照灯检测内容、检测原理、检测方法及检测仪器。

第一节 概 述

一、汽车照明及信号装置的必要性

为了保证汽车在夜间或白天能见度较低的条件下的行驶安全,需要在汽车有关部位安装多种照明及信号装置。这些装置的具体功用是:第一,在夜间或能见度较低的情况下,用灯光给行驶车辆照明道路;第二,夜间行车时,为车厢、驾驶室及仪表照明;第三,用发出的标志和信号达到联络、警示,以保证行车安全的目的。现代汽车照明及信号装置主要包括:前照灯、前位灯、后位灯、示廓灯、牌照灯、仪表灯、转向信号灯、倒车灯、危险报警闪光灯、制动灯、前雾灯、后雾灯以及挂车标志灯等。

二、前照灯一般规定与要求

前照灯是汽车的主要照明装置。前照灯的配光性能应使其远光、近光均具有足够的发光强度,且近光不炫目。近光是车辆交会或尾随其他车辆时使用的近距离照明光束,近光应能照明车前40m的道路;远光是不会车或不尾随其他车辆时使用的远距离照明光束,远光应能照明车前100m远的道路。为保证夜间行车安全,前照灯主要从发光强度和光束照射位置两个方面做出如下规定:

(1)在检验前照灯近光光束照射位置时,前照灯照射在距离10m的屏幕上时,乘用车前照灯近光光束明暗截止线转角或中点的高度应为 $0.7H \sim 0.9H$ (H 为前照灯基准中心高度,下同),其他机动车(拖拉机运输机组除外)应为 $0.6H \sim 0.8H$。机动车(装用一只前照灯的机动车除外)前照灯近光光束水平方向位置向左偏不允许超过170mm,向右偏不允许超过350mm。

(2)轮式拖拉机运输机组装用的前照灯近光光束的照射位置,按照上述方法检验时,要求在屏幕上光束中点的离地高度不允许大于 $0.7H$;水平位置要求,向右偏移不允许超过350mm,不允许向左偏移。

(3)在检验前照灯远光光束及远光单光束灯照射位置时,对于能单独调整远光光束的前照灯,前照灯照射在距离10m的屏幕上时,要求在屏幕光束中心离地高度为 $0.85H \sim 0.95H$,但不得低于前照灯近光光束明暗截止线转角或中点的高度;机动车(装用一只前照灯的机动车除外)前照灯远光光束水平位置要求:左灯向左偏不允许超过170mm,向右偏不允许超过350mm;右灯向左偏或向右偏均不允许超过350mm。

(4)每只前照灯的远光光束发光强度应达到表4-1的要求。

前照灯远光光束发光强度要求(单位:cd)　　　　　表 4-1

机动车类型		检查项目					
		新注册车			在用车		
		一灯制	两灯制	四灯制①	一灯制	二灯制	四灯制①
三轮汽车		8000	6000		6000	5000	
最高设计车速小于 70km/h 的汽车			10000	8000		8000	6000
其他汽车			18000	15000		15000	12000
摩托车		10000	8000		8000	6000	
轻便摩托车		4000			3000		
拖拉机运输机组	标定功率>18kW		8000			6000	
	标定功率≤18kW	6000②	6000		5000②	5000	

注：①四灯制是指前照灯具有四个远光光束；采用四灯制的机动车其中两只对称的灯达到两灯制的要求时视为合格。
　　②允许手扶拖拉机运输机组只装用一只前照灯。

三、其他照明及信号装置一般规定与要求

汽车的前位灯、后位灯、示廓灯、挂车标志灯、牌照灯、前雾灯、后雾灯和仪表灯等是保证汽车夜间或能见度低的情况下安全行车的一组重要的信号装置。该组信号装置应能同时启闭，在前照灯关闭和发动机熄火时仍点亮。所有车辆均应装有危险报警闪光灯，其操纵装置就不受电源总开关的控制。车辆的转向信号灯、危险报警闪光灯及制动灯白天距 100m 可见，侧转向信号灯白天距 30m 可见；前位灯、后位灯、示廓灯和挂车标志灯夜间好天气距 300m 可见；后牌照灯夜间好天气 20m 能看清牌照号码。制动灯的亮度应明显大于后位灯。车辆照明和信号装置的任一条线路出现故障，不得干扰其他线路的正常工作。

第二节　汽车前照灯检测

一、光与前照灯的有关概念

1. 光的单位

在光的物理量中，有光束、发光强度、照度、辉度等名词术语，在这里只说明与前照灯检测仪密切相关的发光强度和照度。

1）发光强度

它是表示光源发光强度的物理量，计量单位是坎德拉(cd)。它的定义是：一个光源发出频率为 540THz 的单色辐射，若在一定方向上的辐射强度为 1/683W/sr(即 1/683 瓦特每球面度)，则此光源在该方向上的发光强度为 1cd。

2）照度

照度是表示受光表面被照明的程度的物理量，计量单位是勒克斯(lx)。

2. 发光强度和照度的关系

如图 4-1 所示，在不计光源大小的情况下（看作是点光源），照度与离开光源距离的平方

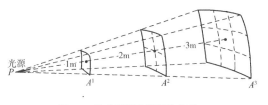

图 4-1　发光强度和照度的关系

成反比(倒数二次方法则),即

$$照度 = \frac{发光强度}{(离开光源的距离)^2}$$

从而可得,距离发光强度为 20000cd 光源 1m 的地方,照度为 20000 lx;离开 2m 的地方,照度为 20000/4 = 5000 lx;离开 10m 的地方,照度为 20000/100 = 200 lx。

3. 前照灯技术的发展

汽车前照灯技术发展大致经历白炽灯、卤素灯、气体放电灯(HID 灯)和 LED 灯四个过程。

最早使用的普通白炽前照灯,由于灯丝的高温造成钨的蒸发,蒸发的钨沉淀在玻璃壳上,产生玻璃壳发黑现象,造成亮度下降;20 世纪 50 年代末发明了卤素前照灯,利用卤钨循环原理消除了玻璃壳发黑现象;进入 21 世纪,飞利浦公司花费 5 年时间研制成功的气体放电前照灯(High Intensity Discharge Lamp),简称 HID 前照灯进入市场。这种含有氙气的前照灯又称氙气灯。它由小型石英灯泡、变压器和电子单元组成。接通电流后,通过变压器在几微秒内升压到 2 万 V 以上的高压脉冲电压加在石英灯泡内的金属电极之间,激励灯泡内的物质(氙气、少量水银蒸气、金属卤化物)在电弧中电离产生光亮。灯开关接通 3s 内,HID 灯即产生相当于 3 倍相同功率卤素灯的光通量。由于不用灯丝,没有了传统灯易脆断的缺陷,灯的使用寿命提高了 10 倍,因此 HID 前照灯被誉为 21 世纪革命性汽车照明产品。

随着 LED 发光二极管技术的应用领域不断扩大,21 世纪初用 LED 作为信号灯指示功能开始在汽车上应用,如高位制动灯、转向灯、后位灯、雾灯、倒车灯等。由于 LED 灯具有低能耗、高亮度、点亮无延迟、寿命长(5 万 h 以上)、色泽丰富等优点,近年来 LED 前照灯开始在中高档轿车上得到应用推广。预计不久的将来,随着提高 LED 发光功率和降低制造成本两个瓶颈问题的解决,LED 前照灯将会逐步应用普及。

4. 前照灯结构

汽车前照灯是为照亮车辆前方路面设置的灯具。其结构分为灯丝灯泡、气体放电光源和 LED 前照灯三种。

1)灯丝灯泡前照灯结构特点

为避免前照灯的炫目作用,并保持良好的路面照明,在现代汽车上普遍采用双丝灯泡的前照灯。灯泡的一根丝为"远光",光度较强,可以使驾驶员辨明车前 100m 以内路面上的任何障碍物。另一根为"近光",光度较弱。汽车在夜间行驶,在不会车的情况下使用远光灯丝,使光束射向远方。当出现会车时,使用近光灯丝,使光束倾向路面,光束左上部形成暗区,从而避免使对面来车的驾驶员炫目,同时车前 30m 以内的路段也照得足够清晰。

双丝灯泡的远光灯丝功率较大,位于反射镜的焦点;近光灯丝功率较小,位于焦点的上方或前方。图 4-2a)的前照灯就是这种结构。当接用远光灯丝时,光线由反射镜反射后与光学轴线平行,如图 4-2b)所示。当接用近光灯丝时,射到反射镜 bab1 区域上的光线由反射镜反射后倾向路面,如图 4-2c)所示。而射到反射镜 bc 和 b1c1 区域上的光线反射后倾向上方。倾向路面的光线占大部分,因而减小了对来车驾驶员的炫目作用。

国产 T-170B 型前照灯采用了另一种结构形式,如图 4-3 所示。

远光灯丝位于反射镜焦点处,近光灯丝位于焦点前方而稍出于光学轴线,在其下面有金屑遮罩。因此,由近光灯丝射向反射镜上部的光线,反射后倾向路面,而遮罩阻止了灯丝射向反射镜的下半部的光线,因此没有向上方反射可能引起炫目的光线。

2)气体放电光源(HID)前照灯结构特点

HID前照灯系统基本上由反光镜和配光镜、光源及镇流器三部分组成。

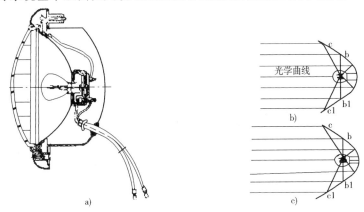

图4-2 避免前照灯炫目作用的双丝灯泡及其工作情况

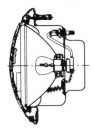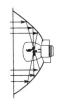

图4-3 具有遮罩的双丝灯泡

(1)反光镜和配光镜。在传统前照灯系统中,反光镜将位于焦点处的灯泡发出的光变成平行于光轴的光线,然后经配光镜上的光学棱镜将平行光线转为标准所要求的配光光形。如果将HID光源装于传统的卤钨灯反光镜内,光效率将增加一倍,光通量将增加250%。最大照度将远远超过100 lx,道路就会被照得太亮,特别是HV点和75R点。这将意味着增大了使对面来车驾驶员炫目的可能性。这时就需要通过改变反光镜的几何形状来修订照度值,使其满足标准要求。

HID前照灯一般为无纹塑料配光镜,反光镜有椭球面和抛物面两种,如图4-4和图4-5所示。

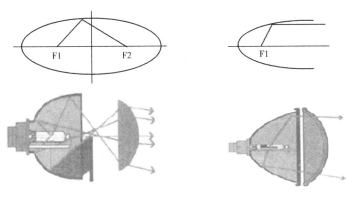

图4-4 椭球面反光镜　　　　图4-5 抛物面反光镜

(2)HID光源。HID光源内充入的是氙气、汞蒸气和少量的金属卤化物,灯泡内的氙气压力为 800～900kPa,充入高压氙气的目的是缩短灯的点亮时间。各种放电灯泡可在开关接通后的 0.3s 的时间内达到与普通 H4 灯泡相当的光输出,至辐射出全部光通量大约 3s 的时间,以满足行驶要求。

目前常用的 HID 光源有 D1、D2、D3、D4 灯泡,如图 4-6 所示。D1 与 D2 区别在于灯座上,D3、D4 不含汞。

图 4-6　HID 光源(D1、D2、D3、D4)

(3)整流器。整流器先将汽车上的 12V 电压升压到 23 000V,用在刚开启电源时的瞬间,激发氙气迅速电离达到高亮度,接着再将电压转成 80V,稳定持续供应氙气灯泡发光。它有两个基本功能:起动和稳定点灯。起动时,控制击穿灯泡并开始放电的过渡时间,包括让灯泡瞬时靠地击穿并使灯泡的光通量输出急剧上升,在此期间,为了不损坏电极,整流器将放电灯的功率限制在 75W,最大输出电流限制在 2.6A。稳定点灯后,保证使放电灯的功率稳定在 35W,使放电灯的电弧(形状、亮度、色度分布等)得到稳定,这是得到良好配光的重要条件。

另外,整流器还有其他一些功能,如失效保险、防漏电、防短路、防极性错接等,由于整流器内部电路、放电灯高频点灯等自身都易发出电磁噪声,所以整流器还有拟制电磁骚扰的功能。

3)LED 前照灯结构特点

随着光源技术的发展,汽车前照灯经历了从白炽灯到卤素灯再到 HID 灯的发展历程。但是,这些光源均属于真空或充气玻壳,在亮度、寿命、体积、发热度、色温调整与稳固性等方面均具有致命缺陷。LED 光源与这些光源相比,具有明显的优势,因此,LED 前照灯发展应用前景广阔。目前 LED 前照灯近光一般采用 3 颗功率为 15W 的 LED,远光采用 2 颗同样功率的 LED。与传统前照灯相比,LED 前照灯有如下特点:

(1)LED 光源体积小,灯内布置更随意,因此 LED 前照灯结构非常紧凑。

(2)LED 前照灯全部采用 LED 冷光源,发热量低,灯内温差变化小,不易在灯腔内积雾。

(3)LED 灯与卤素灯相比,可节约 40% 能源。

(4)LED 前照灯响应快,点亮无须热起动时间,色温超过 5000K,更接近日光,行车更安全。

(5)LED 光源使用寿命超过 10000h,是 HID 光源的 5 倍,是卤素光源的 20 倍以上。

目前 LED 前照灯仍处在研制阶段,日本小系公司和德国海拉公司不断推出概念型产品。日本丰田公司于 2008 年率先在一款雷克萨斯车型上应用 LED 前照灯,德国奥迪公司也紧随其后使用 LED 光源,从而使 LED 前照灯商业化成为现实。随着各大汽车公司全 LED 前照灯车型的不断推出,LED 前照灯的应用将愈发普及。虽然国内 LED 光源研发起步较晚,但也一些公司具备研发生产 LED 前照灯的能力。

5. 前照灯的特性

前照灯特性包括配光、光束照射位置和发光强度三种特性参数。

(1)配光:就是根据车辆行驶要求所设计的光分布。

(2)光束照射位置:如果把光束最亮区域看作是光轴的中心,那么它对于水平、垂直坐标轴交点的偏离,就表示它的照射位置。

(3)发光强度:每只前照灯的远光全光束发光强度要符合要求。

二、前照灯光束照射位置与发光强度的检测方法

1. 用屏幕检测前照灯光束照射位置的方法

用屏幕检测前照灯的光束照射位置,检查时,汽车空载停置于水平场地上,轮胎气压正常,允许乘1名驾驶员,在距汽车前照灯10m处设置一个屏幕(图4-7),屏幕与地面垂直。屏幕上画有三条垂直线和三条水平线(图4-8)。三条垂直线的中间垂直线与被检车辆的纵向轴线对正,两边的垂直线分别为被检车辆左右前照灯的中心线;三条水平线中的A—A线与被检车辆前照灯的中心等高,距地高度为$H(mm)$;B—B线与被检车辆前照灯远光束的中心等高;距地高度为$0.85\sim0.90H(mm)$;C—C线与被检车辆前照灯近光光束的中心等高,距地高度为$0.75\sim0.80H(mm)$。

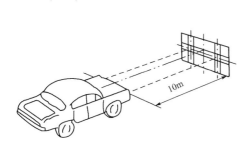 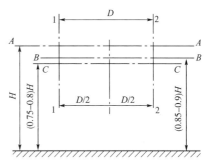

图4-7 用屏幕检验前照灯光束位置　　图4-8 用屏幕检测前照灯光束照射位置

检测时,可先遮盖住任何一边的前照灯,然后打开前照灯的近光,此时,没被遮盖的前照灯的光圈应落在图4-8中的C—C线所示位置上,且光圈椭圆轴线应与1—1或3—2线重合。否则说明光束照射位置存在偏斜,其偏斜方向和偏斜量均可在屏幕上直接测得。用同样的方法,检测另一只前照灯近光光束的照射位置。

对于双灯丝前照灯,由于远光光束与近光光束呈一固定的角度关系,因此,检测近光光束的照射位置也要符合有关规定。同时,根据我国关于"车辆夜间行驶交会时使用近光灯"的规定,表明近光光束的照射位置更易影响夜间行车的安全,所以,双灯丝前照灯要以检测其近光光束的照射位置为主。

对于远光单光束前照灯,则要检测其远光光束的照射位置,检测方法同前。其光圈椭圆中心应与B—B线和1—1线或3—2线的交点重合。

由于屏幕检测方法只能检测前照灯光束的照射偏斜方向和偏斜量,而不能检测其发光强度;同时,又要占用比较大的场地和根据不同的车型制作有不同垂线和水平线的屏幕,以备经常更换,从而降低了检测效率;因此不宜布置在检测线上。但是对于车型单一,又只需检测和调整前照灯光束照射位置的汽车生产企业,采用此法还是非常适用的,既经济又简便。

2. 用检测仪检测前照灯的发光强度与光轴偏斜量的方法

前照灯检测仪,一般是采用具有把光能吸收变成电流的光电池元件,按前照灯主光轴照射光电池所产生的电流与前照灯光强成正比的特性,检测前照灯的发光强度和光轴偏斜量。

1)发光强度的检测原理

如图4-9所示,将光电池3与光度计1连接起来,当前照灯的光束以适当的距离照射光电池时,光电池根据前照灯发光强度的强弱产生大小不同的电流,使光度计1指针摆动,由此检测出前照灯的发光强度。

2）光轴偏斜量的检测原理

如图 4-10 所示，将一个光电池 2 分割成 $S_上$、$S_下$、$S_左$、$S_右$ 四份，在 $S_上$ 和 $S_下$ 之间接有上下偏斜指示计 3，在 $S_左$ 和 $S_右$ 之间接有左右偏斜指示计 1。当前照灯的光束照射光电池后，四份光电池如受光面不一致时，则产生的光电流值也不一样，根据上与下和左与右间电流大小差值，就会使上下、左右偏斜指示计 3、1 的指针摆动。由此检测出光轴的偏斜方向和偏斜量。

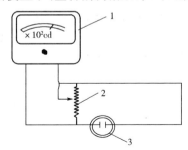
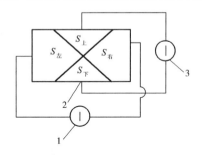

图 4-9 发光强度的测量方法　　　　　　　图 4-10 光轴偏斜量的测量方法
1-光度计；2-可变电阻；3-光电池　　　　1-左右偏斜指示计；2-光电池；3-上下偏斜指示计

图 4-11 所示为光电池无偏斜受光的情况。即上下偏斜指示计 2 的指针与左右偏斜指示计 1 的指针均垂直向下，即无偏斜指示。

图 4-12 所示为光电池受光面向左向下偏斜的情况。即上下偏斜指示计 2 的指针向下偏斜，左右偏斜指示计 1 的指针向左偏斜。由此检测出前照灯主光轴的偏斜方向和偏斜量。

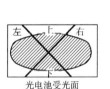
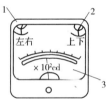
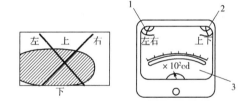

图 4-11　光轴上下、左右都无偏斜的情况　　　　图 4-12　光轴上下、左右都有偏斜的情况
1-左右偏斜指示计；2-上下偏斜指示计；3-光度计　　1-左右偏斜指示计；2-上下偏斜指示计；3-光度计

3. 用 CCD 技术检测前照灯特性

和传统的灯光议的重要区别在于当前厂家推出的前照灯测试仪都增加了近光检测的功能。由于近光的非对称性，无法使用原有的方法对近光进行检测，通常利用图像分析的方法来获取明暗截止线拐点的位置。国外有部分的产品根据标准的近光光强分布要求，在测试位置排布一些特定分布的光电池以获得拐点的位置，但由于国内在用车部分车灯配光性能不能够很好的符合国家标准的要求，这种利用光电池的测试方法不是很实用，造成近光检测不到或结果数据不正确。

用 CCD 及计算机图像处理技术能快速、准确的检测前照灯有关特性。

1）测量原理及方法

空间角度的测量必须要获得两个点的位置，在光束偏角的测量中也不例外。在仪器进行测量之前，首先必须找到前照灯的位置或第一个光束参考点的位置。根据这两种指导思想衍变出两种不同的测量方法。

（1）直接对准前照灯的中心（图 4-13）：这种测量方式是先利用摄像头找到点亮车灯的位置，然后拍摄成像后的光斑图像，分析其中的光轴位置（远光或近光），得到和零点相比的偏差，从而根据标定的数据得到实际的角度偏差值（光束偏移量）。

(2)瞄准前照灯发射的光束中心(图4-14):和前一种不同,此方法通过分析在两个成像面上光束轴线的位置偏差以获得光轴的空间位置差异,可以计算得到光轴的偏角。在实际应用中,利用光电池扫描的也是采用了类似的原理,只是图像的获得途径不同,一个是利用CCD拍摄得到图像,一个是利用光电池扫描的方式得到图像。

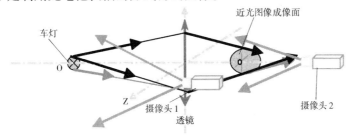

图4-13 瞄准车灯方式的测量原理

2) CCD成像技术的优势

由于CCD本身的设计原理和生产工艺的限制,其器件的动态范围较小。目前国内器件动态范围大的只有几百,为了避免易饱和的弊病,常进行非线性校正,如γ校正,无法胜任发光强度测量。国外的高端产品动态范围大的也只有两三千,但价格相当昂贵。由于前照灯的发光强度范围变化较大(从一两千cd到将近十万cd),因此在发光强度测量上,光电池要优于CCD。

和传统的利用对称光电池进行远光角度测量的方法相比,CCD法在测量远光灯光型不符合标准而具有多组对称点时,具有角度测量上的优势,其精度和重复性精度较高。

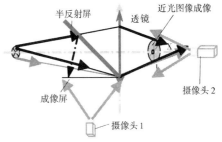

图4-14 瞄准光束方式的测量原理

同样的,在进行近光角度检测时,由于CCD图形具有分辨率高的优势,结合计算机技术,和光电池扫描的方法相比可以进行更为准确的拐点搜寻。

三、前照灯配光性能的检测

现以灯丝灯泡前照灯为例介绍前照灯配光性能及检测方法。为了使人们对前照灯配光性能检测的理解更加清楚,现介绍一些有关配光性的名词术语。

(1)照准:配光测试时灯光在配光屏幕上的定位。
(2)H点:过灯的配光镜有效透光表面中心(即基准中心)的水平线至灯前配光屏幕的垂足。
(3)h-h线:在配光屏幕上过H点的水平线。
(4)V-V线:在配光屏幕上过H点的垂直线。

1.灯丝灯泡前照灯配光性能

前照灯的配光性能应使其远、近光均具有良好的照明,且近光不炫目。

配光性能应在前照灯基准中心前25m、过H点的垂直配光屏幕上测定,其具体布置如图4-15所示。

1)近光的配光要求

(1)配光屏幕上,近光应产生明显的明暗截止线,其水平部分在V—V线的左侧,右侧为与水平线向上成15°的斜线,或向上成45°斜线至垂直距离250mm转向水平的折线。

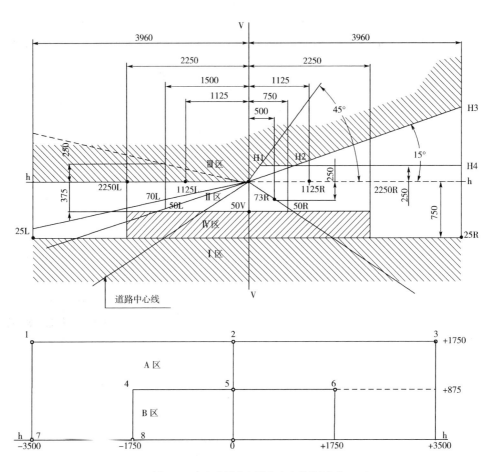

图 4-15 在配光屏幕上测定配光性能(单位:mm)

(2)在配光屏幕上的照度应符合表 4-2 的规定。

近光的照度要求(单位:lx)　　　　　　　　　表 4-2

测试点或区域	A 级前照灯和 SB[3] 灯光组	B 级前照灯和 HSB[4] 灯光组
B50L	≤0.3[1];≤0.4	≤0.4
75R	≥6	≥12
75L	≤12[1]	≤12
50L	≤15[1]	≤15
50R	≥6	≥12
50V	—	≥6
25L	≥1.5	≥2
25R	≥1.5	≥2
Ⅲ区中任何点	≤0.7	≤0.7
Ⅳ区中任何点	≥2	≥3
Ⅰ区中任何点	≤20	≤2·E_{50R}[2]

注:①封闭式白炽灯 SB 灯光组为 0.3,且不包括测试点 75L 和 50L;
　　②E_{50R} 为 50R 的实测照度值;
　　③SB 为白炽封闭式灯光组;
　　④HSB 为卤钨封闭式灯光组。

(3)在Ⅰ、Ⅱ、Ⅲ和Ⅳ区域内,其水平方向相邻间的照度变化应不悬殊,无明显的陡变,不致影响良好的能见度。

(4)对于半封闭式前照灯,在配光屏幕上A、B区中,测试点1~8的照度限值应符合如下规定:

测试点1+2+3≥0.3 lx;

测试点4+5+6≥0.6 lx;

0.7 lx≥测试点7≥0.1 lx;

0.7 lx≥测试点8≥0.2 lx。

2)远光的配光要求

(1)在配光屏幕上的照度应符合表4-3的规定。

(2)卤钨双光束前照灯:远光的最大照度应不大于近光在75R点测定照度的16倍。配光屏幕上照度测量的有效面积应包含在边长为65mm的正方形内。

远光的照度要求(单位:lx) 表4-3

测试点或区域	A级前照灯和SB灯光组	B级前照灯和HSB灯光组
E_{max}	≥32	≥48且≤240
HV点	≥0.80 E_{max} ≥0.90 E_{max}①	≥0.80 E_{max}
HV点至1125L和R	≥16	≥24
HV点至2250L和R	≥4	≥6

注:① 0.90 E_{max}适用于SB灯光组。

气体放电光源和LED前照灯配光性能要求可查阅有关标准。

2. 前照灯配光性能检测方法

1)试验暗室、装备及设备。试验暗室应无漏光,其环境条件应不影响光束的透射性能和仪器精确度;配光屏幕颜色应便于光束照准,配光测试时应消除杂散光影响;配光测试应采用直流稳压电源,电气仪表准确度不低于0.2级,照度计应为国家检定规程中规定的一级照度计(其示值误差不超过±4%)。

2)配光测试时的电压和试验光通量。

(1)封闭式前照灯,配光测试均规定在其标称电压下进行。

(2)半封闭式前照灯的配光测试应使用相应类型的标准灯丝灯泡,并在表4-4规定的试验光通量下进行,光通量单位为lm(流明)。若至少有一个标准灯丝灯泡使用后满足配光性能,则即为符合要求。

配光光通量(单位:lm) 表4-4

灯丝灯泡类型	R2①	H1	H2	H3	H4	H7	H8
试验光通量(12V左右)	700/450	1150	1300	1100	1250/750	1100	600
灯丝灯泡类型	H9②	H11	HS1	HB3	HB4	H1R1②	H1R2
试验光通量(12V左右)	1500	1000	700/450	1300	825	1840	1355

注:①新设计的前照灯不推荐使用。

②只适用于装有前照灯清洗器的近光。

(3)配光测试前,应将标准灯丝灯泡或封闭式灯光组以测试时的电压点亮,使其光性能趋于稳定。

(4)配光测定时的照准。

①近光照准。在垂直方向上,明暗截止线的水平部分应位于 h—h 线以下 25cm 处;水平方向上,明暗截止线的转折处应位于 V—V 线上,若转折处不清晰,则以满足 75R 和 50R 的照度值为准。照准时,为使明暗截止线清晰易见,允许遮蔽部分配光镜。照准与否以目视检验 V—V 线两侧各 5°(219cm)范围内的明暗截止线为准。

按上述照准后,若近光不满足要求,则允许明暗截止线在水平方向左、右各 1°(44cm),垂直方向不超过 h—h 线的范围内进行调整。

当弯道照明光束通过旋转近光光束或水平移动明暗截止线转折处的方法获得时,测量应在前照灯总成完成水平重新照准后进行(如采用测角计);当弯道照明光束通过移动前照灯的一个或多个光学部件,而明暗截止线转折处在水平方向保持不动的方法获得时,测量应在这些光学部件位于极端操作位置时进行;当弯道照明光束通过增加一个光源,而明暗截止线转折处在水平方向保持不动的方法获得时,测量应在该光源点亮时进行。

②远光照准。光束最大照度区域中心位于 HV 点。对可以单独调节的远光,需要进行远光的照准,否则,以近光作为照准基准,即在近光照准后,测量远光时不允许再作调整。

3. 测量配光性的仪器——照度计

在配光性能的标准中,对配光性能的检测都是在试验暗室中测量的,除去使用具有一定条件的暗室、装置和设备外,还需使用照度计。

1) 照度计的结构参数

简易照度计一般由接收器、滤光器、电流电压变换器和显示部分等组成,如图 4-16 所示。

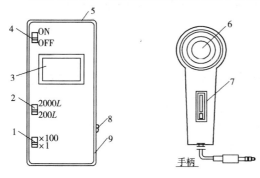

图 4-16 简易照度计
1-倍率开关;2-量程开关;3-液晶显示板;4-电源开关;5-输入插口;6-受光部位;7-倍频拨块;8-调零旋钮;9-输入插口

照度计的接收器是采用蓝硅光电池作光电转换器件的。滤光器是将接收器的光谱进行滤光。照度计采用集成电路作电流电压变换器。显示部分采用单片转换集成电路,并用液晶显示。一般的照度计体积小,便于携带。

通常照度计的测量范围有 0.1～199.9 lx、1～1.999 lx、10～19990 lx 和 100～199900 lx 4 个档次。

照度计使用的温度范围为 -5～+40℃,使用的相对湿度≥85%。

2) 照度计使用方法

(1)先接通电源,然后将盖上遮光罩的接收器的插头插入接口,若显示值不为 000,可调节右侧调零旋钮;零点调整后,即可进行测试。

(2)根据被测照度的高低,选择适当量程,若显示值为 199.9(或 1 999),则需改用较高量程档。测量低照度,则将接收器倍率拨块拨到手柄下方,显示部分的倍率开关应拨在"×1"位置;测量高照度,则将接收器上倍率拨块拨到手柄上方,显示部分的倍率开关应相应拨到"×100"位置。

(3)接受器受光部位的前端平面为基准测试面,测试时应注意正确安放接受器的位置。

(4)测量人工光源时,应待光源发光稳定后再进行测量。一般情况下,白炽钨丝灯点亮 5min 后测量,气体放电灯点亮 15～30min 后测量。

(5)测量完毕后,先拔去接收器插头,再关闭电源。

(6)当显示屏左上角出现电压不足的标志时,需要更换电池,将仪表后盖卸下;新电池装入时需注意电池极性。

四、前照灯检测仪的类型与构造

目前国内使用的前照灯检测仪按测量对象分有两种类型:一种是采用 ECE 标准(联合国欧洲经济委员会标准)的前照灯检测仪,它可用于检测对称光或非对称光前照灯;另一种是采用 SAE 标准(美国采用的标准)的前照灯检测仪,它只可用来检测对称光前照灯。

采用 ECE 标准的有两种结构形式的前照灯检测仪:一种是既可检测对称光也可检测非对称光前照灯(即远光和近光)的投影式前照灯检测仪;另一种是采用 CCD 和光电技术同时可测对称和非对称光的新型前照灯检测仪。采用 SAE 标准的是一种只可检测对称光前照灯的自动跟踪光轴式前照灯检测仪。

1. 投影式前照灯检测仪

投影式前照灯检测仪由光接收箱和行走机构两大部分组成,其外形结构如图 4-17 所示。光接收箱由两根主柱支撑,采用齿轮、齿条传动方式,使光接收箱沿立柱上下运动;通过底座上的轮子在导轨上左右运动。被检前照灯的光束经透镜汇聚后进入光接收箱,由反射镜将光束影像反射到显示屏幕上,屏幕上对称地分布五个光电池,如图 4-18 所示。N01、N02 检测垂直方向的光分布情况,其平衡输出连接至光轴上下偏斜指示表;N03、N04 检测水平方向的光分布情况,其平衡输出连接至光轴左右偏斜指示表;N05 检测发光强度,其输出连接至光度计。

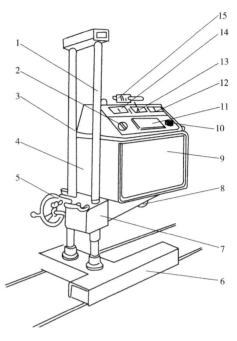

图 4-17 投影式前照灯检测仪外形结构图
1-前立柱(带齿条);2-光轴刻度盘(左右);3-后立柱(防回转);4-光接收箱;5-上下移动手轮;6-底座;7-传动箱;8-测距卷尺;9-聚光镜;10-光轴刻度盘(上下);11-投影屏幕;12-光轴上下偏斜指示表;13-光度计;14-光轴左右偏斜指示表;15-对准瞄准器

在检测时,上下与左右移动光接收箱 4,直到上下和左右偏斜指示表 12、14 的指针为零为止。此时表明:上、下、左、右的光电池受光量相等,也就是找到了主光轴的方向,然后根据光轴

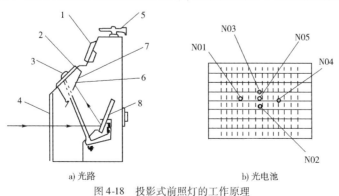

图 4-18 投影式前照灯的工作原理
1-指示表;2-屏幕盖;3-光轴刻度盘;4-聚光镜;5-反射镜;6-光电池;7-屏幕;8-对准瞄准器

偏斜量的测量方法,测出主光轴偏斜量;再根据光度计 13 的指示测出发光强度值。

光轴偏斜量的测量方法如图 4-19 所示。转动光轴刻盘,使前照灯光束在屏幕上光束投影中心与投影屏坐标原点重合,如图 4-20a)所示,然后由光轴刻度盘上的刻度即可看出光轴的偏斜量。

通过观察前照灯近光光束在屏幕上的投影,检查近光是否产生明显的明暗截止线;是否符合前照灯近光的配光要求。如图 4-20b)所示。

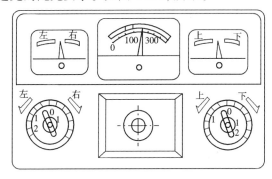

+偏20′、左偏20′、发光强度 20000 cd

图 4-19 光轴刻度盘式测量法

a)近光

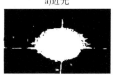

b)远光

图 4-20 光束投影

2. 自动追踪光轴式前照灯检测仪

自动追踪光轴式前照灯检测仪如图 4-21 所示。检测仪的光接收箱 5 和投影式前照灯检测仪的光接收箱一样,也具有聚光透镜和 4 个光电元件。根据前照灯的照射方向,光接收箱能自动追踪光轴,以使上、下、左、右 4 个光电器受光量相等,从而找到主光轴的方向。同时,前照灯的光束穿过聚光透镜,照射到光接收箱 5 内部的 4 个光电池上。当主光轴有偏斜时,光电池本身或聚光透镜就会移动,直到达到平衡状态为止。光轴的偏斜量由电位计测出,指示在上、下和左、右偏斜量指示表 10 和 8 上;同时根据光度计 9 的指示测出发光强度值。

1)光轴自动对准原理

仪器在进行检测时,光接收箱必须自动对准被测前照灯的光束中心(以下称光轴)。图 4-22 所示为典型的前照灯远光灯的配光特性,图中曲线为等照度曲线。越靠近中点,照度越大。

为了对准前照灯的光轴。仪器的光接收箱正面配置有两组(U、D 和 R、L)共四个硅光电池,如图 4-23 所示,用以接收前照灯照射光束,其接线方式简图如图 4-24 所示。图中 U_L、U_R 分别为左、右硅光电池的输出电压。

当 R、L 处的光照度相等时,$U_R = U_L$,$U_{in} = 0$,表示接收箱在水平方向上已处于光束的正中

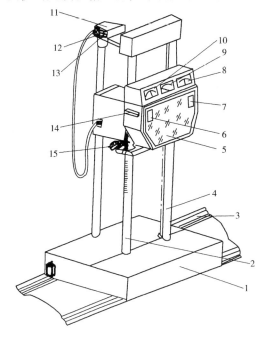

图 4-21 自动追踪光轴式前照灯检测仪
1-底座;2-左立柱;3-轨道;4-右立柱;5-光接收箱;6-电源指示灯;7-测定指示灯;8-光轴左、右偏斜量指示表;9-光度计;10-光轴上、下偏斜量指示表;11-接线盒;12-控制盒插座;13-输出信号插座;14-车辆找准器;15-调整手轮

位置。当 R 处的光照度大于 L 处时，$U_R > U_L$，$U_{in} > 0$，表示光接收箱应向右方移动，反之若 L 处的光照度大于 R 时，$U_{in} < 0$，表示光接收箱应向左方移动。

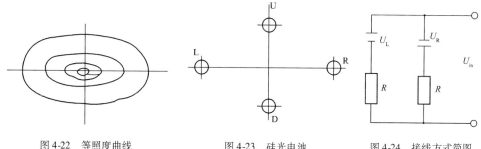

图 4-22　等照度曲线　　　　图 4-23　硅光电池　　　　图 4-24　接线方式简图

图 4-25 为仪器水平方向运动的控制系统框图。由硅光电池组输出的差值信号经放大器放大后，送入三状态比较器。当 $U_{in} = 0$ 时，三状态比较器输出为零，继电器不动作，电动机停转，仪器停止运动。当 $U_{in} > 0$ 时，三状态比较器输出为负，反转继电器动作，电动机反转，仪器向右方运动。当 $U_{in} < 0$ 时，三状态比较器输出为正，正转继电器动作，电动机正转，仪器向左方运动，直至光接收箱对准前照灯的光轴，硅光电池组输出信号 $U_{in} = 0$ 为止。

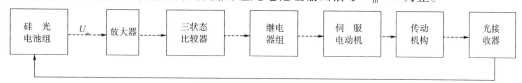

图 4-25　仪器水平方向运动的控制系统框图

仪器垂直方向运动的控制系统与水平方向控制系统相类似。在这两个系统的同时作用下，仪器即可自动对准被检前照灯光轴。

2) 光轴偏移量的测量原理

仪器的光接收箱对准被检前照灯光轴后，由安装在光接收箱内的聚光镜把前照灯的光束聚后，投射至光接收箱后部的四象限硅光电池组上。该电池组由 U、D、R、L 四片硅光电池按图 4-23 组合而成。当前照灯的光轴偏移量为零时，光束的焦点落在四象限硅光电池组的中心，如图 4-26a) 所示。当前照灯的光轴向上偏斜时，光束的焦点落在四象限硅光电池组的上部，如图 4-26b) 所示。

a) 光轴偏移量为零　　　　　　　　b) 光轴向上偏移

图 4-26　光束焦点位置

对于图 4-26a) 的情况，四象限硅光电池组的 U 与 D 电池组所接收的光能量相同（见图 4-27 的虚线圆）。因而电池输出电压 U_U 与 U_D 相等，输出差值信号 $\Delta U = U_U - U_D = 0$。

对于图 4-26b) 的情况，四象限硅光电池组的 U 与 D 电池所接收的光能量不相同（见图 4-27 点线圆），因而电池组输出电压 U_U 与 U_D 不相同，输出差信号 $\Delta U = U_U - U_D \neq 0$。

通过类似图示的控制系统（此时控制对象为聚光镜）的作用，使聚光镜向下移动，直至光束的焦点恢复到四象限硅光电池组的中心时为止，由于聚光镜的位移量与光轴偏移量成线性比例关系，采用位移传感器测定聚光镜的位移量，就可确定光轴的偏移量，光轴在水平方向的偏移量,也是通过上述原理进行测定的。

3）发光强度的测量

根据光学上的距离平方反比定律：

$$E = \frac{I}{L^2}$$

式中：E——被照面上的照度；
I——光源的发光强度；
L——光源至被照面的距离。

当距离L为一定值时,被照面上的照度与光源的发光强度成对应比例关系。

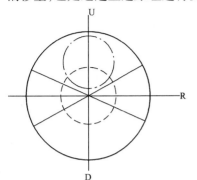

图 4-27 电池组接收光能量的变化

当聚光镜聚焦后的光束焦后移动到四象硅光电池组的中心后,U、D、R、L 硅光电池组的输出电压的大小,将只对应于照射在硅光电池表面的光照度,因而也就是对应于被检前照灯的发光强度,把 U_U、U_D、U_R、U_L 通过加法器相加后,再经过放大器放大,在放大器的输出端用电流表将相应的发光强度显示出来,如图 4-28 所示。

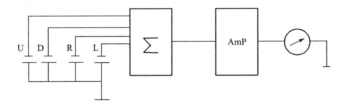

图 4-28 发光强度测量原理

3. CCD 前照灯检测仪

这种前照灯检测仪是采用 CCD 和光电技术开发的新产品,它可用于检测远近光发光强度和光束偏移量及前照灯基准中心高度等参数。现以国产 QDC-1C 型机动车前照灯检测仪为例介绍其结构。

1）检测仪的结构

检测仪主要由主机、控制器、标定器和导轨四部分组成。主机包括上箱、立板、下箱和光电箱（或中箱）四个组件,外形如图 4-29 所示。控制器与标定器为即插即用,通过仪器上的对应端口与其相连,不使用时拔出。

上箱安装有主机的各种输入输出端口,主机电源开关,主机熔断丝。端口包括有 220V 的电源输入端口,串行通信端口,控制器输入端口和两个上中箱接口。

立板是光电箱垂直方向运动的支撑导向柱,立板内部安装了检测仪的所有电气线路板。

下箱安装有主机水平方向驱动系统,光电箱的垂直方向驱动系统,光电箱上下运动、主机左右运动的限位开关,高度检测机构,为整机供电的变压器和开关电源。

光电箱内安装有光电检测元器件、光学测量系统、DSP 高速图象处理系统,用以实现各参数的检测。

控制器用于控制主机的水平运动、光电箱垂直运动,检测仪原地单次测量远光、测量近光,原地连续测量远光、近光。

2）检测仪工作原理

检测仪工作原理如图 4-30 所示。

菲涅尔透镜:用于远光或近光的成像。
前向定位摄像头:用于瞄准发光的机动车前照灯。

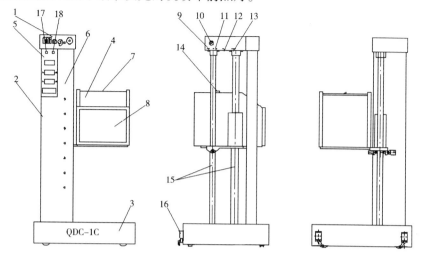

图 4-29　QDC-1C 型机动车前照灯计算机检测仪主机外形图

1-上箱;2-立板;3-下箱;4-光电箱(中箱);5-显示面板;6-立柱光电池;7-准尖;8-菲涅尔透镜;9-熔断丝盒;10-电源开关;11-电源插孔;12-串行通信和标定器接口;13-控制器接口;14-水准泡;15-立柱;16-行程开关;17-远光测量指示灯;18-近光测量指示灯

成像摄像头:拍摄远光或近光的成像图像。
成像屏:白色漫反射屏,远光或近光图像的成像位置。
测光强光电池:测量远光的光强。

为了缩短测量的长度,将 CCD 摄像头置放于机箱的正上方,并通过软件矫正由于倾斜拍摄而造成的图像变形。采用漫反射屏是为了避免有入射光被直接反射到 CCD 上参与成像。

测量在无同向照射光源的条件下进行,前照灯距离透镜1m。利用物像间虚实对应的关系,均匀的漫透射白屏上有一个反映实际位置处照明情况的可测量实像。带照相物镜的CCD 摄像头拍摄此图像并交付 DSP 处理。

测量的第一步骤是利用远光照明的对称性,找到远光光斑的对称中心,然后在前照灯打开近光照明的条件下,模拟人眼的判断过程,对近光的拐点进行分析。

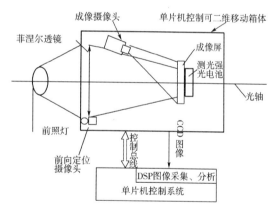

图 4-30　原理框图

DSP 模块需先对 CCD 的视频信号进行高速 A/D 转换,然后采集到内存,并且通过标准 RS232 总线和控制机箱的单片机进行联系。测量时,单片机给 DSP 一个响应的命令,如:寻光(搜索前照灯的位置)/远光光轴计算/近光光轴计算,DSP 将执行的结果返回给单片机,单片机据此作出决定,对支撑的二维机架发出指令,控制其状态。

五、前照灯检测仪的使用方法

因为使用方法是依检测仪的牌号、型式而有所区别的,所以一定要认真阅读检测仪的"使用说明书"。一般使用方法如下。

1. 检测前的准备

使用检测仪之前,对被检汽车做必要的准备,除去前照灯的污垢,使轮胎气压符合规定值,蓄电池应处于充足电状态,灯光电路状况完好。

2. 检测步骤

1)投影式前照灯检测仪(参见图 4-17)

(1)将汽车尽可能地与导轨保持垂直方向驶近检测仪,使前照灯与检测光接收箱相距 1m。

(2)用车辆摆正瞄准器 15 使检测仪和汽车对正。

(3)开亮前照灯,移动检测仪,使光束照射到光接收箱 4 上。使光轴偏斜量指示表 12 和 14 的指针指到零位。

(4)此时,根据投影屏幕 11 上前照灯影像位置,即可用光轴刻度盘法测出光轴的偏斜量(参见图 4-19)。

(5)根据光度计 13 的指示值,测出发光强度。

(6)变换前照灯开关至近光,通过观察屏幕上的光束投影,判断是否符合近光配光要求。

2)自动追踪光轴式前照灯检测仪(参见图 4-21)

(1)将汽车尽可能地与检测仪的导轨保持垂直方向驶近检测仪,使前照灯与检测仪光接收箱相距 3m。

(2)用车辆找准器 14 使检测仪与汽车对正。

(3)开亮前照灯,接通检测仪电源,用控制盒上的位置开关调整光接收箱 5 的上下与左右位置,使前照灯光照射到光接收箱上。

(4)按下控制盒上的检测开关,光接收箱 5 随即追踪前照灯光轴,根据光轴偏斜量指示表 8 与 10 和光度计 9 的指针指示值,即测得光轴偏斜量和发光强度值。

3)CCD 前照灯检测仪

(1)被检车辆的到位。仪器的光电箱在安装时已经与行驶标志垂直。因此,要求被检车辆停放时应使其纵向线与检车场地上的行驶标志线平行。即将被检车辆沿行驶标志线平行驶入检测位置,在此情况下,可认为被检车辆停放已符合要求。否则,应调整被检车辆。

(2)测量。被检车开亮前照灯后,打开"灯光测量"程序,设置好参数再点击测试按钮(详见软件说明),仪器自动进入前照灯的光区,搜寻灯光位置,对被检的前照灯进行自动跟踪,光电箱准确地到达被检前照灯光轴所对应的位置,检测发光强度、光轴角的偏移量及方向以及车灯高度,并通过数字显示部件显示,若是计算机连线检测则无需手动操作。具体操作见"测试软件使用说明"。

3. 注意事项

(1)检测仪的底座一定要保持水平。

(2)一定不要让检测仪受外来光线影响。

(3)被检汽车应在空载并乘坐一名驾驶员的状态下进行检测。

(4)被检汽车有 4 只前照灯时,一定要把辅助照明灯遮盖住,而后再进行检测。

思 考 题

1. 汽车照明及信号装置的功用是什么?

2. 前照灯有哪几种结构？
3. 前照灯特性有哪些？
4. 简述前照灯发光强度的检测原理。
5. 简述前照灯光轴偏斜量的检测原理。
6. 简述投影式前照灯检测仪工作过程。
7. 自动追踪光轴式前照灯检测仪是如何实现自动追踪光轴的？
8. 分析几种信号装置的配光性能特点。

第五章 汽车动力性检测

本章主要介绍道路试验与台架试验检测汽车动力性的原理、试验条件、试验规程、数据处理及仪器设备。

第一节 概　　述

汽车的动力性是汽车各种性能中最基本、最重要的性能。它是指汽车在良好路面上直线行驶时由汽车受到的纵向外力决定的、所能达到的平均行驶速度。汽车动力性的检测项目主要是最高车速、加速能力、最大爬坡度等评价参数的测定。最高车速是指汽车在无风情况下，在水平良好的路面（混凝土或沥青）上能达到的最大行驶速度。汽车的加速时间表示汽车的加速能力，它对平均行驶车速有很大的影响，常用原地起步加速时间与超车加速时间这两项指标来表明汽车的加速能力。汽车满载（或某一载质量）时在良好路面上的最大爬坡度可表示汽车的上坡能力。

滑行距离能够表明底盘传动系统与行驶系统的配合间隙与润滑等技术状况，并可确定汽车的滚动阻力系数和空气阻力系数，而且还是设定底盘测功机系数的依据，因此在进行动力性试验时常常也包括滑行试验。

电动汽车是未来交通运输业发展的必然趋势。随着能源危机、环境污染等越来越严峻的形势，世界各国明显加快了电动汽车的研发和标准制定步伐。我国于2001年相继出台了包括电动汽车动力性试验的一系列定型试验规程。

第二节 道路试验检测动力性

一、试验条件

国家标准 GB/T 12534—1990《汽车道路试验方法通则》中规定了汽车道路试验方法中通用的试验条件和试验车辆的准备工作。

1. 装载质量

试验车辆的装载质量为厂定最大装载质量，装载物应均匀分布且固定牢靠，试验过程中不得晃动和颠离；不应因潮湿、散失等条件变化而改变其质量，以保证装载质量的大小、分布不变。乘员质量和替代重物分布应符合表5-1规定。

2. 轮胎压力

试验过程中，轮胎冷充气压力应符合该车技术条件的规定，误差不超过 ±10kPa。

3. 燃料、润滑油（脂）和制动液

试验汽车使用的燃料、润滑油（脂）和制动液的牌号和规格，应符合该车技术条件或其试验项目标准的规定。除可靠性行驶试验、耐久性道路试验以及使用试验外，同一次试验的各项性能测定必须使用同一批燃料、润滑油(脂)和制动液。

乘员质量(单位:kg)　　　　　　　　表 5-1

车 型			每人平均质量	行李质量	替代重物分布			
					座椅上	座椅前的地板上	吊在车顶的拉手上	行李舱(架)
载货汽车 越野汽车,专用汽车 自卸汽车,牵引汽车			65	—	55	10	—	—
客车	长途		60	13	50	10	—	13
	公共	坐客	60	—	50	10	—	—
		站客	60	—	—	55	5	—
	旅游		60	22	50	10	—	22
轿车			60	5	50	10	—	5

4. 气象条件

除对气象有特殊要求的试验项目外,试验应在无雨、无雾,相对湿度小于95%,气温0～40℃,风速不大于3m/s的天气条件下进行。

5. 试验仪器、设备

试验仪器、设备须经计量检定,在有效期内使用,并在使用前进行调整,确保功能正常,符合试验项目的精度要求。

当使用汽车上安装的速度表、里程表测定车速和里程时,应按国家标准进行误差校正。

6. 试验道路

除对道路有特殊要求的试验项目外,试验道路应为用沥青或混凝土铺装的清洁、干燥、平坦的直线道路,道路长2～3km,宽不小于8m,纵向坡度在0.1%以内。

7. 试验车辆的准备工作

试验前,应记录试验样车的生产厂名、牌号、型号、发动机号、底盘号、各主要总成号和出厂日期等。

检查车辆装备完整性及装配调整情况,使之符合该车装配调整技术条件及国家标准的有关规定,并经行驶里程不大于100km的行驶检查,方可进行道路试验。

试验前,应根据试验要求,对试验的车辆进行磨合,除另有规定外,磨合规范按该车使用说明书的规定进行。试验时,试验车辆必须进行预热行驶,使发动机、传动系统及其他部分预热到规定的温度状态。

二、道路试验项目及规程

1. 最高车速试验

最高车速试验时应关闭汽车门窗和空调系统等附加设施,试验车辆按通用试验条件的规定进行准备。

试验在符合试验条件的道路上,选择中间200m为测量路段,并用标杆做好标志,测量路段两端为试验加速区间。根据试验汽车加速性能的优劣,选定充足的加速区间(包括试车场内环形高速跑道),使汽车在驶入测量路段前能够达到最高的稳定车速。试验汽车在加速区间以最佳的加速状态行驶,在到达测量路段前保持变速器(及分动器)在汽车设计最高车速的相应挡位,节气门全开,使汽车以最高的稳定车速通过测量路段。试验过程中注意观察汽车各总成、部件的工作状况并记录异常现象。

试验往返各进行一次,测定汽车通过测量路段的时间,并按下式计算试验结果:

$$v = \frac{720}{t} \tag{5-1}$$

式中:v——汽车最高车速,km/h;

t——往返试验所测时间的算术平均值,s。

测量仪器现在多采用非接触式汽车速度仪,直接得出汽车速度。

2. 加速性能试验

汽车的加速性能试验包括最高挡和次高挡加速性能试验以及起步连续换挡加速性能试验两项。装有自动变速器的汽车只进行原地起步加速试验。若自动变速器有两挡,则分别进行两次试验。

在进行最高挡和次高挡加速性能试验时,首先选取合适长度的加速性能试验路段,在两端各放置标杆作为记号。汽车在变速器预定挡位,以预定的车速(从稍高于该挡最低稳定车速起,选5的整数倍之速度如20、25、30、35、40km/h)作等速行驶,监视初速度,当车速稳定后(偏差±1km/h),驶入试验路段,迅速将加速踏板踩到底,使汽车加速行驶至该挡最大车速的80%以上,对于轿车应达到100km/h以上。记录汽车的初速度和加速行驶的全过程(图5-1),试验往返各进行一次,往返加速试验的路段应重合。

起步连续换挡加速性能试验在同前一样的试验路段进行,汽车停于试验路段之一端,变速器置入该车的起步挡,迅速起步并将加速踏板快速踩到底,使汽车尽快加速行驶,当发动机达到最大功率转速时,力求迅速无声地换挡,换挡后立即将节气门全开,直至最高挡最高车速的80%以上,对于轿车应加速到100km/h以上。测定汽车加速行驶的全过程,往返各进行一次,往返试验的路段应重合。根据记录数据,分别绘制试验车往返两次的加速性能曲线(v-t 和 v-S)。取两次曲线的平均值绘制汽车的加速性能曲线(图5-2)。国外一般用 0~400m、0~500m 或 0~1000m 的起步加速时间来比较加速能力。

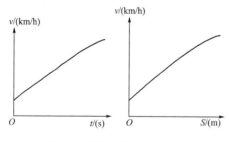

图 5-1 最高两挡加速性能曲线

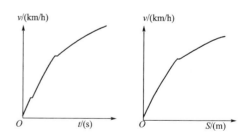

图 5-2 起步换挡加速性能曲线

3. 爬陡坡性能试验

爬坡性能试验的目的是在各种坡度的坡道上测定汽车的起步能力和爬坡能力,其中分陡坡试验和长坡试验。

爬陡坡试验一般在专门设置的坡道上进行,坡道长度应大于汽车长度的2~3倍。车辆用最低挡开始爬坡,其所能克服的最大坡度值即为最大爬坡能力,用角度或纵向升高百分比表示。道路坡度、坡道角和斜度的对应关系如图5-3所示。轿车的最大爬坡度一般在20%以上,货车爬坡度在20%～30%之间,越野车爬坡能力是重要指标,一般最大爬坡度不小于60%。而液力传动车辆,其最大爬坡度可达很大值,但仅具有极低的车速,因此一般以克服一定的坡度时的车速来评价其爬坡性能。

试验车辆按通用试验条件的规定进行准备。试验时的坡道坡度应接近于试验车的最大爬坡度。坡道长不小于25m,坡前应有8～10m的平直路段。试验车停于平直路段上,起步后,将节气门全开进行爬坡。测量并记录汽车通过测速路段的时间及发动机转速,爬坡过程中监视各仪表(如冷却液温度、机油压力等)的工作情况;爬至坡顶后,停车检查各部位有无异常现象发生,并做详细记录。如第一次爬不上,可进行第二次,但不超过两次。爬不上坡时,测量停车点(后轮触地中心)到坡底的距离,并记录爬不上的原因。

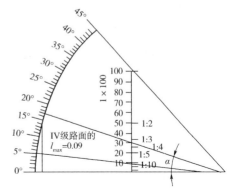

图5-3 道路坡度、坡道角和斜度的对应关系

如没有规定坡度的坡道,可增减装载质量或采用变速器较高一挡(如2挡)进行试验,再按式(5-2)折算为厂定最大总质量下,变速器使用最低挡时的最大爬坡度:

$$\alpha_{\max} = \sin^{-1}\left(\frac{m'_a}{m_a} \cdot \frac{i_1}{i'} \cdot \sin\alpha\right) \tag{5-2}$$

式中:α——试验时的实际坡度,(°);

m'_a——汽车实际总质量,kg;

m_a——汽车厂定最大总质量,kg;

i_1——最低挡总传动比;

i'——实际总传动比。

10m 的测速路段内的平均爬坡车速:

$$v = 36/t \tag{5-3}$$

式中:t——通过测速路段的时间,s。

最大爬坡度也可用负载拖车法进行测量。方法是在平直铺装的路面上,用负载拖车测量汽车最低挡的最大拖钩牵引力,按下式计算出最大爬坡度:

$$\alpha_{\max} = \sin^{-1}\left(\frac{P_{\max}}{9.8 m_a}\right) \tag{5-4}$$

式中:$P_{\max}$——汽车最低挡最大拖钩牵引力,N。

若试验车为越野车,则变速器使用最低挡,分动器亦置于最低挡,全轮驱动,停于接近坡道的平直路段上,起步后,将节气门全开进行爬坡;当试验车处于坡道上,停住车辆,变速器放入空挡,发动机熄火2min,再起步爬坡。测量并记录通过测速路段的时间及发动机转速。爬坡过程中监视各仪表的工作状况,爬至坡顶后,检查各部位有无异常现象,并做详细记录。

试验常用仪器有:坡度仪、发动机转速表、秒表、钢卷尺(50m)等。

爬长坡试验的目的是综合考验汽车的动力性和燃油经济性能,并对发动机冷却系统冷却能力、发动机热状况和传动系统等在低转速、大转矩工作条件下的性能加以考验,也可通过测定挡位利用率,对传动系统传动比的合理设置进行分析比较。

爬长坡试验在最大纵向坡度为7%～10%、长10km以上的连续长坡上进行,一般要求上坡路段应占坡道90%以上。试验时,根据道路情况和汽车的动力状况,以合适的变速器挡位爬坡,原则上在保证安全和交通法规允许的前提下,尽可能以较高车速行驶。注意观察发动机冷却液温度及底盘零部件工作状态,当有"开锅"等异常情况时,应停止试验。记录从起点到终点行驶过程各挡位使用次数和时间、行驶里程、燃油消耗量,计算出各挡位时间(或里程)利用率、汽车行驶平均车速和百公里油耗。

针对发动机冷却系统冷却能力的试验,也可采用负载拖车法进行。

4. 滑行试验

所谓滑行是指汽车加速到某预定速度后,摘挡脱开发动机,利用汽车的动能继续行驶直到停车的过程。

汽车的行驶阻力是汽车在行驶过程中滚动阻力、空气阻力、传动系统内摩擦阻力、轮毂轴承摩擦阻力和车轮定位前束阻力等多种阻力作用的结果。通常因为传动系统内摩擦阻力、轮毂轴承摩擦阻力和车轮定位前束阻力等数值较小,常忽略不考虑。在此前提下,可采用低速滑行试验方法,测量出行驶阻力系数,可近似为滚动阻力系数;用高速滑行试验测出行驶阻力系数,它可近似地看成由滚动阻力和空气阻力两部分组成,进而可求出空气阻力系数。

滑行试验时,关闭汽车门窗,其他试验条件及试验车辆的准备按通用试验条件的规定。选择长约1000m的平整路段作为滑行区段,汽车在进入滑行区段前,车速应稍大于50km/h,此时驾驶员将变速器变速杆置入空挡,并松开离合器踏板,汽车开始滑行,在滑行过程中,驾驶员不得转动转向盘,直至完全停车为止。记录从车速为50km/h开始,到汽车停止的整个滑行过程的滑行时间和滑行距离。试验至少往返各滑行一次,往返区段尽量重合。

国家标准规定滑行试验的标准初速度$v_0=50$km/h,而实测的滑行初速度v'_0与标准初速度总有出入,故需对实测的滑行距离S'进行校正,以算出标准初速度$v_0=50$km/h的滑行距离S,其计算公式为:

$$S = \frac{-b + \sqrt{b^2 + ac}}{2a} \tag{5-5}$$

式中:$a = \dfrac{v'^2_0 - bS'}{S'^2}$,$(1/s^2)$; (5-6)

$b = 0.2\text{m/s}^2$,当车重≤4000kg且滑行距离≤600m时,$b = 0.3\text{m/s}^2$;

$c = 771.6\text{m}^2/\text{s}^2$。

测量仪器采用车速、行程记录装置,精度不低于0.5%,现在多选用第五轮仪或非接触式汽车速度仪。

按上述滑行试验方法,分别测定从指定车速加5km/h开始到指定车速减5km/h时的滑行时间,指定车速分别为20km/h、30km/h、40km/h、50km/h、60km/h等,然后用下式计算各指定车速时的行驶阻力:

$$F = \frac{2.78(M + M')}{t} \tag{5-7}$$

式中:t——从指定车速加5km/h开始到指定车速减5km/h时的滑行时间,s;

M——试验时汽车的总质量,kg;

M'——旋转部件的当量质量,kg,(一般载货汽车取$M' = 0.07M_0$,轿车、客车取$M' = 0.05M_0$,其中,M_0为汽车整备质量,kg)。

以上式求出的各指定车速阻力为基础,用最小二乘法将行驶阻力与车速的关系表示为:

$$F = a + bv^2 \tag{5-8}$$

式中：$a = \dfrac{\sum K_i^2 \sum F_i - \sum K_i \sum K_i F_i}{n \sum K_i^2 - (\sum K_i)^2}$，相当于滚动阻力值，N；

$b = \dfrac{n \sum K_i F_i - \sum K_i \sum F_i}{n \sum K_i^2 - (\sum K_i)^2}$，相当于空气阻力系数，$N/(km/h)^2$；

$K = v^2$，$(km/h)^2$；

n——指定车速个数；

v——指定车速，km/h。

如果用上述算式求出的行驶阻力作为设定底盘测功机系数的依据，则应将上述值换算成标准状态下的数值，即

$$F_0 = a_0 + b_0 v^2 \tag{5-9}$$

$$a = (a - bv^2)[1 + 0.00864(T - 20)] \tag{5-10}$$

$$b = b \frac{T + 273}{293} \cdot \frac{101.3}{P} \tag{5-11}$$

式中：F_0——换算后的行驶阻力，N；

a_0——相当于标准状态的滚动阻力，N；

b_0——相当于标准状态的空气阻力系数值，$N/(km/h)^2$；

v——试验道路上与行驶方向平行的风速成分的平均值，km/h；

T——试验道路上的平均气温，℃；

P——试验道路上的平均大气压，kPa。

5. 电动汽车动力性能试验

国家标准 GB/T 18385《电动汽车动力性能试验方法》规定了最大设计总质量不超过 3500kg 电动汽车的加速特性、最高车速及爬坡能力的试验方法。室外道路试验不能在雨天和雾天中进行，且大气温度为 5~32℃；高于路面 0.7m 处的平均风速小于 3m/s，阵风风速小于 5m/s；相对湿度小于 95%。

试验载荷的规定见表 5-2。增加的载荷应均匀地分布在乘客座椅上及货箱内。

试验载荷 表 5-2

车辆最大允许装载质量	试验载荷
≤180kg	最大允许装载质量
>180kg，但 <360kg	180 kg
>360kg	最大允许装载质量的一半

试验前，试验车辆的电动机及传动系统应预热。蓄电池应按车辆制造厂规定的充电程序，使蓄电池达到全充满状态。

动力性能试验建议在两天内完成：第一天的项目及试验顺序依次包括：车辆准备、30min 最高车速试验和完全放电行驶试验；第二天的项目及试验顺序依次包括：车辆准备、最高车速试验、40% 放电行驶试验、0~50km/h 加速性能试验、50~80km/h 加速性能试验、4% 和 12% 的爬坡车速试验和坡道起步能力试验。以上每个试验开始时，蓄电池的充电状态是前一个试验后的状态。如果每个试验都单独进行，则最高车速试验开始时，蓄电池应处于 100%~90% 充电状态，而加速性能、爬坡车速、坡道起步性能试验开始时，蓄电池应处于 60%~50% 充电状态。爬坡车速试验应在室内底盘测功机上进行（见第 3 节），其他项目可在室外环形跑道上进行，也可在室内底盘测功机上进行。

进行"30min 最高车速试验"时，试验车辆以该车 30min 最高车速估计值 ±5% 的车速行驶 30min。试验中车速如有变化，可以通过踩加速踏板来补偿，从而使车速符合 ±5% 的要求。测

量车辆驶过的里程 S_1(单位:m)。并按下式计算 v_{30}(单位:km/h)。

$$v_{30} = S_1 / 500 \tag{5-12}$$

如果试验中车速低于 30min 最高车速估计值 95%,试验应重做。

"完全放电行驶试验"是在完成"30min 最高车速试验"之后,试验车辆停放 30min,然后以 70% 的 v_{30} 恢复行驶,直到车速下降到当加速踏板踩到底时,车速为(±10)km/h 的 50%,或直到仪表板上的信号装置提示驾驶员停车,记录总的行驶里程。总的行驶里程包括预热阶段的行驶里程、v_{30} 试验时的行驶里程、完全放电时的行驶里程。

"最高车速试验"时,将试验车辆加速,使汽车在驶入测量区之前能够达到最高稳定车速,并且保持这个车速持续行驶 1km(测量区的长度)。记录车辆持续行驶 1km 的时间 t_1。随即做一次反方向的试验,并记录通过的时间 t_2。在获得往返试验所测时间的算术平均值 t(单位:s)后,可计算试验电动车的实际最高车速(单位:km/h):

$$v = 3.6/t \tag{5-13}$$

"40% 放电行驶试验"时,将试验车辆以(v_{30} ±5)km/h 的 70% 的恒定速度行驶使蓄电池放电,直到行驶里程达到总的行驶里程的 40% 为止。

"0~50km/h 加速性能试验"时,将试验车辆停放在试验道路的起始位置,并起动车辆。然后加速踏板快速踩到底,使车辆加速到(50 ±1)km/h。如果装有离合器和变速器时,将变速器置入该车的起步挡位,迅速起步,将加速踏板快速踩到底,换入适当挡位,使车辆加速到(50 ±1)km/h。记录从踩加速踏板到车速达到(50 ±1)km/h 的时间。试验电动车的(0~50)km/h 加速性能用往返两次试验所测时间的算术平均值(单位:s)表示。

"50~80km/h 加速性能试验"时,将试验车辆加速到(50 ±1)km/h,并保持这个车速行驶 0.5km 以上。然后将加速踏板踩到底,或使用离合器和变速杆(如果装有的话)将车辆加速到(80 ±1)km/h。记录从踩下加速踏板到车速达到(80 ±1)km/h。如果试验电动车的最高车速小于 89km/h,则应达到最高车速的 90%,并应在报告中记录最后的车速。试验电动车的(50~80)km/h 加速性能也是用往返两次试验所测时间的算术平均值(单位:s)表示的。

"坡道起步能力试验"应在有一定坡度角 α_1 的道路上进行,坡道至少应有 10m 的测量区域和足够的起步区域。该坡度角 α_1 应尽可能地近似于制造厂技术条件规定的最大爬坡度对应的角 α_0。实际坡度和厂定坡度之差,应通过增减质量 ΔM 来调整,ΔM 可按下式计算:

$$\Delta M = \frac{M(\sin\alpha_0 - \sin\alpha_1)}{\sin\alpha_1} + Mf \tag{5-14}$$

式中:M——试验时的车辆最大设计总质量,kg;

f——滚动阻尼系数,一般为 0.01;

α_1——实际试验坡道所对应的坡度角,(°);

α_0——制造厂技术条件规定的最大爬坡度对应的坡度角,(°)。

将试验车辆放置在起步区域,并加载到最大设计总质量。用最低挡起动车辆并至少以 0.6km/h 的速度通过 10m 的测量区。

当 α_0 不知时,可用下式计算:

$$\alpha_0 = \arcsin\left(\frac{T_{tq}i_g i_0 \eta_T}{Mgr} - F_f\right) \tag{5-15}$$

式中:T_{tq}——发动机最大输出转矩,N·m;

i_g——变速器的总传动比;

i_0——主减速器的传动比;

η_T——传动效率;

M——试验时的车辆最大设计总质量,kg;

r——轮胎动力半径,m;

g——重力加速度(9.8 m/s^2)。

三、室外道路试验的主要仪器设备

1. 非接触式车速仪

在进行车辆道路试验时,为了测量车辆的行程和速度,虽然可以利用由传动系统驱动的里程表和速度表,但这种方法不准确。因为车辆驱动轮的滚动半径直接受着驱动力矩、地面对轮胎的切向反作用力、车轴载荷、轮胎气压及其磨损程度等的影响,此外,车用里程表和速度表的精度也较低。为消除这些因素对测量精度的影响,在车辆旁边附加一个测量用的轮子,故称第五轮仪,第五轮是从动轮,行驶中无滑转,故能在平坦的路面上精确测量距离。但第五轮仪因其结构上的限制,而不适用于180km/h以上的高速测试。而且因打滑或轮胎气压等原因,也会降低测试的精度,因此第五轮仪现在已逐渐被非接触式车速仪取代。

非接触式车速仪采用光电相关滤波技术,测试范围可达1.5~250km/h。其核心元件是SF系列空间滤波器,这是一种非常特殊的传感器,可从路面上的小石块、砂粒、沥青路面的各种粒子,或轮胎印在路面上的不规则纹路中,提取特定的反射斑纹(色斑、凸凹斑等)并作出空间(地面)反射信息处理。

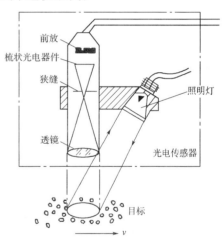

图5-4 空间滤波器的示意图

图5-4所示为SF系列空间滤波器的示意图。它是由投光器和受光器组成,投光器将强光射在地面上,由于地面凹凸不平,形成阴暗对比度不同的反射,由受光器中梳状光电管接受。当单个受光光电管接受路面反射光时,其产生的光电流的频谱如图5-5a)所示,可见,单个矩形光电管几乎没有滤波作用。如果受光器采用梳状光电管,则只允许与梳状光电管节距相对应的频率处光电流和低频光电流通过,如图5-5b)所示,从而产生滤波作用。若采用差动结构的梳状光电管,则滤波器特性可滤去低频成分,仅允许与梳形节距相对应的频率成分通过,以实现空间滤波,获得窄带信号,如图5-5c)所示。

图5-6中A、B分别是空间滤波器中按等间隔T梳形排列的两组光电管,当差动结构的梳状光电管随汽车以车速v沿X方向移动时,A、B中的感应电流或电压也在不断变化。但移动$0.5T$距离时,除了最前面的一条光电管接受新的图象外,其余的明暗图象都没有变化,但接受器从A变到了B,相当于电信号发生了反相。同样,如果梳状光电管再前进$0.5T$距离,接受器又从B变到了A,电信号再次发生了反相。因此梳状光电管的输出信号为正弦波信号,信号经A/D转换变成数字量后送入车速仪(图5-7),跟踪滤波器分析出中心频率f,通过式(5-16)计算出车速v,并作外部显示,由车速和脉冲时钟产生的时标信号即可计算出行驶距离等其他导出量。

$$v = \frac{p_0}{m} f \tag{5-16}$$

式中：p_0——梳状光电管节距；
f——光学系统放大率。

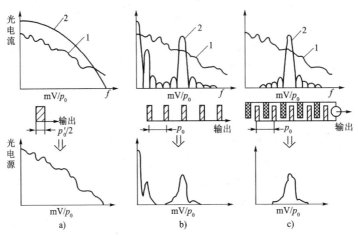

图 5-5 空间滤波器原理
1-反射光空间频谱；2-受光器滤波特性

如果在上述一维空间滤波器的基础上，在同一视场内按垂直方向再设置一路差动结构的梳状光电管，则成二维空间滤波器。二维空间滤波器输出的两路正弦波信号分别经两路跟踪滤波器处理后，可测量汽车行驶方向和侧向（图 5-6 中的 Y 方向）的速度。

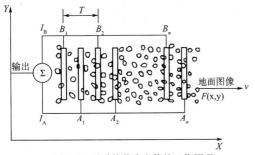

图 5-6 差动梳状光电管的工作原理

为防止汽车行驶时上下颠簸引起放大倍率变化而影响测量精度，非接触车速仪在安装时，应垂直地面，并保证受光器的端面距离地面在规定的范围内，同时其侧面的白色记号应与车辆前进方向保持一致。通常，受光器的端面距离地面为 500mm±100mm，其侧面的白色记号与车辆前进方向交角的允差为±3°，前后倾角允差为±3°，左右倾角允差为±10°。

2. 汽车综合测试仪

汽车综合测试仪是一种以微型计算机为核心的智能化仪器，配以不同的传感器，可用于测定汽车、拖拉机、工程机械等车辆的动力性（如滑行性能、加速性能、最高车速、最小稳定车速等）、经济性（如等速油耗、加速油耗、多工况油耗、百公里油耗等）、制动性能、牵引性能等多种技术性能参数，并具有数据处理、显示、存储、打印等功能。图 5-8 所示是汽车综合测试仪的系统框图。

用于道路试验的汽车综合测试仪，因受车上空间条件的限制以及存在供电、振动、冲击和电磁干扰等方面的问题，所以多采用单板机或单片机。利用接口电路可配接非接触车速仪、油耗传感器、拉力传感器、转速传感器等传感器，具有操作灵活、携带方便、测量准确、动作稳定、读数直观等优点，并可大大提高测试精度和效率。

近来，由于计算机技术的飞速发展，传统仪器开始向计算机化的方向发展。20 世纪 90 年代出现的虚拟仪器（Virtual Instruments 简称 VI）标志着仪器发展史上的一场革命，代表着自动测试与电子测量领域技术发展的一个重要方向和潮流。

虚拟仪器实质是利用计算机显示器的显示功能来模拟传统仪器的控制面板,以多种形式表示输出测试结果;利用计算机强大的软件功能实现信号数据的运算、分析和处理;利用I/O接口设备完成信号的采集、测量与调理,从而完成各种测试功能。因此"软件就是仪器"成为虚拟仪器的核心理念。

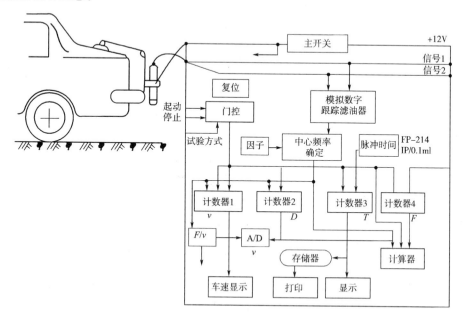

图 5-7 车速仪原理框图

与传统仪器相比,虚拟仪器除了在性能、易用性、用户可定制性等方面具有更多优点外,在工程应用和社会经济效益方面也有突出的优点。一方面,采用虚拟仪器技术可以通过只采购必要的通用数据采集硬件来设计自己的仪器系统;另一方面,用户可以将一些先进的数字信号处理算法应用于虚拟仪器设计,提供传统台式仪器不具备的功能,而且可以通过软件配置实现多功能集成的仪器设计。

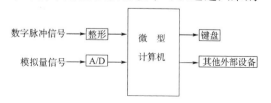

图 5-8 汽车综合测试仪原理框图

目前国际上比较流行的虚拟仪器软件为LabVIEW(Laboratory Virtual Instrument Engineering Workbench,即实验室虚拟仪器工作平台)。它是一个工程软件包,于1986年由美国国家仪器公司(National Instruments,简称NI公司)开发研制。LabVIEW提供了大量的数据采集、分析及存储的库函数和子程序,是一个完全的、开放式的虚拟仪器开发系统应用软件,利用它组建仪器测试系统和数据采集系统可以大大简化程序设计。LabVIEW使用图形化语言编程,以框图的形式编制程序,运用的设备图表与科学家、工程师们习惯的大部分图表基本一致,这使得编程过程和思维过程非常相似。

目前,基于虚拟仪器思想设计的汽车综合测试仪也已大量出现,它采用便携式计算机或工控机为平台,不需外界电源、耐振动和冲击、界面丰富多彩、易操作,易与传统的外部设备(如硬盘、U盘、打印机、绘图机等)联结,便于数据保存及后期处理。各类汽车综合测试仪的操作规程大体可分以下六个阶段:初始阶段(开机或启动程序);选择工况(进行所需的试验项目);

预置数据(根据各工况的试验规程,预先输入试验所需的有关数据);准备阶段(检测是否满足试验开始的条件);试验过程(自动进行有关数据的采集、存储、显示);打印阶段(自行打印试验结果和曲线,试验结束)。

第三节　台架试验检测动力性

一、概述

在当今的汽车开发与质量检验中,很多道路试验项目已逐渐被试验室内台架试验所替代。台架试验与实车道路试验相比,有以下优点:①不受外界试验条件与环境条件的影响;②试验周期短;③节省人力;④精度高、效率快。另外,在对特异现象进行性能分析或测试带有危险性的实车临界特性时,室内试验更能发挥巨大作用。

室内的动力性试验主要是测定驱动力、传动系统机械效率、轮胎滚动阻力系数及汽车空气阻力系数等参数,通常在底盘测功试验台(又称转鼓试验台)上进行。试验时,用转鼓的表面来模拟路面,通过加载装置给转鼓轴施加负载以模拟汽车在实际行驶时的阻力,再配以可调风速的供风系统提供汽车迎面行驶风,就可模拟道路试验。目前在转鼓试验台上可进行的试验项目有:①汽车动力性能评价(测定汽车各挡位下的驱动力、汽车最大爬坡度、最低稳定车速、最高车速、加速性能);②汽车经济性能评价(多工况及等速油耗试验);③汽车发动机冷却散热能力试验(在环境试验室中进行);④汽车噪声、振动试验(在消声室中进行);⑤汽车空调性能试验(在环境试验室中进行);⑥汽车排放性能试验(在排放试验室中进行,主要有排气污染物排放试验、车辆蒸发排放试验、曲轴箱气体排放试验);⑦电磁兼容试验(在吸收试验室中进行);⑧应用于 ABS 检验试验及自动变速器性能试验。

GB/T 18385—2005《电动汽车动力性能试验方法》规定电动汽车的"爬坡车速试验"也应在转鼓试验台上进行。试验时,将试验车辆加载到最大设计总质量,增加的载荷应均匀地分布在乘客座椅上及货箱内。将试验车辆置于测功机上,并对测功机进行必要的调整使其适合试验车辆最大设计总质量值。调整测功机使其增加一个相当于 4% 坡度的附加载荷。将加速踏板踩到底使试验车辆加速或使用适当变速挡位使车辆加速。确定试验车辆能够达到并能持续行驶 1km 的最高稳定车速,同时,记录持续行驶 1km 的时间 t(单位:s),用下式计算实际爬坡最高车速 v(单位:km/h)。

$$v = 3.6/t \tag{5-17}$$

试验完成后,停车检查各部位有无异常现象发生,并详细记录。调整测功机使其增加一个相当于 12% 坡度的附加载荷,重复试验。

二、转鼓试验台的结构与工作原理

图 5-9 所示是转鼓试验台的工作原理。试验汽车的驱动轮放在转鼓上,转鼓轴端装有液力或电力测功器。测功器能产生一定的阻力矩并调节试验中转鼓的转速(即汽车的车速)。由测力装置可测出施加于转鼓的转矩 T 值,显然:

$$T = FL \tag{5-18}$$

式中:F——作用于测功器外壳长臂上的拉力;
　　　L——测功器外壳长臂的长度。

为了固定汽车,应有钢丝绳拉住试验汽车。从装在钢丝绳中的拉力表可读出汽车的挂钩拉力 F_d。而

$$F_d = F_{x_2} \tag{5-19}$$

根据汽车驱动轮和转鼓的力矩平衡,可得出驱动轮上的驱动力矩 T_t 为

$$T_t = F_d(r+R) - FL \tag{5-20}$$

故汽车的驱动力为

$$F_t = \frac{T_t}{r} = \frac{F_d(r+R) - FL}{r} \tag{5-21}$$

测出在各个挡位、各种车速下节流阀全开时的 F_d 与 F 值,即能得出表征汽车动力性的驱动力图。

图 5-10 所示为单转鼓试验台,其转鼓直径越大,车轮在转鼓上转动就越像在平路上滚动。

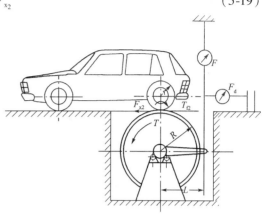

图 5-9 转鼓试验台工作原理示意图

但加大转鼓的直径,试验台的制造和安装费用将显著增加,所以一般鼓径均在 1500mm 以上而不超过 2500mm。单转鼓试验台对试验车辆的安放定位要求较严,车轮与转鼓的对中比较困难,但其试验精度比较高,故主要用于汽车制造厂和科研单位。

图 5-11 所示为双转鼓试验台,其转鼓直径比单转鼓试验台的转鼓直径要小得多,一般在 135~400mm 的范围内,随试验的车速而定。转鼓的曲率半径小,轮胎和转鼓的接触情况就和在道路上的受压情况不一样,故试验精度较低。但这样的试验台对试验车的安放要求不高,使用方便,而且成本低,适合于维修企业及汽车检测站在进行汽车技术状况检查和故障诊断时使用。

转鼓试验台一般由加载装置、测量装置、转鼓组件以及纵向约束等其他装置组成。为了在室内能直接测量汽车的加速性能,汽车测功器还装有由电子调节器控制载荷的装置,可以模拟加速过程中的全部阻力,即滚动阻力、空气阻力与加速阻力。用不同惯量的飞轮组来代替试验汽车的质量,构成汽车在转鼓上加速时遇到的惯性阻力。

1. 加载装置

汽车在转鼓试验台上进行性能测试或技术状况检验,要求试验台能模拟汽车在公路上行驶时所受的各种阻力。汽车行驶时的内部阻力是由于汽车传动系统的损失所引起的,在道路上和试验台上是一样的,但外部阻力却不同。汽车在道路上行驶时,其外部阻力是由于前后轮的滚动损失、车轮轴承的摩擦和空气的作用引起的。但汽车在试验台上运转时,只有驱动轮在运动。因此,空气阻力、爬坡阻力和从动轮的轴承摩擦等可只能通过调节试验台上测功器的负载加以模拟,才能使汽车的受力情况同在道路上行驶一样。

功率吸收装置是用来吸收并测量汽车驱动车轮上的功率和牵引力的。转鼓试验台的测功器有水力测功器、电力测功器和电涡流测功器等几种类型。其中电涡流测功器测试范围广、结构紧凑、造价适中,是目前大多数转鼓试验台采用的测功装置。

图 5-12 所示为圆盘式电涡流测功器的结构原理图。它主要由定子和转子两部分组成。在定子四周装有励磁线圈。转子用高导磁率钢制成,电磁盘与试验台主动滚筒相连,并在磁场线圈之间转动。当励磁线圈通过直流电时,两极间产生磁场,转子通过励磁线圈磁场转动,转子盘上便产生涡电流。由于涡电流和外磁场的相互作用,对转子盘产生一个制动阻力矩。调

节通过励磁线圈电流的大小,即可改变制动阻力矩(即吸收功率)的范围。电涡流测功器将吸收汽车驱动轮输出的功率而产生的涡电流变为热能,经空气或水散失掉。所以电涡流测功器又可分为水冷式和风冷式两类。

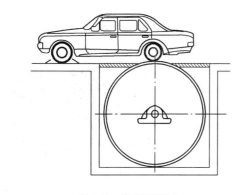

图5-10 单转鼓试验台

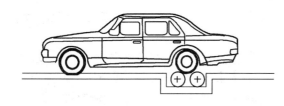

图5-11 双转鼓试验台

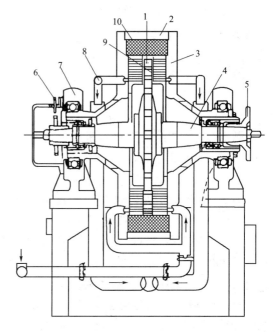

图5-12 圆盘式电涡流测功器

1-圆盘转子;2-定子;3 冷却盘;4-主轴;5-连接盘;6-转速传感器;7-支座;8-排水管;9-空气隙;10-励磁线圈

2. 测量装置

测量装置是转鼓试验台的一个重要组成部分。测量装置包括测力装置、测速装置和功率指示装置。因为电涡流测功器不能直接测出汽车驱动轮的输出功率值,它需要测出旋转运动时的转速与转矩,或直线运动时的速度与牵引力,再换算成其功率值。所以,测功试验台必须备有测力装置与测速装置。同时,试验台在对汽车进行加速性能、滑行性能、燃油消耗量等的检测时,都要准确地表示其车速,也需要测速装置。

1) 测力装置

测力装置测的是转鼓轴上的转矩,经变换后即可得作用在驱动轮上的切向力。测力装置由力传感器和与之相连的杠杆机构构成,其传感器为拉压式传感器。在测功器的定子对其转子施加制动作用的同时,定子本身便受到大小相等、方向相反的反作用力矩,并传递到浮动的电涡流测功器外壳。当传感器固定后,外壳上的力臂对传感器就有一定的拉力或压力(与安装的位置有关),拉压传感器在工作时,传感器受力产生相应的电信号,对其进行处理及标定,可以得到转鼓轴上的转矩。

2) 测速装置

汽车发动机的功率是不能由测功器直接测出的,而是根据测得的转矩和相应的转速经计算求出。此外,汽车的速度也需要根据转速进行换算。

测速装置可以由测速发电机和毫伏电压表组成,毫伏电压表的刻度为r/min和km/h。利用直流发电机的电压与转速成正比的关系的测速装置,其精度约为2%,且易受温度影响;而利用交流发电机的电压的测速装置,其精度较高,约为1%,被广泛采用。

另一种测速装置由光电译码器和一对驱动齿轮副组成。齿轮副装在台架部分的主滚筒的端部,在小齿轮上装有一个光电编码器,由光电编码器将滚筒转数转换成测试车轮的车速。

3. 转鼓组件

1) 转鼓

在一般情况下,转鼓均用钢制成的,并采用空心结构,转鼓表面可以是光滑的,也可以是轻度粗糙。对于双转鼓制动试验台,为了提高转鼓表面的附着系数,有的转鼓表面被制成波纹状或带有凸台,或在转鼓表面上黏结一层摩擦性能良好的专门塑料。在实际使用过程中,带有凸台或表面焊有钢丝网的转鼓能获得良好的效果。对于测定或检验汽车动力性和燃料经济性的转鼓试验台或模拟汽车行驶工况的转鼓试验台上的转鼓,其表面多为光滑的,因车轮与光滑鼓面间的附着能力能够产生足够的牵引力。对于供汽车振动试验用的转鼓试验台,其转鼓表面有的为覆盖一层厚度按正弦规律变化的木块,有的则按所要模拟的道路振动特性而做成凸凹不平的形状。

转鼓的直径对轮胎发热有直接影响。轮胎在转鼓上滚动时,转鼓直径小则轮胎的摩擦功增加,长时间的高速运转,其温度将升高使胎面可能达到临界温度而早期损坏。因此,速度达200km/h,转鼓直径不小于350mm;速度达160km/h,转鼓直径不小于300mm。

2) 飞轮

在测定稳定工况下的汽车性能时,在转鼓试验台上只装有作为负载的测功器,而且希望旋转部分的惯性矩应尽量小,以减小惯性对测试装置的影响。而在测定非稳定工况的汽车性能时,为了模拟汽车质量,试验台旋转质量的动能应与行驶汽车的动能相等。因此,必须采用惯量可调节的飞轮,传动比可以改变的增速器或通过电力驱动的调节来改变试验台旋转质量的动能,以适应各种车型的需要。

飞轮的转动惯量通常按汽车在道路试验和台架试验动能相等的原则来确定。即

$$转动惯量 = 汽车平移惯量 + 非驱动轮转动惯量 - 滚筒转动惯量$$

4. 纵向约束装置

为了保证汽车在转鼓上运行时其车轮能稳定地置于准确的位置,必须使用纵向约束装置,以防止汽车在转鼓上的纵向移动,否则,将出现与实际行驶状态完全不同的运动特性。

三、汽车风洞

汽车风洞是研究汽车空气动力学的重要设施,而且已从模型风洞发展到整车风洞。近年来,为了研究汽车的气候适应性,有些国家还建造了全天候整车风洞。总之,通过风洞进行试验要解决的主要问题是:空气动力稳定性、升力、空气阻力、通风、气流噪声、污染、发动机和传动装置的散热,窗玻璃刮水器的功能以及汽车的气候适应性等。前三项可在模型风洞或整车风洞中进行试验,但后几项则需要在整车风洞中进行试验。

在风洞试验时,是以不动的汽车或汽车模型经受作强迫流动的空气流的作用来模拟汽车在道路上行驶时所受到的空气流的作用。其中汽车模型风洞试验是以相似理论为依据的。通常风洞的洞体由钢筋混凝土或钢板制成,小型风洞也有用木材制造的,其内表面要仔细地涂腻子和涂漆。汽车模型一般用质量好的木材制成。

风洞的基本型式有两种:开式风洞和闭式风洞。开式风洞又称直流式风洞,如图5-13和图5-14所示,它直接从大气中吸进空气,然后再排到大气中去。开式风洞造价低、气流无需冷

却,因此,世界各国仍在使用开式风洞。

闭式风洞又称回流式风洞,它有连续的空气回路,气流离开试验段后,经过迂回曲折的路线再返回到进气口。目前常用的是单回路闭式风洞,如图 5-14 所示。闭式风洞的优点是:风洞的效率比较高;气流进入稳定段时比较均匀;试验段的动压和试验段截面上的动压分布不会受外界阵风的影响而发生变化;可以减小外界噪声;外界的气候条件所造成的影响很小,而且还能使风洞内的温度得到某种控制,试验段的压力稍高于外界压力,可使风洞内的气流不受外界压力的影响;风扇位于中速区对提高其效率比较有利。

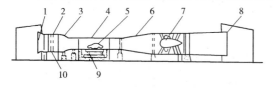

图 5-13　开式风洞

1-进气口;2-稳定段;3-收缩段;4-闭口试验段;5-试验汽车;6-扩散段;7-风扇与驱动装置;8-排气口;9-空气动力天平;10-蜂窝整流器

目前还有一种半开式回流风洞,整个风洞是在大建筑物内,它能隔离室外的影响,因此兼有开式与闭式两种风洞的优点。

为了观察车身表面气流的状态,还设计了一种烟风洞,它通过在模型前的喷嘴喷出流线形的洁白烟雾,利用烟顺气流流动来显示出流谱。

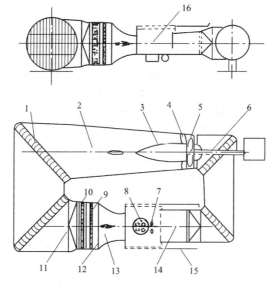

图 5-14　闭式风洞

1-拐角导流片;2-扩散段;3-风扇整流罩;4-导直片;5-风扇;6-动力与传动装置;7-转鼓测功器;8-空气动力天平;9-蜂窝器;10-空气冷却器;11-稳定段;12-阻尼网;13-收缩段;14-集气段;15-试验段活动罩;16-开口试验段

风洞试验中主要的测量装置是空气动力天平。它能够测出作用在试验汽车上三个相互垂直的力和绕三个相互垂直轴的力矩等六个分量。

思 考 题

1. 汽车动力性能道路试验的基本试验条件有哪几方面?
2. 什么是滑行?进行滑行试验的目的是什么?
3. 如何利用滑行试验来求出滚动阻力系数和空气阻力系数?

4. 汽车动力性能道路试验包括哪些试验项目？各项目试验如何进行？
5. 简述空间频率传感器的组成及工作原理。
6. 室内试验与实车道路试验相比有哪些优点？
7. 简述转鼓试验台的型式、组成及工作原理。
8. 汽车风洞试验主要能解决哪些问题？

第六章 燃料经济性能检测

本章主要介绍汽车燃油经济性能、道路与台架检测原理与规程。

第一节 燃料消耗量道路试验

一、概述

汽车的燃料经济性常用一定运行工况下汽车行驶百公里的燃料消耗量或一定燃料量能供汽车行驶的里程数来衡量。在我国及欧洲,燃料经济性指标的单位为百公里燃料消耗量(L/100km)。为便于比较不同载质量汽车的燃料经济性,也可用每吨总质量行驶100km所消耗的燃料升数来评价,即吨百公里燃料消耗量(L/100km·t)。美国采用MPG或mile/Usgal,指的是每加仑燃料能行驶的英里数。这个数值愈大,汽车燃料经济性愈好。

燃料消耗量道路试验包括不控制的道路试验、控制的道路试验和循环道路试验三种。

所谓不控制的道路试验是指对行驶道路、交通情况、驾驶习惯和周围环境等各方面因素都不加控制的道路试验方法。由于各种使用因素的随机变化,要获得分散度小的数据是很困难的。为此,必须用相当数量的汽车(几十辆以上)进行长距离(10000~16000km)的试验,才能获得可以信赖的数据。所以,虽然这是一种非常接近实际情况的试验,但由于试验的费用巨大,时间很长,却是一种通常很少采用的试验方法。

测量燃料消耗时维持行驶道路、交通情况、驾驶习惯和周围环境等中的一个或几个因素不变的方法,称作"控制的路上试验"。例如我国海南试验场进行的、包含考察汽车各项使用性能指标在内的全国汽车质量检查试验中,规定了要测量在一般路面、恶劣路面和山区公路上的百公里油耗,试验规范中对试验路线作了较明确的规定,但对试验中的交通情况、驾驶员的习惯以及气温、风、雨等并无规定,这就是一种有控制的道路试验。国外汽车试验场地在自己的专用试验道路上也进行类似的燃料消耗试验。

路上的循环试验指的是汽车完全按规定的车速—时间规范进行试验。何时换挡、何时制动以及行车的速度、加速度,制动减速等都在规范中加以规定。

以下,着重介绍控制的道路试验为乘用车(M_1类车辆和最大总质量小于2t的N_1类车辆)和商用车(M_2、M_3类车辆和最大总质量大于或等于2t的N_1类车辆)的等速行驶燃料消耗量试验、商用车的多工况燃料消耗量试验的基本试验条件和试验方法(参照GB/T 12545.1—2001和GB/T 12545.2—2001)。

二、基本试验条件

试验前,应对试验的车辆进行磨合,乘用车至少应行驶3000km;试验时,试验车辆必须进行预热行驶,使发动机、传动系统及其他部分预热到规定的温度状态。轮胎充气压力应符合该车技术条件的规定,误差不超过±10kPa(±0.1kgf/cm^2)。装载质量除有特殊规定外,乘用车试验质量为装备质量加上 180kg,当车辆的 50% 载质量大于 180kg 时,则车辆的试验质量为装备质量加上 50% 的载质量;商用车试验质量为:M2、M3 类城市客车为装载质量的 65%,其他车辆为满载,装载物应均匀分布且固定牢靠,试验过程中不得晃动和颠离;不应因潮湿、散失等条件变化而改变其质量,以保证装载质量的大小、分布不变。

试验车辆必须清洁,关闭车窗和驾驶室通风口,由恒温器控制的空气流必须处于正常调整状态,做各项燃料消耗量试验时,汽车发动机不得调整。

试验道路应为清洁、干燥、平坦的,用沥青或混凝土铺成的直线道路,道路长 2~3km,而宽不小于 8m,纵向坡度在 0.1% 以内。

试验应在无雨无雾,相对湿度小于 95%,气温 0~40℃,风速不大于 3m/s 的天气条件下进行。

车速测定仪器和燃料流量计的精度为 0.5%;计时器最小读数为 0.1s。

三、试验项目及规程

1. 乘用车 90km/h 和 120km/h 等速行驶燃料消耗量试验

1) 试验所用的挡位

如果车辆在最高挡(n)时的最大速度超过 130km/h,则只能使用该挡位进行燃料消耗量的测定;如果在 ($n-1$)挡的最大速度超过 130km/h,而 n 挡的最大速度仅为 120km/h,则 120km/h 的试验应在 ($n-1$)挡进行,但制造厂可要求 120km/h 的燃料消耗量在 ($n-1$)挡和 n 挡同时测定。

为了确定在规定速度时的燃料消耗量,应至少在低于或等于规定速度时进行两次试验,并在至少等于或高于规定速度时进行另两次试验,但应满足下面规定的误差:在每次试验行驶期间,速度误差为 ±2km/h;每次试验的平均速度与试验规定速度之差不得超过 2km/h。

2) 燃料消耗量的计算

(1) 采用重量法确定燃料消耗量 C(计算单位为 L/100km),计算公式为

$$C = \frac{M}{DS_g} \times 100$$

式中:S_g——标准温度 20℃(293K)下的燃料密度,kg/dm³;

D——试验期间的实际行驶距离,km;

M——燃料消耗量测量值,kg。

(2) 采用容积法确定燃料消耗量 C(计算单位为 L/100km),计算公式为

$$C = \frac{V[1 + \alpha(T_0 - T_F)]}{D} \times 100$$

式中:V——燃料消耗量(体积),L;

α——燃料容积膨胀系数,燃料为汽油和柴油时,该系数为 0.001/℃;

T_0——标准温度为 20℃(293K);

T_F——燃料平均温度,即每次试验开始和结束时,在容积测量装置上读取的燃料温度的算术平均值,℃。

3) 燃料消耗量测量精度计算

指定速度的燃料消耗量按规定的方法取得的试验数据用线性回归法来计算。在试验道路

上的两个方向上进行试验时,应分别记录在每个方向上获得的值。为了使置信度达到95%,燃料消耗量的精度应达到±3%。为了得到此精度,可增加试验次数。燃料消耗量测量精度由下式计算:

$$精度 = K \cdot \frac{\sqrt{\frac{\sum(C_i - \hat{C}_i)^2}{n-2}}}{C} \cdot \sqrt{\frac{1}{n} + \frac{(v_{ref} - \bar{v})^2}{\sum(v_i - \bar{v})^2}} \times 100\%$$

式中:C_i——在v_i速度时测量的燃料消耗量;

$\hat{C}_i$——在v_i速度时用线性回归法计算出的燃料消耗量;

C——在指定速度v时,用线性回归法计算出的燃料消耗量;

v_{ref}——指定速度;

v_i——i时的实际速度;

$\bar{v}$——平均速度,$\bar{v} = \frac{\sum v_i}{n}$;

n——试验次数;

K——由表6-1给出。

K 值　　　　　　　　　表6-1

n	4	5	6	7	8	9	10	12	14	16	18	20
K	4.30	3.18	2.78	2.57	2.45	2.37	2.31	2.23	2.18	2.15	2.12	2.10

如果在平均速度等于指定速度±0.5km/h时测量燃料消耗量,可用获得的试验数据的平均值计算规定速度下的燃料消耗量。

4)试验结果的校正

如果在等速试验时,当环境条件变化超过2℃或0.7kPa时,则在确定燃料消耗量和试验精度值之前采用下述给出的校正公式进行校正:

$$C_{校正} = K' C_{测量}$$

式中:$C_{校正}$——标准条件下的燃料消耗量,L/100km;

$C_{测量}$——在试验环境条件下测量的燃料消耗量,L/100km;

K'——校正系数。

$$K' = \frac{R_R}{R_T}[1 + K_R(t - t_0)] + \frac{R_{AERO}}{R_T} \cdot \left(\frac{\rho_0}{\rho}\right)$$

式中:R_R——试验速度下的滚动阻力;

R_{AERO}——试验速度下的空气动力阻力;

R_T——总行驶阻力,$R_T = R_R + R_{AERO}$;

t——试验期间的环境温度,℃;

t_0——标准条件下的温度,$t_0 = 20$℃;

K_R——滚动阻力相对温度的校正系数,采用值为3.6×10^{-3}/℃;

ρ——试验条件下的空气密度;

ρ_0——标准条件下的空气密度,$\rho_0 = 1.189 kg/m^3$。

2.商用车等速燃料消耗量试验

试验测试路段长度为500m,汽车用常用挡位,等速行驶,通过500m的测试路段,测量通过该路段的时间及燃料消耗量。

试验车速从20km/h(最低稳定车速高于20km/h时,从30km/h)开始,以每隔10km/h均匀选取车速,直至最高车速的90%,至少测定5个试验车速,同一车速往返各进行两次。

以试验车速为横坐标,燃料消耗量为纵坐标,绘制等速燃料消耗量散点图,根据散点图绘制等速燃料消耗量的特性曲线。

3. 商用车多工况燃料消耗量试验

1) 试验方法

汽车运行工况可分为匀速、加速、减速和怠速等几种,实际运行时,往往是上述几种工况的组合,并以此决定了汽车的油耗。所以,各国根据不同车型车辆的常用工况,制定了不同的试验循环,既使得试验结果比较接近于实际情况,又可缩短试验周期。

多工况燃料消耗量试验的方法就是将不同车型的车辆严格依据各自的试验循环进行燃料消耗量测定。

汽车尽量用高挡进行试验,当高挡位达不到工况要求,超出规定偏差时,应降低一挡进行,当车辆进入可使用高挡行驶的等速行驶段和减速行驶段时,再换入高挡进行试验。换挡应迅速、平稳。

减速行驶中,应完全放松加速踏板,离合器仍接合。当试验车速降至10km/h时,分离离合器,必要时,减速工况允许使用车辆的制动器。

试验车辆在多工况的终速度的偏差为±3km/h,其他各工况速度偏差为1.5km/h。在各种行驶工况改变过程中允许车速的偏差大于规定值,但在任何条件下超过车速偏差的时间不大于1s,即时间偏差为±1s。

每次循环试验后,应记录通过循环试验的燃料消耗量和通过的时间。当按各试验循环完成一次试验后,车辆应迅速掉头,重复试验,试验往返各进行两次,取四次试验结果的算术平均值为多工况燃料消耗量试验的测定值。

2) 工况循环

(1) 六工况循环如图6-1所示,具体说明见表6-2,适用于城市客车及双层客车除外的车辆。

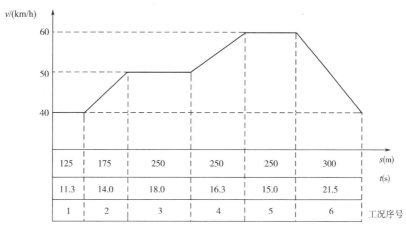

图6-1 六工况循环

(2) 四工况循环如图6-2所示,具体说明见表6-3。适用于城市客车和双层客车(包括城市铰接客车)。

六工况循环试验 表6-2

工况序号	运行状态 (km/h)	行程 (m)	累计行程 (m)	时间 (s)	加速度 (m/s²)
1	40	125	125	11.3	—
2	40~50	175	300	14.0	0.20
3	50	250	550	18.0	—
4	50~60	250	800	16.3	0.17
5	60	250	1050	15.0	—
6	60~40	300	1350	21.6	0.26

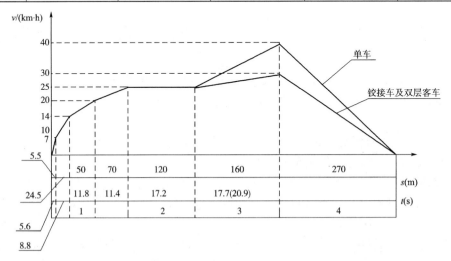

图 6-2 四工况循环

四工况循环试验 表6-3

工况序号	运转状态 (km/h)	行程 (m)	累积行程 (m)	时间 (s)	变速器挡位及换挡车速(km/h)	
					挡位	换挡车速
1	0~25 换挡加速	5.5	5.5	5.6	Ⅱ~Ⅲ	6~8
		24.5	30	8.8	Ⅲ~Ⅳ	13~15
		50	80	11.8	Ⅳ~Ⅴ	19~21
		70	150	11.4	Ⅴ	
2	25	120	270	17.2	Ⅴ	
3	(30) 25~40	160	430	(20.9) 17.7	Ⅴ	
4	减速行驶	270	700		空挡	

注:1. 对于5挡以上变速器采用Ⅱ挡起步,按表中规定循环试验;对于4挡变速器Ⅰ挡起步,将Ⅳ挡代替表中Ⅴ挡,其他依次代替,则按表中规定试验循环进行。

2. 括号内数字适用于铰接式客车及双层客车。

4. 商用车试验数据的校正和重复性检验

为使试验具有可比性,燃料消耗量的测定值均应校正到20℃、气压为100kPa、汽油密度为0.742g/mL、柴油密度为0.830g/mL的标准状态下。计算公式为

$$Q_0 = \frac{\overline{Q}}{C_1 C_2 C_3} \tag{6-1}$$

式中：Q_0——校正后的燃料消耗量，L/100km；

$\overline{Q}$——实测的燃油消耗量的均值，L/100km；

C_1——环境温度校正系数；

$$C_1 = 1 + 0.0025(20 - t) \tag{6-2}$$

C_2——大气压力的校正系数；

$$C_2 = 1 + 0.0021(P - 100) \tag{6-3}$$

C_3——燃料密度的校正系数；

$$C_3 = 1 + 0.8(0.742 - G_s)(汽油机), C_3 = 1 + 0.8(0.83 - G_d)(柴油机) \tag{6-4}$$

t——试验时的环境温度，℃；

P——试验时的大气压力，kPa；

G_s——试验用的汽油平均密度，g/mL；

G_d——试验用的柴油平均密度，g/mL。

商用车等速行驶燃料消耗量试验和多工况燃料消耗量试验的试验结果须经重复性检验。若等速行驶燃料消耗量试验和多工况燃料消耗量试验是严格按基本试验条件进行的，根据误差理论可认为试验是在等精度下进行的测量，测量结果符合正态概率分布规律，测量值的算术平均值最接近真值，试验的重复性可按第95百分位分布来判断。

第95百分位分布的标准差 R 与重复试验次数 n 有关，见表6-4。

标准差 R 与重复试验次数 n 的对应关系　　表6-4

n	2	3	4	5	6
R(L/100km)	$0.053\overline{Q}$	$0.063\overline{Q}$	$0.069\overline{Q}$	$0.073\overline{Q}$	$0.085\overline{Q}$

其中，$\overline{Q}$ 为每项试验时，n 次试验所测得燃料消耗量的算术平均值，单位为L/100km。

设 ΔQ_{max} 为每项试验时，n 次试验结果中最大燃料消耗量值与最小燃料消耗量值之差。

当 $\Delta Q_{max} < R$ 时，认为试验结果的重复性好，不必增加试验次数。当 $\Delta Q_{max} > R$ 时，认为试验结果的重复性差，应增加试验次数。

试验结果的置信区间 ΔQ_v（置信度90%）为

$$\Delta Q_v = \pm \frac{0.031}{\sqrt{n}} \overline{Q} \tag{6-5}$$

例6-1：一汽车以某一试验循环进行试验，四次试验的燃料消耗量实测值分别为14.5L/100km、14.8L/100km、15.5L/100km 和 15.1L/100km，试判断重复性。

解：因 $\overline{Q} = \dfrac{14.5 + 14.8 + 15.1 + 15.6}{4} = 14.975$

标准差：查表6-2得　　$R = 0.069 \times 14.975 = 1.033$

而　　　　　　　　　$\Delta Q_{max} = 15.5 - 14.5 = 1$

因为　　　　　　　　$\Delta Q_{max} < R$

说明试验的重复性好，不必增加试验次数。

置信区间为

$$\Delta Q_v = \pm \frac{0.031}{\sqrt{4}} \times 14.975 \text{L/100km} = \pm 0.232 \text{L/100km}$$

例 6-2：若例 6-1 的试验结果为 14.5L/100km、14.8L/100km、15.1L/100km 和 15.6L/100km，试再判断重复性。

解：因
$$\overline{Q} = \frac{14.5 + 14.8 + 15.1 + 15.6}{4} = 15$$

标准差 $\quad R = 0.069 \times 15 = 1.035$

而 $\quad \Delta Q_{max} = 15.6 - 14.5 = 1.1$

因为 $\quad \Delta Q_{max} > R$

说明试验的重复性不好，应增加试验次数。

5. 轻型商用车燃料消耗量限值

轻型商用车辆燃料消耗量的限值见表 6-5、表 6-6、表 6-7 和表 6-8（参见 GB 20997—2007）。

N_1 类汽油车辆燃料消耗量限值　　　　　　　　　　　　　　　表 6-5

最大设计总质量 M（kg）	发动机排量 V（L）	第一阶段限值（L/100km）	第二阶段限值（L/100km）
$M \leqslant 2000$	全部	8.0	7.8
$2000 < M \leqslant 2500$	$V \leqslant 1.5$	9.0	8.1
	$1.5 < V \leqslant 2.0$	10.	9.0
	$2.0 < V \leqslant 2.5$	11.5	10.4
	$V > 2.5$	13.5	12.5
$2500 < M \leqslant 3000$	$V \leqslant 2.0$	10.0	9.0
	$2.0 < V \leqslant 2.5$	12.0	10.8
	$V > 2.5$	14.0	12.6
$M > 3000$	$V \leqslant 2.5$	12.5	11.3
	$2.5 < V \leqslant 3.0$	14.0	12.6
	$V > 3.0$	15.5	14.0

N_1 类柴油车辆燃料消耗量限值　　　　　　　　　　　　　　　表 6-6

最大设计总质量 M（kg）	发动机排量 V（L）	第一阶段限值（L/100km）	第二阶段限值（L/100km）
$M \leqslant 2000$	全部	7.6	7.0
$2000 < M \leqslant 2500$	$V \leqslant 2.5$	8.4	8.0
	$2.5 < V \leqslant 3.0$	9.0	8.5
	$V > 3.0$	10.0	9.5
$2500 < M \leqslant 3000$	$V \leqslant 2.5$	9.5	9.0
	$2.5 < V \leqslant 3.0$	10.0	9.5
	$V > 3.0$	11.0	10.5
$M > 3000$	$V \leqslant 2.5$	10.5	10.0
	$2.5 < V \leqslant 3.0$	11.0	10.5
	$3.0 < V \leqslant 4.0$	11.6	11.0
	$V > 4.0$	12.0	11.5

最大设计总质量不大于 3.5t 的 M_2 类汽油车辆燃料消耗量限值　　　表 6-7

最大设计总质量 M（kg）	发动机排量 V（L）	第一阶段限值（L/100km）	第二阶段限值（L/100km）
$M \leqslant 3000$	$V \leqslant 2.0$	10.7	9.7
	$2.0 < V \leqslant 2.5$	12.2	11.0
	$2.5 < V \leqslant 3.0$	13.5	12.2
	$V > 3.0$	14.5	13.1
$M > 3000$	$V \leqslant 2.5$	12.5	11.3
	$2.5 < V \leqslant 3.0$	14.0	12.6
	$V > 3.0$	15.5	14.0

最大设计总质量不大于 3.5t 的 M_2 类柴油车辆燃料消耗量限值　　　表 6-8

最大设计总质量 M（kg）	发动机排量 V（L）	第一阶段限值（L/100km）	第二阶段限值（L/100km）
$M \leqslant 3000$	$V \leqslant 2.5$	9.4	8.5
	$V > 2.5$	10.5	9.5
$M > 3000$	$V \leqslant 3.0$	11.5	10.5
	$V > 3.0$	12.6	11.5

对于具有下列一种或多种结构的车辆，其限值是表 6-5、表 6-6、表 6-7 或表 6-8 中的限值乘以 1.05，求得的数值圆整（四舍五入）至小数点后一位：

（1）N_1 类全封闭厢式车辆；

（2）N_1 类罐式车辆；

（3）装有自动变速器的车辆；

（4）全轮驱动的车辆。

四、道路试验的主要仪器设备

在燃料消耗量测定的试验中主要测量车速、距离、时间和燃料消耗量等参数，车速、距离和时间的测量仍然用五轮仪或非接触式车速仪。燃料消耗量的检测仪器为油耗仪，它可测量某一段时间间隔或某一里程内，流体通过管道的总体积或总质量。为提高测量精度，在流量仪表前应有足够的直管段长度或加装流量整流器，以使仪表前的流速分布保持稳定。最后用综合测试仪处理出试验结果。

由于实车道路试验的仪器布置和电源等问题，目前使用的流量计多数是活塞式的，它是容积式流量计的一种。

容积式流量计的工作原理是使被测流体充满一定容量的测量室，靠流体压差推动齿轮、腰轮、活塞或刮板等旋转，再由传动机构带动积算器，累计液体充满测量室的次数，则可得出被测流体的总量，再除以测定时间间隔或行驶里程即可得平均燃料消耗量。

容积式流量计的量程比较宽，一般为 10∶1，精度较高，可达 0.2 级，安装方便，仪表前后的直管段要求不高，但其结构较复杂，使用时需小心维护。

椭圆齿轮流量计是一种典型的容积式流量计，它对被测液体的黏度变化不敏感、故常用于黏度较大液体的流量测量，其结构原理如图 6-3 所示。在计量室内装有一对互相啮合的椭圆齿轮,在流体压差的作用下,它们交替地相互驱动,各自绕定轴旋转,每转一周,两齿轮从月牙空腔中排出液体,用齿轮传动和积算部分连接,由仪表指针直接指出被测流体总量。

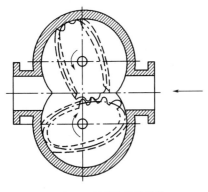

图6-3 椭圆齿轮流量计

图6-4所示是另一种典型的容积式流量计——活塞流量计的结构原理图,它由传感器和二次仪表两部分组成。传感器是一小型四缸液压马达,当燃油通过时,传感器内的液压马达在油压作用下旋转,液压马达的活塞与缸套系精密加工磨合的,故液压马达每转排油量是恒定的,则液压马达的转数与流量成正比,传感器结构简图如图6-4所示,其下面部分为测量器,燃料经滤油器5进入,推动四个活塞4运动,使曲柄轴6转动,曲柄轴每转一周,四个活塞各排油一次,经排油腔3排出定量燃油。四个活塞安装在一个曲柄轴上,活塞尾部进油,推动曲柄轴转动,图6-4b)中1、2、3、4为排油孔,与出油管相连;5、6、7、8是液压缸进、排油公用油路,旋转方向的前一活塞控制后一个液压缸的进排油,起三通阀的作用,通过活塞的排油量与曲柄轴转速成正比。

上面部分为光电检测器,曲柄轴转动,经磁耦合联轴器带动磁耦合轴8转动,由轴上光隙板1经光电管2,转换为电脉冲信号输出。

燃料流量传感器产生的脉冲信号经放大整形、分频,然后送入计数器,累计燃油消耗量。当车辆进入测量段起点时,油耗仪开始测量,当车辆离开测量段终点时,停止测量,则记数器记录了车辆通过测量段的累加燃油消耗量,如同时记录车辆通过测量段的时间,则可计算出车辆的百千米油耗。

传感器与二次仪表安装时,传感器串联在测量油路中,远离发动机热源,水平固定,流经传感器的燃油不准倒流,必要时应加止回阀,或在光电检测器中,增加回流流量的检测电路。

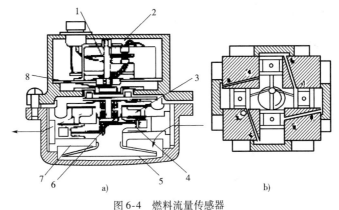

图6-4 燃料流量传感器
1-光隙板;2-光电管;3-排油腔;4-活塞;5-滤油器;6-曲柄轴;7-液压缸体;8-磁耦合轴

第二节 燃料消耗量台架试验

一、台架试验

1. 概述

在汽车底盘测功机(即转鼓试验台)上进行循环试验(测定油耗)是近年来新发展的试验

方法,已日益受到广泛重视。所用底盘测功机能反映汽车行驶阻力与加速时的惯性阻力以模拟道路上的行驶工况。

在室内底盘测功机上可以按照很复杂的循环进行试验。图6-5所示是美国UDDS循环的速度—时间关系曲线,整个循环费时23min,行程12km。它是根据美国洛杉矶市的交通情况拟订的,包含了一系列不重复的加速、减速、怠速和接近于等速的行驶过程。经过研究,UDDS循环确实能代表洛杉矶市中心的汽车运行状态,但比美国其他一些城市的平均速度要低些,怠速时间多一点。

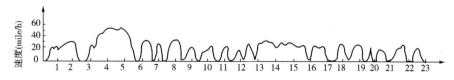

图6-5 美国市内测功器行驶循环(UDDS)的速度—时间曲线

如图6-6所示,将汽车驱动轮置于底盘测功机的转鼓之上,驱动轮既可拖动转鼓又可进行反拖。如果将底盘测功机装在有空调设施的试验室内,则就不会有风和气温的变化,使行驶阻力保持一定,所以,试验具有良好的再现性。

10工况油耗和EPA油耗均是利用底盘测功机测定的。其中10工况油耗行驶规范是模拟东京市区汽车运行情况制定的,EPA油耗试验规定了市区和干线公路两种行驶规范。

1)用底盘测功机测量油耗的优点

(1)在室内进行试验不受外界气候条件的限制,且油耗测量值重复性好。

(2)由于能控制试验条件,周围环境影响的修正系数可以减到最小。

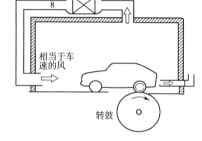

图6-6 燃油消耗量台架试验示意图

(3)若能控制室温,可在不同气温条件下进行试验。

(4)由于室内便于控制行驶状况,能采用符合实际的复杂循环。

(5)可以同时进行燃料经济性与排气污染试验。

(6)能采用多种测量油耗的方法,如重量法、体积法与碳平衡法等。

2)用底盘测功机测量油耗的缺点

(1)不易准确模拟路上的滚动阻力与空气阻力。

(2)室内冷却风扇产生的冷却气流与道路上行驶时的实际情况不一致。

(3)不易给出准确的惯性阻力。

可见,与其他方法相比,用测功机测量油耗优点较多。

2. 负载设定方法

在底盘测功机上进行油耗试验时的负载设定根据发动机的型式,可选择负载法和滑行法。

负载法一般适用于汽油车的负载设定。汽车行驶阻力随车速的提高而增加,所以,一般节气门开度也要随之加大。在同一种速度下,如果汽车在底盘测功机上和在试车场跑道上的节气门开度是相同的话,则说明两者阻力是一样的。可利用其中之一原理确定底盘测功机的设定负载。汽油车的节气门开度和负载(进气管真空度)大致成正比,所以,可控制节气门开度,使测功机负载与跑道负载相同,即控制了测功机的制动力矩。

柴油车不能用负载法试验,需采用滑行法确定设定负载。当汽车从某一车速脱挡滑行时,由于汽车行驶阻力特性不同,速度变化所需时间也不一样,利用这一原理,便可使底盘测功机试验和跑道试验保持同样的减速时间,从而控制了底盘测功机的制动力矩。

二、台架试验的测定方法

由于底盘测功机的燃料消耗试验是在室内进行,仪器布置及电源问题比较容易解决,因而燃料消耗量的测定方法可采用容积法、质量法、速度法、排气法等多种方法。

1. 容积法

容积式流量计的工作原理是使被测流体充满一定容量的测量室,靠流体的压差推动齿轮、腰轮、活塞或刮板等旋转,再由传动机构带动积算器,累计液体充满测量室的次数,则可得出被测流体的总量,再除以测定时间间隔即可得平均流量。

平衡电桥式油耗计属容积式流量计,可测定汽车每消耗单位容积燃料所能行驶的里程(即 km/L),实际上这种油耗计是一种油耗率计。

平衡电桥式油耗计由桥式电路、车速表 A、流量计 B 和电流表 C 所组成(图6-7)。桥式电路的一只可调电阻臂 R_1 装在流量计 B 中,用以提供发动机燃料消耗量信号;桥式电路的另一只可调电阻臂 R_4,用于调整电桥平衡。桥式电路两对角线分别接车速表 A 和电流表 C,车速表 A 提供车速信号,电流表 C 指示测量结果。

流量计 B 的结构如图6-8所示。膜片盒(即图6-7中的7)上装有进油管8和限流出油管9。膜片盒内装有波纹膜片10,膜片下端支撑着一个板11,膜片上端作为密封垫夹在盒体与盖之间。电桥的可调电阻 R_1 装在膜片盒里面,可调电阻 R_1 的滑动臂12(图6-7)与板11(图6-8)相连,并由板推动,当燃油没有通过进油管8、膜片盒7和出油管9时,膜片处于自由伸展状态(图6-8右侧所示);当燃油通过上述途径时,膜片被压缩(图6-8左侧所示),并通过板11推动可调电阻 R_1 的滑动臂12移动。滑动臂12位移的大小,由膜片被压缩的程度而定,而膜片的压缩量取决于膜片两端的燃油压力差。燃油压力差与燃油流量有关,所以桥式电路可调电阻 R_1 的值与燃油流量成反比。滑动臂移动时,R_1 阻值改变,破坏了桥式电路的平衡而推动电流表 C 偏转。

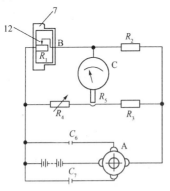
图6-7 平衡电桥式油耗计电路图
7-膜片盒;12-滑动臂

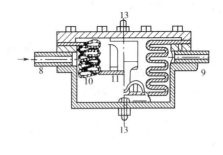
图6-8 流量计结构图
8-进油管;9-出油管;10-膜片;11-板;13-螺栓

由于电流表 C 的读数近似与车速电流信号和流量计 B 引起桥式电路不平衡电流信号的乘积成正比,所以电流表 C 的读数是汽车行驶时,消耗单位容积燃料所行驶的里程数,即以 km/L 为计量单位。

2. 重量法

按容积测定的燃料消耗量,会因燃料和环境温度的变化而引起测量误差。而按重量法测定燃料消耗量,则不受燃料密度等条件的影响,方法也比较简单,广泛用于油耗精密测量中。

图6-9是一种重量式油耗计简图,这种油耗计可用来测量汽油或柴油的消耗量。

重量式油耗计由称重装置、控制装置和记录装置等组成。燃油从燃油箱经电磁阀4和油管3注入称重装置秤盘上的油杯1中,通过油管2供给被测定的发动机。电磁阀的开闭由两个微型限位开关5和6来控制,而微型开关装在平衡块行程限位器7和微型限位开关6的继电器上。需要测量的油量由两个光电二极管8和9以及装在指针上的光源10来控制。光电二极管8是固定的,可用于控制记录装置。光电二极管9装在活动滑块上,滑块通过齿轮齿条移动,齿轮轴与鼓轮11相连,鼓轮带有以克为单位的分度盘。燃料消耗量通过鼓轮11的转动,可显示在分度盘上。

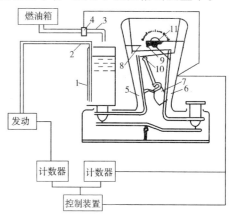

图6-9 重量式油耗计简图

1-油杯;2-油管;3-油管;4-电磁阀;5、6-微型限位开关;7-行程限位器;8、9-光电二极管;10-光源;11-鼓轮

用这种油耗计自动测量燃料消耗量时,首先给油杯1充油,称量秤左端下沉。当平衡块行程限位器7到达微型限位开关6的位置时(微型限位开关6起挡块作用),微型限位开关6将关闭电磁阀4而停止充油。当油杯1中燃油流向被测发动机时,由于重量减轻而使称量秤左端上升,通过杠杆机构推动指针摆动,当光源10的光束射到光电二极管8上时发出信号,记录仪开始工作。当油杯中燃油耗尽,光束便射到光电二极管9上,它便发出信号使记录仪停止工作。记录仪由两个带数字显示的半导体计数器组成。一个用于计算发动机曲轴的转速;另一个计算器起秒表作用。

3. 排气法

排气法又称"碳平衡"法,所谓碳平衡,就是指所耗燃油中的含碳量与排气中的CO、CO_2、HC所含碳的总量相等。根据这个道理,可应用排气分析的结果计算出燃料消耗量。

试验时,将排出气体采集装置装在试验汽车排气管的开口处,连接部应安装固定好,不能有排气泄漏。采集分析所需的排气量(100L左右),用非分散型红外线分析仪和氢火焰离子化型分析仪分别分析排气中CO、CO_2和HC成分,并按照下式计算出燃料消耗量。

$$Q = \frac{0.866 \times G}{0.429 \times CO_{mass} + 0.866 \times HC_{mass} + 0.273 \times CO_{2mass}} \tag{6-6}$$

式中:Q——燃油消耗量,km/L;

G——1L燃油的质量,g;

CO_{mass}——CO的排出量,g/km;

HC_{mass}——HC的排出量,g/km;

CO_{2mass}——CO_2的排出量,g/km。

三、乘用车模拟城市工况循环燃料消耗量台架试验方法

试验按GB/T 12545.1—2001的要求在底盘测功机上进行,试验运转循环见图6-10、表6-9、表6-10和表6-11。

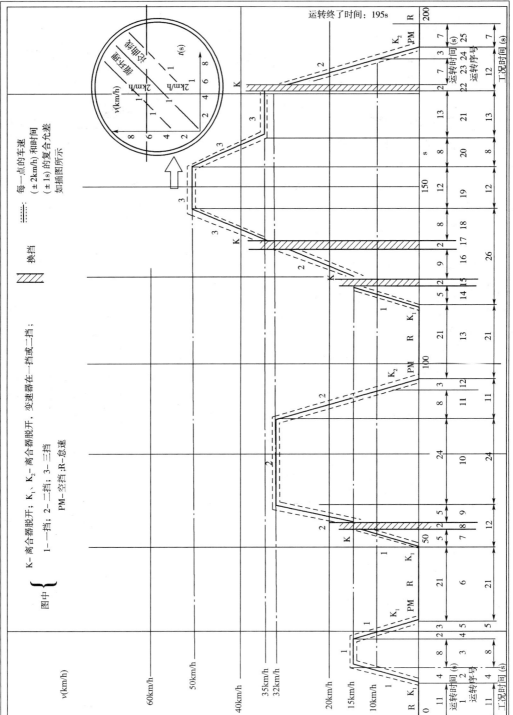

图 6-10 乘用车模拟城市工况试验运转循环

试 验 运 转 循 环　　　　　　　　表6-9

工况号数	运转次序	加速度(m/s²)	速度(km/h)	每次时间 运转(s)	每次时间 工况(s)	累计时间(s)	手动变速器使用挡位
1	1 怠速	—	—	11	11	11	6sPM① + 5sK₁②
2	2 加速	1.04	0→15	4	4	15	1
3	3 等速	—	15	8	8	23	1
4	4 等速	−0.69	15→10	2	5	25	1
	5 减速、离合器脱开	−0.92	10→0	3		28	K_1
5	6 怠速	—	—	21	21	49	16sPM + 5sK₁
6	7 加速	0.83	0→15	5	12	54	1
	8 换挡			2		56	—
	9 加速	0.94	15→32	5		61	2
7	10 等速	—	32	24	24	85	2
8	11 减速	−0.75	32→10	8	11	93	2
	12 减速、离合器脱开	−0.92	10→0	3		96	K_2
9	13 怠速	—	—	21	21	117	16sPM + 5sK₁
10	14 怠速	0.83	0→15	5	26	122	1
	15 换挡			2		124	—
	16 加速	0.62	15→35	9		133	—
	17 换挡			2		135	—
	18 加速	0.62	35→50	8		143	3
11	19 等速	—	50	12	12	155	3
12	20 等速	0.52	50→35	8	8	163	3
13	21 等速	—	35	13	13	176	3
14	22 换挡			2	12	178	—
	23 减速	−0.86	32→10	7		185	2
	24 减速、离合器脱开	−0.92	10→0	3		188	$K_2$②
15	25 怠速	—	—	7	7	195	7sPM

①PM指变速器在空挡,离合器接合。
②K₁(或K₂)指变速器换1挡(或2挡),离合器脱开。
注:如车辆装备自动变速器,驾驶员可根据工况自行选择合适的挡位。

车辆试验质量:M₁类车辆的试验质量为整车整备质量加上100kg;N₁类车辆试验为整车整备质量加上180kg;当车辆的50%装载质量大于180kg时,测试质量为整车整备质量加上50%的装载质量(包括测量仪器和人员的质量)。

按表6-10规定的车辆试验质量对应的当量惯量(I)调整测功机。如果推荐的当量惯量(I)无法在所使用的测功机上得到,则应采用大于基准质量的最接近等效当量惯量试验质量。

燃料消耗量的测量值由两个连续的模拟城市工况循环所消耗的燃料量来决定。进行循环之前,应使发动机在规定条件下进行足够次数(至少进行五次循环)的模拟城市工况循环试验,直到温度稳定,特别应使机油温度稳定。发动机温度应保持在制造厂规定的正常工作范围内。如有必要,可采用附加冷却装置。

当量惯量下的试验车辆质量   表6-10

试验车辆总质量 T_{mv}（kg）	当量惯量（I）下的试验车辆质量（kg）	试验车辆总质量 T_{mv}（kg）	当量惯量（I）下的试验车辆质量（kg）
$T_{mv} \leqslant 480$	455	$1080 < T_{mv} \leqslant 1190$	1130
$480 < T_{mv} \leqslant 540$	510	$1190 < T_{mv} \leqslant 1305$	1250
$540 < T_{mv} \leqslant 595$	570	$1305 < T_{mv} \leqslant 1420$	1360
$595 < T_{mv} \leqslant 650$	625	$1420 < T_{mv} \leqslant 1530$	1475
$650 < T_{mv} \leqslant 710$	680	$1530 < T_{mv} \leqslant 1640$	1590
$710 < T_{mv} \leqslant 765$	740	$1640 < T_{mv} \leqslant 1760$	1700
$765 < T_{mv} \leqslant 850$	800	$1760 < T_{mv} \leqslant 1930$	1800
$850 < T_{mv} \leqslant 965$	910	$1930 < T_{mv} \leqslant 2155$	2040
$965 < T_{mv} \leqslant 1080$	1020	$2155 < T_{mv}$	2270

为了便于测量燃料消耗量，两个连续的模拟城市工况循环之间的间隔时间（怠速状态）不应超过60s。

试验结果：按模拟城市工况循环测量的燃料消耗量应等于按上述规定进行的三次连续测量的算术平均值。如果进行三次试验后的燃料消耗量极限值与平均值之差超过5%，则按上述规定继续试验，直至获得至少5%的测量精度为止。

如果进行10次试验后测量精度仍未达到5%，那么应更换一辆同型式的试验车辆进行试验。

测量精度由下式计算：

$$精度 = K \cdot \frac{S}{\sqrt{n}} \cdot \frac{1}{\overline{C}} \times 100\%$$

式中：$S = \sqrt{\dfrac{\sum_{i=1}^{n}(\overline{C} - C_i)^2}{n - 1}}$；

$\overline{C}$——n 次 C 值的算术平均值；

C——采用重量法或容积法确定的燃料消耗量，L/100km；

n——测量次数；

K——由表6-11给出。

K 值   表6-11

测量次数	4	5	6	7	8	9	10
K	3.2	2.8	2.6	2.5	2.4	2.3	2.3

第三节　电动汽车能量消耗率和续驶里程试验

一、基本概念

1. 标定的能量消耗率 $C(W \cdot h/km)$

标定的能量消耗率 C 是车辆经过规定的试验循环后对动力蓄电池重新充电，从电网中得到的电能除以续驶里程试验所行驶的距离后得的值。使用下式计算标定的能量消耗率：

$$C = E/D$$

式中:E——充电期间来自电网的能量,W·h;
  D——试验期间行驶的总距离(即续驶里程),km。

2.续驶里程(km)

电动汽车从动力蓄电池充满电状态开始到标准规定的试验结束时所行驶的里程。

二、试验程序

试验程序包括以下4个步骤:
(1)对动力蓄电池进行初次充电,测量来自电网的能量。
(2)进行工况或等速条件下的续驶里程试验。
(3)试验后再次为动力蓄电池充电,测量来自电网的能量。
(4)计算标定的能量消耗率。

具体的试验方法与程序参见 GB/T 18386—2001 的规定。

思 考 题

1.燃料消耗量道路试验可分成几种类型?
2.燃料消耗量道路试验的基本试验条件有哪些?
3.什么是等速燃料消耗量的特性曲线?
4.商用车的多工况燃料消耗量试验如何进行?
5.燃料消耗量道路试验结果进行重复性检验的依据是什么?
6.简述活塞油耗仪的结构原理。
7.用底盘测功机进行油耗试验有哪些优点和缺点?
8.简述平衡电桥式油耗仪的结构原理。
9.简述重量式油耗仪的结构原理。
10.简述利用"碳平衡"法测量油耗的原理。

第七章　制动性能检测

本章主要介绍汽车制动性道路试验的检测参数、检测方法与设备；台架试验检测原理、方法及设备。

第一节　概　　述

制动性能是汽车的重要使用性能之一。制动性能的好坏直接关系到行车安全，性能良好和可靠的制动系统可保证行车安全，避免交通事故。反之，很容易造成车毁人亡的恶性事故，同时，制动性能的好坏还影响到汽车动力性的发挥。因此，无论是新车出厂检测还是在用车辆，都将其作为重点检测项目之一。

汽车制动性能主要由以下三个方面来评价：

1. 制动效能

通常用制动距离、制动减速度、制动力等参数来评价制动效能，即要求制动系统应具有足够的制动力，并使前后桥制动力分配合理，以便充分利用各桥垂直载荷，保证汽车在一定初速度下的制动距离在规定范围内。

2. 制动效能的恒定性

要求制动器的摩擦材料性能可靠，摩擦片具有高抗热衰退能力，以避免制动鼓温度较高时摩擦系数急剧下降，制动力迅速减小，摩擦片磨损加剧，甚至烧损，以致制动性能变坏。

3. 制动时汽车的方向稳定性

要求制动时汽车不发生侧偏、侧滑以及失去转向能力。如左右轮制动力不平衡、中前后桥制动力分配不合理，都对制动方向稳定性产生不良影响。

第二节　路试检测制动性能

一、概述

道路试验主要通过检测制动距离、平均减速度等参数来检测汽车行车制动和应急制动性能；用坡道试验来检测汽车的驻车制动性能。

汽车制动是一个比较复杂的过程，从制动的全过程来看，可分为：驾驶员发现信号后做出反应、制动器起作用、持续制动和制动彻底放松四个阶段。通常制动距离是指汽车在规定的初速度下急踩制动踏板时从脚接触制动踏板（或手触制动手柄）时起至车辆停住时车辆行驶过的距离，它包括制动器起作用和持续制动两个阶段中汽车驶过的距离，制动器起作用包括驾驶员反应时间 t_1 和机构滞后时间 t_2（即消除制动消极自由行程的时间）。这个过程称为空驶时间 (t_2+t_2)，空驶时间所走过的距离称为空驶距离 S_1，其值可由下式求得：

$$S_1 = \frac{v}{3.6}(t_2 + t_2) \tag{7-1}$$

式中：v——制动初速度，km/h；

t_1——驾驶员反应时间，s；

t_2——机构滞后时间，s。

持续制动阶段所走过的距离称为有效制动距离 S_2，一般可用下式估算：

$$S_2 = \frac{v^2}{25.9} \cdot \frac{m(1+\varepsilon)}{F} \tag{7-2}$$

式中：$\varepsilon = \frac{\Delta m}{m}$；

m——汽车质量，kg；

Δm——汽车旋转零件当量质量，kg；

F——各轮制动力总和，N。

所以，制动距离 S 为 $(S_1 + S_2)$，即

$$S = \frac{v}{3.6}(t_2 + t_2) + \frac{v^2}{25.9} \cdot \frac{m(1+\varepsilon)}{F} \tag{7-3}$$

从上式中可以看出，决定汽车制动距离的主要因素是：制动器起作用的时间、附着力（或最大制动器制动力）、制动初速度和整车质量等。

在持续制动阶段，若最大制动器制动力 $F_{\mu,\max}$ 尚未达到（或不能达到）附着力 F_ϕ 的值，且假设在制动过程中 $F_{\mu,\max}$ 不变，则汽车在此阶段内减速度为

$$j = \frac{F_{\mu,\max}}{\dfrac{G}{g}} \tag{7-4}$$

而汽车走过的距离为

$$S = \frac{v^2}{25.9} \cdot \frac{\dfrac{G}{g}}{F_{\mu,\max}} \tag{7-5}$$

显然，上式与式(7-3)第二部分是一致的。但是，在持续制动阶段，由于轮胎与地面摩擦使轮胎温度升高、附着系数下降，所以 $F_{\mu,\max}$ 也将发生变化，在此阶段，汽车并不是匀减速运动，平均减速度 FMDD 来检验汽车制动性能更符合实际，FMDD 由下式计算：

$$\text{FMDD} = \frac{v_b^2 - v_e^2}{25.92(S_e - S_b)} \tag{7-6}$$

式中：FMDD——充分发出的平均减速度，m/s²；

v_b——$0.8v_0$（v_0 为制动初速度）车辆的速度，km/h；

v_e——$0.1v_0$ 车辆的速度，km/h；

S_b——在速度 v_0 和 v_b 之间车辆驶过的距离，m；

S_e——在速度 v_0 和 v_e 之间车辆驶过的距离，m。

显然减速度越大，制动力越大，制动效果越好。反之，如果平均制动减速度很小，则制动距离延长。因此，采用平均减速度能有效评价汽车制动性能。

二、汽车制动性能的路试条件

GB 12676—1999《汽车制动系统结构、性能和试验方法》规定了汽车制动性能道路试验的条件。试验路面应为干燥、平整的混凝土或具有相同附着系数的其他路面,路面上不许有松散的杂物;在道路纵向任意 50m 长度上的坡度应小于 1%;路拱坡度应小于 2%。试验时风速应小于 5m/s;气温不超过 35℃。试验车辆的载荷根据试验项目有满载和空载两种,其中满载时试验车辆处于厂定最大总质量状态,其载荷应均匀分布;空载时汽车油箱加至厂定容积的 90%,加满冷却液和润滑剂,携带随车工具和备胎,另包括 200kg 的质量(即驾驶员、一名试验员和仪器的质量)。驻车制动试验的坡道要求坡度为 20%,轮胎与路面间的附着系数不小于 0.7。

GB 7258—2004《机动车运行安全技术条件》规定汽车制动性能道路试验前,应在符合试验条件的路面上画出与制动稳定性要求相应的试车通道边线,被测车辆沿着试验车道的中线行驶至规定的初速度以上后,变速器置于空挡,当滑行到规定的初速度时,急踩制动踏板使车辆停住。制动距离可采用速度计(精度不低于 1%)、第五轮仪(精度不低于 1%)或用其他测试仪器测量。车辆充分发出的平均减速度(FMDD)可先用速度计(精度不低于 1%)、第五轮仪(精度不低于 1%)或用其他测试仪器测得式(7-6)中相关参数后,再代入式(7-6)计算求得,也可采用制动减速度仪(精度不低于 5%)测得。对除气压制动外的机动车还应同时测取制动踏板力(或手操纵力),测量精度不低于 2%。

三、行车制动性能检测

1. 用制动距离检测行车制动性能

行车制动试验时,按规定的试验车速进行试验,试验载荷可以是空载或满载。每一种试验不超过 4 次,试验须往返进行,允许进行 5 次预备试验,以熟悉车轮不抱死,车辆没有严重偏离时的最佳制动性能,但本项试验的总次数不得超过 35 次,且每次制动前制动器为冷态,即在制动鼓(盘)外表面测得的初温为 50~100℃。

汽车在规定初速下的制动距离和制动稳定性应符合表 7-1 的要求,对空载制动距离有质疑时,按表 7-1 满载检验的制动性能要求进行。

制动距离和制动稳定性要求　　　　　　　表 7-1

机动车类型	制动初速度 (km/h)	满载检验制动距离要求 (m)	空载检验制动距离要求 (m)	试验通道宽度 (m)
三轮汽车	20	≤5.0		2.5
乘用车	50	≤20.0	≤19.0	2.5
总质量不大于 3500kg 的低速货车	30	≤9.0	≤8.0	2.5
其他总质量不大于 3500kg 的汽车	50	≤22.0	≤21.0	2.5
其他汽车、汽车列车	30	≤10.0	≤9.0	3.0
两轮摩托车	30	≤7.0		—
边三轮摩托车	30	≤8.0		2.5
正三轮摩托车	30	≤7.5		2.3
轻便摩托车	20	≤4.0		—
轮式拖拉机运输机组	20	≤6.5	≤6.0	3.0
手扶变型运输机	20	≤6.5		2.3

2. 用平均减速度检测行车制动性能

汽车、汽车列车和无轨电车在规定的初速度下急踩制动踏板时充分发出的平均减速度和制动稳定性应符合表7-2的要求,单车制动协调时间不大于0.6s,列车制动协调时间应不大于0.8s,对空载检测结果有质疑时,可按表7-2满载检测的制动性能要求进行。

制动减速度和制动稳定性要求　　　　表7-2

机动车类型	制动初速度（km/h）	满载检验充分发出的平均减速度（m/s²）	空载检验充分发出的平均减速度（m/s²）	试验通道宽度（m）
三轮汽车	20	≥3.8		2.5
乘用车	50	≥5.9	≥6.2	2.5
总质量不大于3500kg的低速货车	30	≥5.2	≥5.6	2.5
其他总质量不大于3500kg的汽车	50	≥5.4	≥5.8	2.5
其他汽车、汽车列车	30	≥5.0	≥5.4	3.0

充分发出的平均减速度由式(7-6)计算。制动协调时间是指在急踩制动踏板时,从制动踏板开始动作至车辆减速度(或制动力)达到表7-2规定的车辆,充分发出的平均减速度(或表7-4所规定的制动力)的75%时所需的时间。

3. 制动性能检测时制动踏板力或制动气压要求

(1)满载检测时,气压制动系统,气压表的指示气压应小于或等于额定工作气压;液压制动系统,座位数小于或等于9座的载客汽车,制动踏板力应小于或等于500N,其他车辆小于或等于700N。

(2)空载检测时,气压制动系统,气压表的指示气压应小于或等于600kPa;液压制动系统,座位数小于或等于9座的载客汽车,制动踏板力应小于或等于400N,其他车辆应小于或等于450N。

四、应急制动性能检测

应急制动必须在行车制动系统有一处管路失效的情况下,在规定的距离内将车停止。应急制动可以是行车制动系统具有应急特性,也可以是与行车制动分开的独立系统。应急制动系统的布置应应使驾驶员容易操作,驾驶员在座位上至少用一只手握住转向盘的情况下,就可以实现制动,它的操作机构可以与行车制动系统的操作机构结合,也可以与驻车制动系统的操纵机构结合,但三个机构不得结合在一起。

可采用拆断管路的方法模拟制动失效,气压可以直接排入大气,对液压制动系统,制动液可以另接管路返回储液室。试验项目和失效形式可根据制动装置的结构确定。每次试验前,制动器应为冷态。允许修正转向盘来保证车辆的行驶方向。

应急制动性能检测要求汽车在空载和满载状态下,在规定的初速度下测量从应急制动操纵始点至车辆停住时的制动距离(或平均减速度),应符合表7-3的要求。

应急制动性能要求　　　　表7-3

车辆类型	制动初速度（km/h）	制动距离（m）	充分发出的平均减速度（m/s²）	允许操纵力不大于(N) 手操纵	允许操纵力不大于(N) 脚操纵
乘用车	50	≤38.0	≥2.9	400	500
客车	30	≤18.0	≥2.5	600	700
其他汽车(三轮车除外)	30	≤20.0	≥2.2	600	700

五、制动效能恒定性的检测

GB 12676—1999《汽车制动系统结构、性能和试验方法》中将制动效能恒定性的检测称为行车制动系统Ⅰ型试验,试验在满载条件进行。

试验前应对制动器进行加热。通常加热方法是,接合发动机,变速器置于最高挡(超速挡除外),将车速加速到至最高车速的80%时,以3m/s² 减速度将车速降低至初速度的一半为止,如此循环15次或20次后,在60s内将试验车辆迅速加速至行车制动性能试验(称为行车制动系统O型试验)要求的制动初速度,脱开发动机,进行制动试验。

要求热制动性能不得低于该类车辆规定值的80%,也不得低于发动机脱开的O型试验中所实测性能的60%。

六、制动方向稳定性的检测

制动方向稳定性通常用行车制动系统O型试验过程中机动车的任何部位(不计入车宽的部位除外)是否超出规定宽度的试验通道边缘线来检测。为保证制动时的方向稳定性,GB 7258—2004《机动车运行安全技术条件》要求制动过程中车轮不能抱死(当车速低于15km/h时,允许车轮抱死),要满足该要求,汽车必须要装备防抱制动系统(Anti-lock Braking System,简称ABS)。

ABS是在汽车原有制动系统上附加的一种制动控制装置,它在制动过程中根据"车辆—路面"状况,通过自动调节车轮的制动力矩来达到防止车轮抱死的目的。GB/T 13594—2003《机动车和挂车防抱制动性能和试验方法》规定了装备于汽车的防抱制动系统的性能要求和试验方法。其中,ABS的试验路面包括高附着系数路面(G路面,$F_G \geq 0.5$)、低附着系数路面(D路面,$K_D < 0.5$)、对开路面(DK路面,即高、低附着系数路面各占试验通道一半)、对接路面(DJ路面,即高、低附着系数路面分别在试验通道的前后程)四种类型。ABS的试验项目包括防抱系统指示灯检查、剩余制动效能试验、防抱系统特征校核试验、附着系数利用率试验、对开路面上的适应性及制动因数试验、对接路面上的适应性试验、能耗试验和抗电磁场干扰试验八项。

进行防抱系统特征校核试验时,车辆以较低的初速度和以较高的初速度在"G"、"D"两种路面上各做四次紧急制动,直到车辆停止,要求由ABS直接控制的车轮不应抱死,车辆任何部分不许超出试验通道。

附着系数利用率ε试验分别在"D"、"G"两种路面上进行。试验时,首先确定仅制动车辆一根车轴、且ABS不工作时的最大制动因数,通常测定当切除后轴制动器使其不起作用,车辆紧急制动时,车速从40km/h减速到20km/h时所经历的时间$t(s)$来计算制动因数Z。

$$Z = \frac{0.6}{t} \tag{7-7}$$

逐渐增加制动管路压力进行多次制动,找出最大制动因数Z_m,并计算附着系数峰值K。

$$K = \frac{Z_m F_m - 0.015 F_{m2}}{F_{m1} + \frac{H}{L} Z_m F_m} \tag{7-8}$$

式中:F_m——静法向力总和,N;

F_{m1}——前轴静法向力,N;

F_{m2}——后轴静法向力,N;

H——车辆质心高度,m;

L——轴距,m。

然后重新连接好 ABS,并使各轴制动器正常工作,测量车辆在相应路面上进行紧急制动时,车速从 40km/h 减速到 20km/h 所经历的时间 $t(s)$,并按式(7-7)确定装 ABS 车辆的制动因数 Z_{FB},最后并按式(7-9)计算附着系数利用率 ε。

$$\varepsilon = \frac{Z_{FB}}{K} \tag{7-9}$$

通常要求装有一、二类 ABS 的车辆,在"G"路面和"D"路面的附着系数利用率 ε 都应不小于 0.75。

对开路面适应性试验时,装有一、二类 ABS 的车辆,在"DK"路面上,以 50km/h 的初速度紧急制动,制动过程中一侧车轮应在 G 路面,另一侧车轮应在 D 路面上,允许在最初工作的 2s 内转向盘转角在 120°内和在整个试验期间在 240°内修正方向。要求直接控制车轮不应抱死,车辆任何部分不许超出试验通道。

对开路面制动因数试验时,首先按"附着系数利用率 ε 试验"方法分别测出装有一类 ABS 车辆"D"、"G"两种路面上的附着系数峰值 K_G 和 K_D,然后确定车辆在满载状态下在"DK"路面上的最大制动因数 Z_{DK}。

要求车辆在满载状态下的制动因数 Z_{DK} 应满足:

$$\left.\begin{array}{l} Z_{DK} \geqslant \dfrac{0.75(4K_D + K_G)}{5} \\ Z_{DK} \geqslant K_D \end{array}\right\} \tag{7-10}$$

对接路面适应性试验时,装有 ABS 车辆在"DJ"路面上以规定的初速度紧急制动,首先要求当 ABS 在"G"路面上完全起作用时,以高、低两种速度从"G"路面驶往"D"路面,直接控制车轮不应抱死,车辆任何部分不许超出试验通道。然后在"D"路面上紧急制动,当 ABS 在"D"路面完全起作用时,从"D"路面以 (50 ± 5)km/h 的速度驶往"G"路面,要求车辆制动减速度应明显增加,车辆任何部分不许超出试验通道。

七、驻车制动性检测

GB 7258—2004《机动车运行安全技术条件》规定在空载状态下,驻车制动装置应能保证车辆在坡度为 20%(总质量为整备质量的 1.2 倍以下的车辆为 15%),轮胎与地面间的附着系数不小于 0.7 的坡道上正、反两个方向保持固定不动,其时间不少于 5min。对于允许挂接挂车的汽车,其驻车制动装置必须能使汽车列车在满载状态下时能停在坡度为 12% 的坡道(坡道上轮胎与路面间的附着系数不应小于 0.7)上。

检测时手操纵力:座位数小于或等于 9 座的载客汽车应不大于 400N,其他车应不大于 600N;脚操纵时,座位数小于或等于 9 座的载客汽车操纵力应不大于 500N,其他车辆应不大于 700N。

第三节 台试检测制动性能

一、概述

台架试验检测制动性能一般是通过制动试验台测制动力来评价汽车行车制动性能和驻车制动性能。台架检测具有不受外界环境影响、占用场地少、省工省时等优点,但也存在模拟附着条件困难、检测结果重复性较差等缺点。因此,当车辆经台架检测后,对其制动性能有质疑时,可用路试方法进行复检,并以满载路试检测结果为准。随着科学技术的发展,制动试验台的结构与检测精度也在不断完善之中,台试检测制动性能正不断得到广泛应用。

二、制动力

汽车制动力是指控制汽车行驶速度和使汽车停止所需的力。制动力的方向与汽车行驶方向相反,实际上完全由地面提供,故称之为地面制动力。地面制动力越大,制动减速度就越大,制动距离也越短。制动力与制动距离之间的关系由式(7-3)给出。由此可见,制动力是从本质上评价制动性能的重要参数指标。

影响制动力的因素主要有两个方面:一是制动系统本身的结构、材料的影响,如制动器结构、制动鼓尺寸、摩擦副接触面积以及制动蹄片材料等对制动力都有很大影响;二是制动条件的影响,如路面附着条件、操纵力大小等对制动力大小有重要影响。

三、台试检测制动力要求

1. 车辆在制动试验台上测出的制动力要求

车辆在制动试验台上测出的制动力应符合表7-4的要求,对空载检测结果有质疑时,可用表7-4规定的满载检测制动力要求进行检测。空载和满载状态下测试均应满足此要求。在制动力增长全过程中,左右轮制动力与该轴左右轮中制动力大者之比,对前轴不得大于20%,对后轴不得大于24%。

台试检验制动力要求 表7-4

机动车类型	制动力总和与整车质量的百分比		轴制动力与轴荷①的百分比	
	空载	满载	前轴	后轴
三轮汽车	≥45			≥60②
乘用车、总质量不大于3500kg的货车	≥0	≥50	≥60②	≥20②
其他汽车、汽车列车	≥60	≥50	≥60②	
托车			≥60	≥55
轻便摩托车			≥60	≥50

①用平板制动检验台检验乘用车时,应按动态轴荷计算。
②空载和满载状态下测试均应满足此要求。

2. 制动力平衡要求(两轮、边三轮摩托车和轻便摩托车除外)

在制动力增长全过程中同时测得的左右轮制动力差的最大值,与全过程中测得的该轴左右轮最大制动力中大者之比,对前轴不应大于20%,对后轴(及其他轴)在轴制动力不小于该轴轴荷的60%时不应大于24%;当后轴(及其他轴)制动力小于该轴轴荷的60%时,在制动力增长全过程中同时测得的左右轮制动力差的最大值不应大于该轴轴荷的8%。

汽车的制动协调时间,对液压制动的汽车不应大于0.35s,对气压制动的汽车不应大于0.60s;汽车列车和铰接客车、铰接式无轨电车的制动协调时间不应大于0.80s。

汽车车轮阻滞力要求:进行制动力检验时各车轮的阻滞力均不应大于车轮所在轴轴荷的5%。

3. 驻车制动的制动力要求

采用台试检测驻车制动的制动力时,车辆空载,乘坐一名驾驶员,使用驻车制动装置,驻车制动力的总和应不小于该车在测试状态下整车质量的20%;对总质量为整备质量1.2倍以下的车辆,此值为15%。

四、台试检测设备和方法

测量汽车行车制动力和驻车制动力通常在制动试验台上进行。目前常用的制动试验台有两种,即滚筒式制动检测台和平板式制动检测台,两者都可用来测量汽车制动力。

1. 滚筒式制动检测台

1)滚筒式制动检测台结构与工作原理

图7-1所示为滚筒式制动检测台制动力测量方法示意图。将被检汽车在车轮2置于两个滚筒1上,用电动机3通过减速器驱动滚筒再带动车轮旋转,当车辆制动时,车轮给滚筒1一个与旋转方向相反的力,该力通过电动机3、杠杆5传给测力秤4,从而测量出了车轮的制动力。试验台主要由制动力承受装置、驱动装置、制动力检测装置和制动力指示装置组成。

制动力承受装置由两副滚筒组成,每副滚筒有一个主动滚筒和一个从动滚筒。滚筒用碳钢制成,滚筒的外圆周上加工成各种形式的粗糙表面,以增加车轮与滚筒间的附着系数。常见的有表面加工出矩形槽滚筒、表面粘砂滚筒、表面烧结滚筒等。这些滚筒表面附着系数均达到0.7以上。两副滚筒分别用轴承安装在试验台架上,在两滚筒之间装有举升器(举升器可采用气压式或滚压式,当车辆驶入、驶出时,举升缸将托板举起,使车轮平稳驶入、驶出两滚筒之间,减少冲击)。

驱动装置由电动机、减速器和传动链条等组成。电动机的转动经减速器内一对蜗轮蜗杆副和一对直齿轮副的两级减速后传给主动滚筒;主动滚筒通过链条带动从动滚筒旋转。减速器壳体为浮动连接,能绕滚筒轴转动。

制动力检测装置由测力臂和检测机构等组成。检测机构的形式很多,如自整角电机式(即同步电动机式)、电位计式、差动变压器式和应变片式等。自整角电动机式的检测装置如图7-2所示,可以看出,自整角电动机前端的小齿轮13与固定在测力臂11上的齿条3啮合,

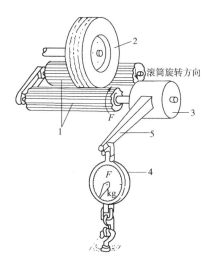

图7-1 制动力的测量方法示意图
1-滚筒;2-车轮;3-电动机;4-测力秤;5-杠杆

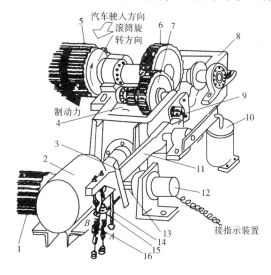

图7-2 自整角电动机式测量装置
1-滚筒;2-电动机;3-齿条;4-1级减速齿轮;5-滚筒;6-2级减速齿轮;7-齿轮;8-减速器壳;9-测力刀口;10-缓冲器;11-测力臂;12-自整角电动机;13-小齿轮;14-限位杆;15-测力弹簧(A);16-测力弹簧(B)

因而自整角电动机能根据测力臂绕支点的上、下摆动变为回转运动而产生电信号,并把同样大小的电信号传递给指示装置。

制动力指示装置是将制动力检测装置传递来的信号以指针(模拟)或数字方式显示出来,显示结果通常有两种形式:一种是直接指示左、右车轮制动力,同一轴左、右车轮制动力之和以及制动力之差由人工计算得到;另一种是由计算机采集信号处理后,直接以数字方式显示出左、右轮制动力之和及两车轮制动力之差,也可以算出左、右车轮制动力之和及制动力之差与被检车辆该轴轴荷之比,并根据国家标准对制动力的要求作出判断,直接显示合格与否。

测试时,机动车轮由制动试验台的滚筒驱动,当车轮制动时,由于车轮制动器的作用(制动蹄将制动鼓抱住),车轮受到了与试验台滚筒驱动力相反的制动摩擦力矩的作用,车轮出现停转,滚筒的转动阻力增加,车轮给主动滚筒施加了一个与其旋转方向相反的切向摩擦阻力(即制动力),该阻力使主动滚筒停转;与此同时,车轮开始离开从动滚筒,车轮作用力全部由主动滚筒承担。由于主动滚筒是通过电动机→蜗轮蜗杆副—齿轮副驱动旋转的,并因为减速器壳体是支撑在主动滚筒轴端的;因此,车轮与主动滚筒的切向摩擦阻力就成为迫使减速器壳体绕主动滚筒轴线偏转的作用力,这个作用力通过测力臂等部件后,被测力弹簧所平衡,与此同时,减速器壳体偏转的作用力驱动测力臂转动,而测力臂的转动又带动齿条移动,齿条再推动小齿轮转动。也就是说,车轮制动力的大小值被测量装置转换成了小齿轮轴的偏转角度,小齿轮与自整角电动机的转子同轴,这样,迫使减速器壳体偏转的作用力通过测量装置就变成了自整角电动机转子的转动。而且制动试验台指示装置的仪表上的自整角电动机接收的转角信号与测量装置上的自整角电动机输出的转角信号同步;因此,在仪表上就显示出车轮与主动滚筒的切向摩擦阻力的数值,也就反映出车轮制动力的大小。

制动试验使用的传感器大多用自整角电动机、差动变压器和电阻应变片式压力传感器。它们的工作原理分别如下。

(1)自整角电动机测量装置的工作原理。自整角电动机用于两轴以同角度旋转的场合,将交流电源分别接在产生信号和接收信号的两个自整角电动机的转子线圈上,定子线圈的3个接线柱分别对应相连,其中一个电动机的转子只要一旋转,另一个电动机的转子也将随着进行等角度旋转。

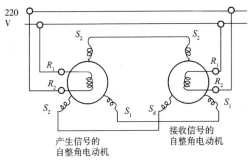

图 7-3 自整角电动机电路原理图

如图 7-3 所示,自整角电动机测量装置一般由产生信号的自整角电动机和接受信号的自整角电动机所组成,前者安装在试验台的测量装置中,后者安装在试验台指示装置中。在测试车轮制动力时,产生信号的自整角电动机由安装在其轴端的小齿轮带动,转动一定的角度(由车轮制动力的大小所决定),并将同样大小的电信号传递给指示装置接收信号的自整角电动机,再由接收信号的自整角电动机将电信号转换成指示信号,通过显示仪表将所测的制动力显示出来。

(2)差动变压器测量装置的工作原理。差动变压器测量装置安装在制动试验台的测量装置上,当测量装置的测力臂摆动量传给差动变压器的触点,带动变压器线圈内的磁芯移动,磁芯移动便产生电量变化,这个电量变化的大小随测力臂的摆动量而变化,即随车轮制动力的大小而变化;同时,将这个电量变化传给指示装置。

差动变压器的电路如图7-4所示。在初级线圈和次级线圈中插有一根铁芯,初级线圈中接通交流电源,当铁芯移动时,次级线圈中就会产生与铁芯移动量相对应的电压变化,该电压变化可在指示计(电压表)上指示出来。

(3)电阻应变压力传感器测量装置的工作原理。电阻应变压力传感器测量装置中的应变片是一种随拉力(或压力)发生变形而改变电阻值的元件,应变片粘贴在传感器中的弹性元件上,当弹性元件受试验台测力臂的作用力(制动力)后,弹性元件与应变片产生变形,致使应变片的电阻值发生变化(图7-5)。由应变片组成的电桥电路将电阻变化转换与之成比例的电压信号,再经放大电路放大后传递给指示仪表,直接指示制动力示值,如图7-6所示。

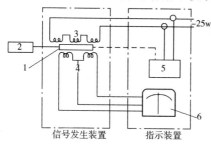
图7-4 差动变压器电路图
1-铁芯;2-滑动板;3-初级线圈;4-次级线圈;5-蜂鸣器;6-指示计

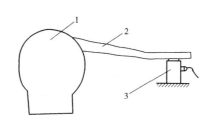
图7-5 电阻应变压力传感器测量装置工作原理
1-减速箱;2-测力臂;3-电阻应变压力传感器

2)滚筒式制动试验台的使用方法

在使用前,应认真阅读试验台的使用说明书,并对被检车辆轮胎气压进行检查,使之符合厂方规定;同时,检查轮胎表面是否沾有水、油污以及轮胎花纹内是否嵌有异物,以便及时清理干净。试验时,汽车以垂直于滚筒的方向驶入试验台,分别让前、后车轮落在滚筒间(图7-7),将变速器的变速杆换入空挡,发动机熄火,并用挡块(俗称三角木)抵住位于试验台滚筒之外的一对车轮的后方,以防止车轮在检测时,从试验台向后方滑出。起动电动机,使滚筒带动车轮转动。然后缓缓将制动踏板踏到底,读取制动过程中的前、后轮的最大制动力值。

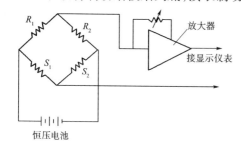
图7-6 电桥电路(应变片的变形测量)

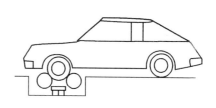
图7-7 试验时车轮位置

2. 平板式制动检测台

1)平板式制动检测台的结构与工作原理

平板式制动检测台是20世纪80年代发展起来的检测设备,它凭借汽车在测试平板上的实际紧急制动过程来测定汽车前、后轴制动力,因此能比较客观地反映汽车制动器产生制动力的大小,正确评价汽车的制动性能。

平板式制动检测台主要由测试平板、控制柜和踏板力计等构成,如图7-8所示。

测试平板是制动力和垂直力的承受与传递装置,其结构如图7-9所示。

面板为一长方形钢板,其下表面四个角上安置四个压力传感器4,压力传感器底部加工成

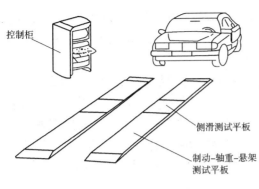

图7-8 平板式检测设备

可以放置钢珠的纵向V形沟槽,底板2与压力传感器底部的纵向沟槽对应处也加式有四条可以放置钢珠的纵向沟槽。这样,面板既可以通过钢珠在底板上沿纵向移动,又可以通过钢珠将作用于面板上的垂直力传递到底板上。此外,面板还经过一个装有拉力传感器5的纵向拉杆固结在底板上。当汽车行驶到四块测试平板上进行制动时,这些压力传感器和拉力传感器就能同时测出每个车轮作用于测试平板上的制动力与垂直力。根据用户的不同要求,平板制动检测台有多种的组合形式。如要求逐桥检测,可选择两块测试平板的组合形式;为提高检测效率,也可以用将制动-轴重-侧滑-悬架测试融为一体的综合式平板测试台,如图7-10所示。

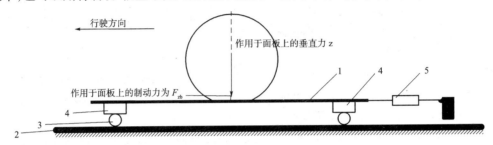

图7-9 制动-轴重-悬架测试平板结构示意图
1-面板;2-底板;3-钢珠;4-压力传感器;5-拉力传感器

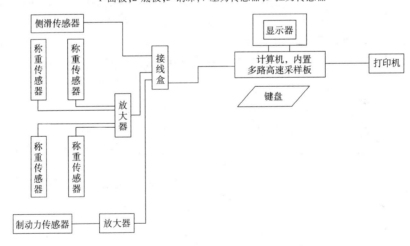

图7-10 VAMAG平板式检测台的组成

为提高面板的附着系数,面板上焊有网状钢板,试验表明其附着系数可达到1.1以上。

控制柜包括数据采集系统、计算机、键盘打印机、显示器及遥控接收模块等。数据采集系统即多路信号采集转换板,它对平板检测中各路传感器的输出信号进行高速采样,并将其转换为数字信号,计算机对这些数字信号加以处理计算,最终得到被检测汽车的制动力、轴重、侧滑等各类数据结果,当测试软件需要修改(如检测判定标准改变)时,可以通过键盘进行测试软件的操作。显示器主要用于显示检测结果,如制动力和轴荷变化过程曲线、提示被检车辆的驾驶员进行相应的操作、显示在数据库中存储的被检车辆的检测结果以及在进行系统检定时,实时显示系统输出数字量及对应物理量的示值。打印机可打印各类检测数据报告单。遥控接收模块是用来接收遥控器发射的信号、控制软件流程,实现遥控功能。图 7-10 中的框图简要地描述了意大利生产的 VAMAG 平板式检测台的组成。

踏板压力计是用于测量制动时制动踏板力的装置,除常见的有线式以外,还有红外线式和无线式等。测量时,将其固定在汽车制动踏板上方。

检测汽车制动性能时,被检汽车以 5~10km/h 的车速驶上测试平板,引车员根据显示器上提示的信号及时迅速踩下装有制动踏板力计的制动踏板,使车辆在测试平板上制动直至停止。

2) 平板式制动检测台使用方法

检测汽车制动性能时,检测台应处于开机工作状态,被检汽车以 5~10km/h 的速度驶上测试平板,引车员根据显示器上提示的信号及时迅速地踩下装有踏板压力计的制动踏板,使车辆在测试平板上制动直至停车。与此同时,数据采集系统通过各传感器采集制动过程中的全部数据,并经计算机分析处理,在显示器上以数字、图形、曲线形式显示检测结果,最后可用打印机将检测结果打印出来。如果检测台是两块测试板的组合形式,应采用逐桥检测的方式进行,即先检测前桥,接着检测后桥。逐桥检测和四轮同时检测原理上是一样的,但后者能够测出汽车前/后制动力分配比,并且能获得制动过程变化曲线。图 7-11 为某吉普车经检测获得的制动力-时间变化曲线。

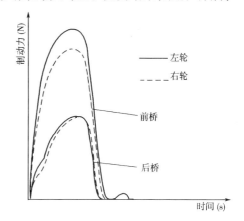

图 7-11 经检测获得的制动力随时间的变化曲线

3) 平板式制动检测台的特点。

(1) 工作原理上的特点。制动检测设备的基本任务是要检测出被检汽车制动器产生的前、后制动力。现代轿车前制动器产生的制动力大体上占汽车总制动器制动力的 80% 左右,约为前轴静载荷的 120%。制动检测台要测出如此大的前轴制动力,要求前轮与检测台的测试面板的接触面处能产生足够大的切向反作用 F_{xb},即要求有足够大的轮胎-测试面板附着力。附着力 $F_\phi = Z\phi$,式中 Z 为轮胎作用于面板的垂直力,ϕ 为附着系数。要满足 $F_\phi \geqslant F_{xb}$,即 $Z\phi \geqslant F_{xb}$ 的条件,就应有足够大的垂直力和附着系数。

按静态原理工作的制动检测设备,如滚筒式制动检测台,作用于检测滚筒上的垂直力 Z 大体上等于前轴静载荷 G_1,即 $Z \approx G_1$,$\phi = 1.2 G_1$,即要求轮胎与滚筒附着系数很难超过 0.85。这就是滚筒式制动检测台容易对轿车制动性产生误判的原因所在。而被测车辆在平板式制动检测台高度平板上采用紧急制动方式检测制动性能,基本反映了制动过程的真实情况,尤其能反映由于车辆制动而引起的动态轴荷变化,从而防止了附着性能对制动力检测的影响。实际制动时前轮对地面的垂直压力要比前轮静轴荷大很多,如切诺基汽车当制动减速度为 $0.7g$ 时 $Z = 1.32G_1$;当制动减速度为 $0.8g$ 时,$Z \approx 1.4G_1$。再者轮胎测试面板附着系数达到 1.1 以上。因此,用平板式制动检测台完全可以检测出轿车前轴最大制动器制动力。

(2) 结构性能上的特点。平板式制动检测台结构简单、安装方便,不需专门的混凝土基础,只需用膨胀螺栓将检测台固定在地面上即可。检测速度快,可检测并记录整个制动过程中任一时刻的制动力和轴荷,分析和查找制动器故障极为方便。由于平板式制动检测台可对汽车前后桥制动力同时进行检测,且在检测台上的测试条件和实际车辆制动时的情况基本一致。这样,测试结果能反映前后桥的同步情况和前后制动力的分配,对装有比例阀的车辆制动性能测试更为有利。

思 考 题

1. 如何评价汽车制动性能?
2. 简述制动全过程。
3. 制动力和制动距离有什么关系?
4. 路试检测制动性能主要检测哪些参数?
5. 简述滚筒式制动试验台工作原理。
6. 滚筒式制动试验台测量装置有哪几种?
7. 简述平板式制动试验台工作原理。

第八章 平顺性试验

本章主要介绍汽车悬架系统特性参数的检测原理、方法；平顺性道路试验方法；电液振动试验台结构与试验方法。

第一节 汽车悬架系统的特性参数测定

一、汽车悬架系统刚度、阻尼和惯性参数的测定

通过测定轮胎、悬架、坐垫的弹性特性（载荷与变形的关系曲线），可以求出在规定载荷下轮胎、悬架、坐垫的刚度。由加载、卸载曲线包围的面积，可以确定这些元件的阻尼，由减振器的示功图（即阻力与位移关系曲线）可以得到减振器的阻力系数。

另外还要测量簧载（车身）质量、非簧载（车轮）质量、车身质量分配系数等振动系统惯性方面的参数。通常用称量方法直接测定簧载质量或非簧载质量是不现实的。因为这需要拆卸汽车。同时由于许多零件的质量是在悬架部分和非悬架部分间进行分配的（如弹性元件、转向操作柱杆等）。所以即使拆卸了测量，也只能近似地得到簧载质量或非簧载质量值，通常采用一种不需拆卸汽车悬架而能测出簧载质量或非簧载质量的动力试验方法。

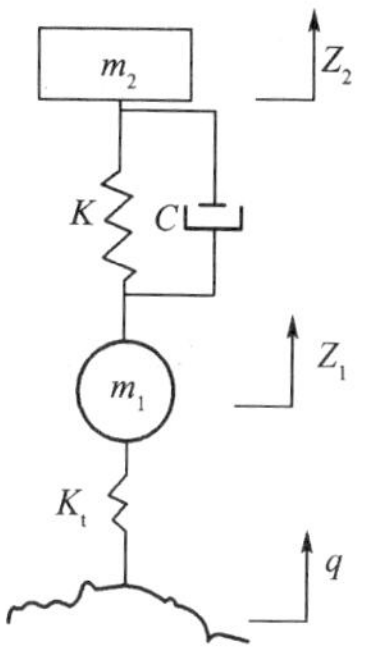

因现代汽车的质量分配系数可近似地认为 $\varepsilon=1$，这样前后悬架系统的垂直振动几乎是独立的。于是可得到如图 8-1 的两自由度汽车简化模型。

图 8-1 两自由度汽车简化模型

汽车运动微分方程为：

$$m_2\ddot{Z}_2 + C(\dot{Z}_2 - \dot{Z}_1) + K(Z_2 - Z_1) = 0$$
$$m_1\ddot{Z}_1 + C(\dot{Z}_1 - \dot{Z}_2) + K(Z_1 - Z_2) + K_t Z_1 = K_t q \tag{8-1}$$

式中：m_2——簧载质量；

m_1——非簧载质量；

K——悬架弹簧刚度；

K_t——轮胎刚度；

C——阻尼器阻力系数。

当无阻尼自由振动时，运动方程变成：

$$m_2\ddot{Z}_2 + KZ_2 - KZ_1 = 0$$
$$m_1\ddot{Z}_1 - KZ_2 + KZ_1 + K_t Z_1 = 0 \tag{8-2}$$

可见 m_2 与 m_1 的振动是互相耦合的。

当 m_1 不动，即 $Z_1 = 0$ 时：

$$m_2\ddot{Z}_2 + KZ_2 = 0 \tag{8-3}$$

相当于只有车身质量 m_2 的单自由度无阻尼自由振动。其固有频率为

$$\omega_0^2 = K/m_2 \tag{8-4}$$

若将辅助质量 Δm 加于簧载质量上,则可得到新的频率值,即

$$\omega_\Delta^2 = K/(m_2 + \Delta m) \tag{8-5}$$

将式(8-5)除以式(8-4),并整理,得

$$m_2 = \frac{\Delta m}{\omega_0^2/\omega_\Delta^2 - 1} \tag{8-6}$$

利用偏频试验方法测定 ω_0、ω_Δ 后。即可求出 m_2 值。

因为簧载质量与非簧载质量之和即为汽车空车质量,因此非簧载质量也可计算出。

二、悬架系统部分固有频率和阻尼比的测定

本方法又称偏频试验,适用于各种类型双轴汽车悬架系统的固有频率和阻尼比测定。测定的参数包括车身部分(簧载质量)的固有频率和阻尼比以及车轮部分(非簧载质量)的固有频率。这三个参数是分析悬架系统振动特性和对汽车平顺性进行研究和评价的基本数据。

试验在汽车满载时进行,根据需要也可补做空载时的试验。试验前称量汽车总质量及前、后轴的质量。悬架弹性元件、减振器和缓冲块应符合技术条件规定。根据需要可补充拆下减振器和拆下缓冲块的试验。轮胎花纹完好,轮胎气压符合技术条件所规定的数值。

振动传感器装在前、后轴和其上方车身或车架相应的位置上。测量仪器的频率范围应能满足 0.3~100Hz 的要求。

试验时可用以下三种方法使汽车悬架系统产生自由衰减振动。

(1)滚下法:将汽车测试端的车轮,沿斜坡驶上凸块(凸块断面如 8-2 所示,横向宽度要保证车轮全部置于凸块上),在熄火停车后,汽车换空挡,再将汽车从凸块上推下,滚下时,应尽量保证左、右轮同时落地。

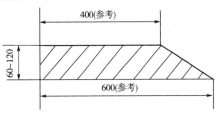

图 8-2 凸块断面图

(2)抛下法:用跌落机构将汽车测试端车轴中部由平衡位置支起 60mm 或 90mm,然后跌落机构释放,汽车测试端突然抛下。

(3)拉下法:用绳索和滑轮装置将汽车测试端车轴附近的车身或车架中部由平衡位置拉下 60mm 或 90mm,然后用松脱器使绳索突然松脱。

试验时,凸块高度、支起高度或下拉的位移量的选择,要保证悬架在压缩行程时不碰撞限位块,又要保证振动幅值足够大。

用记录仪记录车身和车轴上自由衰减振动的时间历程,每次记录时间不少于 3s,保证衰减振动曲线完整,共记录 3~5 次。试验时,非测试端悬架一般不用卡死以限制其振动。在汽车前、后端振动相互联系较强时,非测试端悬架要卡死,但要在报告中注明。数据处理可在时域和频域内分别进行,具体处理时可选择其中一种。

1.时间历程法

由记录得到的车身及车轴上自由衰减振动曲线(图8-3),与时标比较或在信号处理机上读出时间间隔,可以得到车身部分振动周期 T 和车轮部分振动周期 T'。然后按下式算出各部分的固有频率:

$$f_0 = 1/T \tag{8-7}$$
$$f_t = 1/T' \tag{8-8}$$

式中：f_0——车身部分固有频率，Hz；

T——车身部分振动周期，s；

f_t——车轮部分固有频率，Hz；

T'——车轮部分振动周期，s。

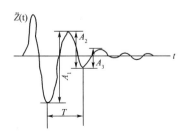 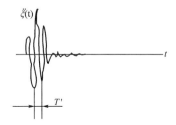

a) 车身部分（可选用截止频率5Hz 　　　b) 车轮部分（可选用截止频率20Hz
　　进行低通滤波）　　　　　　　　　　　　　进行低通滤波）

图 8-3　自由衰减振动曲线

由车身部分振动的半周期衰减率 $\tau = A_1/A_2$（A_1——第二个峰至第三个峰的峰~峰值，A_2——第三个峰至第四个峰的峰~峰值），按下式求出阻尼比 ζ：

$$\zeta = \frac{1}{\sqrt{1 + \frac{\pi^2}{\ln^2 \tau}}} \tag{8-9}$$

式中：π——圆周率；

$\ln$——自然对数。

当阻尼较小时（A_3——第四个峰至第五个峰的峰~峰值，没有突然减小），可用整周期衰减率 $\tau' = A_1/A_3$，按下式求出阻尼比：

$$\zeta = \frac{1}{\sqrt{1 + \frac{4\pi^2}{\ln^2 \tau'}}} \tag{8-10}$$

2. 频率分析法

用磁带记录仪记录车身与车轴上自由衰减振动的加速度信号 $\ddot{Z}_2(t)$ 和 $\ddot{Z}_1(t)$，然后在信号处理机上进行频率分析，处理出车身部分与车轮部分的加速度均方根自谱（图 8-4）。处理时可用截止频率20Hz进行低通滤波，采样时间间隔 Δt 取 20ms，频率分辨率 $\Delta f = 0.05$Hz。

其中，车身部分加速度均方根自谱 $G_{\ddot{Z}_2(f)}$ 的峰值频率即为车身部分固有频率 f_0，车轮部分加速度均方根自谱 $G_{\ddot{Z}_1(f)}$ 的峰值频率为车轮部分固有频率 f_t。

以车轴上加速度信号 $\ddot{Z}_1(t)$ 作为输入，车身上加速度信号 $\ddot{Z}_2(t)$ 作为输出，进行频率响应函数处理得到幅频特性 $|\ddot{Z}_2/\ddot{Z}_1|$（图 8-4）。处理时采样时间间隔 Δt 取 5ms，幅频特性的峰值频率为车轮部分不运动时的车身部分的固有频率 f'_0，它比车身部分的固有频率 f_0 略高一些。

由幅频特性的峰值 A_p，可以近似的按如下公式计算出阻尼比：

$$\zeta = \frac{1}{2\sqrt{A_p^2 - 1}} \tag{8-11}$$

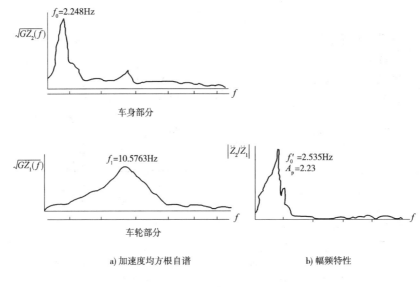

a) 加速度均方根自谱　　　　　b) 幅频特性

图 8-4　频率分析法示例

第二节　道路行驶试验

一、概述

汽车平顺性主要是指保持汽车在行驶过程中产生的振动和冲击环境对乘员舒适性的影响在一定界限之内的性能,对于载货汽车还包括保持货物完好的性能,它是现代高速汽车的主要性能之一。进行平顺性检测的目的是根据乘员主观感觉的舒适性来评价被检车辆的平顺性,同时,通过试验发现它们在平顺性方面存在的问题,探索产生问题的原因。然后在此基础上采取改进措施,使平顺性达到设计要求。

二、基本试验条件

根据试验内容要求,汽车平顺性道路行驶试验可在相当于二级公路或次高级路面的水泥或沥青路以及相当于三级公路或中级路面的砂石路的两种道路上进行,路面应平直、干燥,纵坡不大于1%,长度不小于3km,两端应有30～50m的稳速段;风速不大于5m/s。

汽车各总成、部件、附件及附属装置(包括随车工具与备胎)必须按规定装备齐全,并装在规定的位置上。调整状况应符合该车技术条件的规定。轮胎气压应符合汽车技术条件的规定,误差不超过±10kPa。

试验在额定满载的条件下进行,根据需要可增作半载或空载条件下的试验。测试部位的载荷应为身高(1.70 ± 0.05)m、体重为(65 ± 5)kg的真人,非测试部位的载荷可以用65kg的砂袋代替。汽车载荷应均匀分布,并安放牢固。

测试部位的乘员应全身放松,两手自由地放在大腿上,其中驾驶员的两手自然地置于转向盘上,在试验过程中应保持乘坐姿势不变。一般地,乘员不靠在靠背上,否则在试验报告中应注明。

三、试验项目及规程

1. 随机输入行驶试验

在整个汽车运输中,使用最多的工况是汽车在接近平稳随机的路面上行驶。随机输入行驶试验就是采用平稳随机振动的研究方法,通过测定汽车在随机不平路面上行驶时的振动对乘员及货物的影响,来评价轿车、客车和货车的平顺性。

测人—椅系统仪器的频响范围应为 0.1~100Hz,测货箱的应为 0.3~500Hz。试验车速见表 8-1,至少应进行包括常用车速在内的三个车速下的试验。

试 验 车 速　　　　　表 8-1

车　型	道　路	常用车速(km/h)	试验车速(km/h)
轿车	沥青路	60	30,40,50,60,70(可选作 80)
	砂石路	50	30,40,50,60
客车	沥青路	50	30,40,50,60
货车	砂石路	40	30,40,50

试验时,根据车型分别将加速度传感器安装在轿车的左侧前排和后排座椅上;客车的驾驶员座椅、后轴上方座椅和最后排座椅上;货车的驾驶员座椅上,车箱底板中心及距车箱边板、车箱后板各 300mm 处。其中,安装在座椅上的加速度传感器应能测纵向和横向(前后方向和左右方向)三个方向的加速度时间历程。传感器应与人体紧密接触,一般,在人体与座椅间放入一结构形式如图 8-5 的安装传感器的垫盘。

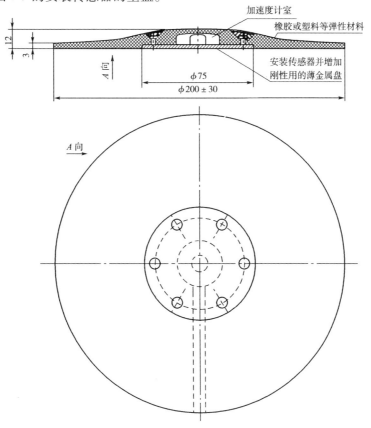

图 8-5　安装传感器用垫盘的结构图

试验时,汽车在稳速段内以规定的车速稳定行驶,然后以该稳定车速匀速地驶过试验路段,记录各测量点的加速度时间历程(样本记录长度不小于3min)和平均行驶车速。

处理试验数据时,对人—椅系统推荐采用下列参数:截断频率 $f_c = 100\text{Hz}$;采样时间间隔 $\Delta t = 0.005\text{s}$;分辨带宽 $\Delta f = 0.1953\text{Hz}$;独立样本个数 $q \geq 25$;使用窗函数。对车箱,建议截断频率 $f_c = 500\text{Hz}$,其他参数亦可作相应改变。

对于人体振动的评价仅用总加权加速度均方根值 a_v,对于车箱底板及车轴上可采用该处的加速度均方根值和加速度功率谱密度函数来共同评价。

加速度功率谱密度函数是根据记录的加速度时间历程 $a(t)$,由等带宽频谱分析得到。而加权加速度均方根值 a_v 是按振动方向,根据人体对振动频率的敏感程度而进行计算的。具体计算方法是先分别计算出各振动轴向的加权加速度均方根值 a_{wj},再计算总的加权加速度均方根值。

(1)单轴向加权加速度均方根值 a_{wj} 的计算,计算方法有两种:

①对记录的加速度时间历程 $a_j(t)$,通过相应频率加权函数 $W(f)$ 的滤波网络得到加权加速度历程 $a_{wj}(t)$,再按下式计算加权加速度均方根值 a_{wj}:

$$a_{wj} = \left[\frac{1}{T}\int_0^T a_{wj}^2(t)\,dt\right]^{1/2} \tag{8-12}$$

式中:T——振动的分析时间,一般取120s。

$W(f)$ 为频率加权函数,可用以下公式表示,其中频率 f 的单位为Hz。

$$Z\text{轴向 } W(f) = \begin{cases} 0.5\sqrt{f} & (0.9 < f \leq 4) \\ 1.0 & (4 < f \leq 8) \\ 8/f & (f > 8) \end{cases} \tag{8-13}$$

$$X\text{、}Y\text{轴向 } W(f) = \begin{cases} 1.0 & (0.9 < f \leq 2) \\ 2/f & (f > 2) \end{cases} \tag{8-14}$$

②由等带宽频谱分析得到的加速度自功率谱密度函数 $G_a(f)$ 来计算加权加速度均方根值 a_{wj}。计算过程如下:

先按下式计算1/3倍频带宽加速度均方根谱值 a_j:

$$a_j = \left[\int_{f_{lj}}^{f_{uj}} G_a(f)\,df\right]^{1/2} \tag{8-15}$$

式中:f_{uj},f_{lj}——分别是1/3倍频带的中心频率为 f_j 的上下限,Hz。

然后计算各轴向加权加速度均方根值 a_{wj}:

$$a_{wj} = \left[\sum(W_j \cdot a_j)^2\right]^{1/2} \tag{8-16}$$

式中:W_j——第 j 个1/3倍频带的频率加权函数。

(2)三个方向总的加权加速度均方根值 a_{wo},按下式计算:

$$a_{wo} = \sqrt{(1.4a_{xw})^2 + (1.4a_{yw})^2 + a_{zw}^2} \tag{8-17}$$

式中:a_{xw}——前后方向(即 X 轴向)的加权加速度均方根值,m/s^2;

a_{yw}——左右方向(即 Y 轴向)的加权加速度均方根值,m/s^2;

a_{zw}——垂直方向(即 Z 轴向)的加权加速度均方根值,m/s^2。

有些"人体振动测量仪"采用加权振级 L_{aw},计算公式如下:

$$L_{aw} = 20\lg(a_w/a_0) \tag{8-18}$$

式中：$a_0 = 10^{-6} \text{m/s}^2$——参考加速度均方根值。

2. 脉冲输入行驶试验

汽车在公路上行驶时,有时会遇到石块、凹坑、铺装在路面上的管道等障碍物,这些障碍物使路面对汽车的振动输入突然增大。这种脉冲输入虽然出现次数少、作用时间短,但是,立刻会使乘员感到不舒服,严重时会损害乘员的健康或者使运输的货物遭到破坏。脉冲输入行驶试验就是从汽车驶过单凸块时的冲击对乘员及货物影响的角度,来研究汽车振动的这一极端状况的。

为模拟汽车行驶时遇到的障碍物,一般采用木质材料,外包铁皮的单凸块作为脉冲输入。单凸块有三角形(图8-6a)、长坡形(图8-6b)两种形状。凸块的宽度 B 按需要而定,但必须大于轮宽。通常只作三角形凸块的试验,根据需要也可作长坡形凸块的试验。

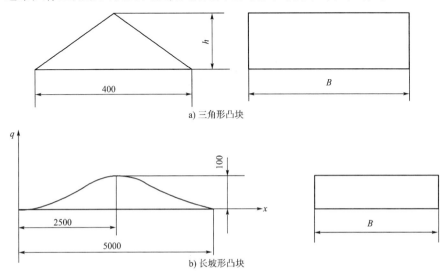

图 8-6 凸块的结构简图

试验时,将凸块放置在试验道路中间,并按汽车轮距调整好两个凸块间的距离。为保证汽车左、右车轮同时驶过凸块,应将两凸块放在与汽车行驶方向垂直的一条线上。

试验车速分别为10km/h、20km/h、30km/h、40km/h、50km/h、60km/h,每种车速的试验次数不得少于8次。当汽车行驶到距凸块50m远时车速应稳定在试验车速上,而后以稳定的试验车速驶过凸块,同时用磁带记录器记录汽车振动的全过程,待汽车驶过凸块并冲击响应消失后,停止记录。测试系统应适宜于冲击测量,其性能应稳定、可靠、频响范围为 0.3~1000Hz,其中加速度传感器的量程不得小于10g。当采用信号处理机进行数据处理时,要求采样时间间隔 $\Delta t \leq 0.005s$。

汽车脉冲输入试验用响应的最大加速度值 $\ddot{Z}_{\max}$ 与车速 v 的关系曲线(也称车速特性量) $\ddot{Z}_{\max}$—v 或加权加速度4次方根值方法——振动剂量值(VDV)作为评价指标。其中,乘员的舒适性用乘员坐垫上传递给乘员的 $\ddot{Z}_{\max}$—v 来评价。座椅底部地板、车箱的平顺性,分别用该处的 $\ddot{Z}_{\max}$—v 来评价。

响应的最大加速度值 $\ddot{Z}_{\max}$ 为该车速下各次试验的加速度最大值的算术平均值。

利用加权加速度4次方根值方法能更好地估计偶尔遇到过大的脉冲引起的高峰值系数振

动对人体的影响,其中振动剂量值为

$$VDV = \left[\int_0^T a_w^4(t)\,dt\right]^{1/4} / ms^{-1.75} \tag{8-19}$$

四、客车平顺性评价指标及限值

1. 评价指标

用测点位置垂直振动的等效均值 L_{eq} 来评价客车平顺性,即

$$L_{eq} = 20\log\frac{\sigma_W}{10^{-6}} \tag{8-20}$$

式中:L_{eq}——等效均值,dB;

σ_W——一定测量时间内的加权加速度均方根,m/s²。

2. 评价指标限值

客车平顺性等效均值(L_{Zeq})限值见表8-2。

客车平顺性等效均值限值(单位:dB)　　　　　表8-2

试验车速 (km/h)	城市客车		其他客车	
	空气悬架	其他悬架	空气悬架	其他悬架
30	≤106.0	≤115.0	—	—
60	—	—	≤110.0	≤112.5
90	—	—	≤113.0	≤115.0

注:1. 悬架为驾驶员同侧后桥(驱动桥)正上方的悬架。

2. 单位 dB(分贝)。

五、试验仪器与设备

汽车平顺性试验需要采集各种振动与冲击信号,特别是大量随机振动信号,然后进行平顺性评价指标的处理。其测试仪器系统包括拾振(加速度传感器)、放大(前置放大器)和记录处理(磁带记录仪或直接数据处理设备等)三个主要环节,如图8-7所示。

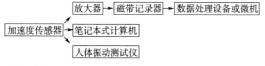

图8-7　测试仪器系统的框图

为了保证记录信号的精度和适应以后进行处理,在测试时要满足以下要求:

(1)记录电平:磁带记录仪一般有10mV左右的噪声电压,记录的信号电压保持在1V左右比较合适,这样可以保证信噪比在40dB以上。

(2)记录时间:根据实测得到的有限长度记录,在数据处理设备上计算出的功率谱等参数,只是所研究参数的估计值,以功率谱为例,其估计值波动的大小用标准化随机误差 ε_r 表示,它与分析带宽 Δf 以及记录时间 T 的关系为

$$\varepsilon_r = \frac{1}{\sqrt{\Delta f \cdot T}} \tag{8-21}$$

在工程上,一般满足 $\varepsilon_r \leq 0.2$ 即可。如当选择分析带宽 $\Delta f = 0.2$Hz 时,可以求出需要的记录时间 $T = 125$s。

1. 加速度传感器

在汽车平顺性试验中，广泛使用的压电式加速度传感器。其特点是尺寸小、结构简单、质量轻、工作可靠、测量频率范围宽、具有良好的物理特性和环境特性。压电传感器的工作原理是以某些物质的压电效应为基础的。某些电介质物体，在沿一定方向对其施加压力或拉力而使之变形时，在它们的表面上会产生电荷，当将外力去掉时，它们又重新回到不带电的状态，这种现象，就称为压电效应。具有这种压电效应的物体称为压电材料或压电元件。常见的压电材料有压电晶体（如石英晶体等）和压电陶瓷（如钛酸钡、锆钛酸铅等）两类。

由于外力作用而在压电材料上产生的电荷只有在无泄漏的情况下才能保存，即需要测量回路具有无限大的输入阻抗。这实际上是不可能的。因此压电传感器不能用于静态测量。而在交变力的作用下，电荷可以不断补充，可以供给测量回路以一定的电流，故压电传感器适宜于动态测量。一般其工作频率的下限为 0.2 ～ 0.3Hz。

现用的压电加速度传感器有三种结构，如图 8-8 所示，其中，图 8-8a) 是中心压缩式；图 8-8b) 是环形剪切式；图 8-8c) 是三角剪切式。

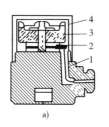 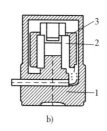 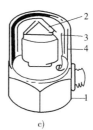

图 8-8 压电加速度传感器
a) 中心压缩式：1-基座；2-压电晶体；3-质量；4-弹簧
b) 环形剪切式：1-基座；2-压电晶体；3-质量
c) 三角剪切式：1-基座；2-压电晶体；3-质量；4-锁紧环

基本工作原理是在压电晶体上固定一质量块，当传感器受到振动加速度时，质量块产生的惯性力作用在压电晶体上，使压电晶体的表面产生电荷。由于质量块的质量是恒定的，所以电荷量的大小与外界的加速度成正比。剪切型加速度传感器比压缩式具有更好的环境特性和低频特性，已成为目前主要的结构形式。

压电传感器的主要技术指标有：

(1) 电荷灵敏度：加速度计受单位加速度值产生的电荷量。

(2) 电压灵敏度：加速度计开路时，受单位加速度值时输出的电压值。

(3) 横向灵敏度：加速度作用在垂直于加速度计主轴线平面的灵敏度。由于加速度计具有横向灵敏度，因此，其输出不仅反映主轴线方向加速度，而且也包括了横向加速度，为提高测量精度，要求横向灵敏度越小越好。

(4) 频率特性：一般是指加速度计的振幅频率响应特性，加速度计固有频率决定了加速度计的使用频率范围。通常几何尺寸小的加速度计具有较高的固有频率，使用频率范围较宽。

(5) 温度瞬变灵敏度：指温度变化 1℃ 时产生的加速度变化，通常由晶体元件决定的。

(6) 基座灵敏度：由于安装使加速度计基座产生应变造成的附加输出。

此外，技术指标还有：安装谐振频率、加速度传感器电容（不包括电缆）、最小漏电阻、质量等。一般地，加速度传感器应按振动测试要求、振动体加速度大小、振动频率高低和环境条件（如温度、磁场、噪声等）来选择。

压电式加速度传感器本身的固有频率虽然很高,但使用上限频率还受加速度传感器的安装固定方式的限制。常用的六种安装方法如图8-9所示。

不同的安装方式,连接刚度不同,同一加速度传感器的频响曲线就不同。图8-9a)是用钢螺栓连接,其上限频率约为10000Hz;图8-9b)是用绝缘螺栓加云母垫圈连接,其上限频率约为7000Hz;图8-9c)是用永久磁铁吸住,其上限频率约为3000Hz;图8-9d)是用手持测针按住,其上限频率约为500Hz;图8-9e)是用薄腊层黏结,其上限频率约为5000Hz;图8-9f)是用黏结剂黏结,其上限频率约为7000Hz。

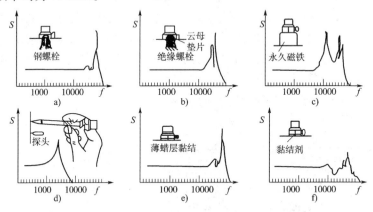

图8-9 加速度传感器安装方法

因此加速度传感器固定在振动体上一定要选择合适的安装方法,否则会增加测量误差,同时,加速度传感器安装时,接触表面必须十分平滑。

2. 前置放大器

压电传感器的前置放大器有两个作用:一是将压电传感器的微弱的输出信号放大;另一作用是把压电传感器的高阻抗输入变换为低阻抗输出。

根据压电材料在传感器中的连接方式不同,压电传感器的输出有电荷和电压两种,相应的前置放大器也有电荷放大器和电压放大器两种。

电压放大器的功用是放大压电式加速度传感器微弱的电压输出信号,并把加速度传感器的高输出阻抗转换成较低值。由于其电路特性,易产生很大的低频误差。并且电缆线的电容量对电压放大线路测试的影响很大,随着电缆种类和长度改变,则输入电压也改变,电压灵敏度也起变化,同时,使用频率下限也要变化。为了保证足够的灵敏度,电缆线不能太长,型号要用低噪声电缆,实际使用时很不方便,所以多采用电荷电大器。电荷放大器一般是由电荷放大级、适调放大级、低通滤波器、输出放大级、过载指示器、复零装置和稳压电源等部分组成。比起电压放大器来,结构复杂、成本高、易损坏。但它有很多优点:

(1)低频性能好。一般电荷放大器的下限频率都可低到0.3Hz。

(2)电荷放大器的输出电压与传感器和电荷放大器之间的连接电缆的电容无关,可进行远距离测量,并且换用不同电缆(但都应是低噪声电缆)时,系统灵敏度不用重新标定。

(3)电荷放大器一般都具有上限频率可调的低通滤波器,可用于消除各种途径产生的高次谐波、振荡、干扰等的影响,以及避免以后对记录数据进行离散数字分析时产生混淆误差。

(4)电荷放大器的适调开关可使不同灵敏度的传感器有归一化的输出,使测量分析非常方便。

(5)电荷放大器在线性度和信噪比方面比电压放大器好。

3. 记录仪器

被测物理量经过传感器检测出所需信号，又经信号的传送与转换后，必须通过记录或显示仪器，以便直接观察分析或供后续仪器对所测信号进行分析、处理。

按记录信号的性质、记录方式可分为模拟记录和数字记录。模拟记录的结果是模拟量，以曲线振幅（电量）的变化来模拟被测量的变化，这种记录可以获得连续的数据，直接显示被测信号的变化情况。数字记录结果是数字，用一列数据给出被测信号量值，这种数据是断续的，且不能直观地看到信号的变化情况，但记录精度高，可直接用数字电子计算机进行数据处理。

模拟记录可用来记录一个物理量的时间历程，也可记录两个物理量之间的函数关系。除了常用的射线示波器以外，常用两大类记录仪器，即显性记录及隐性记录仪器。显性记录后，在记录介质（如纸带、感光带等）上可观察到所测信号的变化情况。这类仪器有各种直写式记录仪及光线示波器等，它们还可分为电位计式和检流计式两种。隐性记录后，在记录介质上不能直接观察到记录波形，这类记录仪有各种磁记录设备（如磁带记录器、磁盘）、光盘等。

4. 数据处理系统

数据处理系统是对试验记录进行统计分析的装置，从发展趋势看，大致可以分为如下两种形式：

（1）用硬件控制专用计算机形成的处理机。它的实时性能最高，处理速度快，但只能做几种固定的处理，一般用于监督或控制振动台系统，例如快速傅里叶信号分析仪等。

（2）PC 及便携式计算机。通常在计算机上安装专用的 A/D 板，将输入的模拟信号转换成数字量，并配置一些数据处理程序，可对测试信号进行处理并输出评价指标。便携式计算机可直接在试验现场实时处理，使用方便。

许多数据处理系统能进行多通道信号的放大、采集、记录和显示，为方便数据的二次开发，有的数据处理系统还可对采集的数据以二进制码或 ASCII 码存盘，因此可替代放大器、磁带机或示波器等设备。

近年来，人体振动测试仪在平顺性评价试验中得到了广泛采用。它对连续的加速度模拟信号 $a(t)$，经模拟 $W(f)$ 频率加权滤波器滤波得到加权的加速度模拟信号 $a_w(t)$，再由模数转换器离散采样数字化为 $a_w(i \times \Delta t)$，然后在幅值域进行均方根值计算，给出加权的加速度均方根值 a_w 或相应的计权振级 L_{aw}。

第三节 台架试验

一、概述

道路模拟试验是 20 世纪 60 年代开始发展起来的一种室内试验技术。随着现代随机理论、控制技术以及计算机的迅猛发展，在室内对整车进行道路模拟试验的方法及设备日趋完善。试验时，将整车或车辆的部分总成、构件置于试验机上，其中对总成或构件的组合和加振的方法，应能尽量正确地再现在实际车辆上产生的现象，而后通过激振机构进行加振。因为这种试验机能够再现汽车实际行驶中所遇到的各种复杂工况，所以称为道路模拟机。在道路模拟机上进行试验的优点是：试验条件恒定；可实施复杂的振动测试；可精确地测定和观察汽车各部分的振动状态。这是道路行驶试验所不具备的，因此日益被广泛采用。

由于平顺性是属低频范围里的振动问题,所以,试验时需要大型的频率低、激振力和振幅均很大的激振设备。激振机构有电磁式振动台和电子液压式振动台两种,通常使用的是电子液压式振动台。除此之外,还可以将近似于各种路面的凹凸板安装在转鼓上,进行车辆振动试验,此方法较接近于车辆前后方向振动输入的实际状况。

二、道路模拟试验机

道路模拟试验机可以比较准确地再现预定路面、预定行驶条件下汽车运动情况,再现振动环境。就功能来说,它可以开展的试验主要有两大类:

(1)汽车振动性能研究:主要是研究汽车本身的振动特性,如汽车平顺性评价、悬架特性研究评价、模态试验等。此类功能的道路模拟机要求激振的幅值不大(20mm左右),但频率范围要足够宽(0~200Hz)。

(2)汽车结构耐久性试验:就是给予汽车以苛刻的路面负载,来达到耐久性试验的目的。一般是以汽车在实际路面行驶时的期望响应点的响应信号为目标,通过迭代再现汽车在实际路面上行驶的响应。该类模拟机激振振幅必须足够大(达到250mm),而激振频率低(0~50Hz)。这种试验对新开发的样车或车身是必须的。

1. 道路模拟试验机的组成

道路模拟试验机按功能可分为五大部分。

1)信号产生系统

信号产生系统主要包括计算机及其外部设备、磁带记录仪、函数发生器等。计算机可以按照预定程序不断发出指令信号,并不断对试件振动情况进行检测,能对随机数据进行分析处理,在建立驱动信号时有迭代逼近的功能。

2)电控系统

电控系统对指令信号加以处理变成电驱动信号,并通过多重闭环严格地控制执行机构,准确地完成各种指令动作。当前电控系统已全部实现数字量控制,并和计算机结合一起共同完成复杂的控制功能。

3)伺服控制系统

伺服控制系统将不断变化的电信号对应地转换成动力液压油的流量及压力输出,主要部件是伺服阀。

4)机械执行系统

由于平顺性是属低频范围里的振动问题,试验时需要大型的频率低而激振力和振幅均很大的激振设备,所以,激振机构常采用电子液压式激振器,其将动力液压油的流量及压力转换成机械运动,通过一定的夹具驱动被试汽车,并将运动情况反馈到电控系统。机械执行系统主要包括作动器、位移传感器、压差传感器、夹具等。

5)动力供给系统

动力供给系统负责提供足够的稳定的液压驱动力。主要包括液压泵站、储能器、分油器、液压管路等。

2. 道路模拟试验机的工作原理

图8-10所示为该试验台的工作原理简图,它有四个电子液压振动装置,即电子液压激振器,汽车的四个车轮直接放在激振器上部的工作台上。

试验时,从油压泵6输出的高压液流,在电子伺服阀3的控制下,进入激振器内双向作用的工作液压缸4,使工作台作上下往复运动。装在激振器柱塞下端的位移传感器5检测所得的位移量,在检测放大器中按正比地转换为电的信号。该信号在校正放大器2C中,与磁带记录仪、函数发生器或其他特定仪器输出的指令信号进行比较和校正形成控制信号,并在校正放大器内放大,然后输入到伺服阀,使激振器的柱塞按指令信号工作。因此,伺服阀、装有柱塞的工作液压缸、位移传感器、检测放大器以及校正放大器便构成一个具有按柱塞位移进行反馈的封闭校正回路。

液压激振器的操纵是借助于磁带记录仪1b.通过放大器2b、遥控台1a和标准信号发生器2a等来实现的。在上述封闭校正回路中起主导作用的是电动液压伺服阀。

激振器工作时所需的高压液流由泵站供给。它除了高压油泵外,还包括贮油池、滤清器和油液冷却器等。高压油泵的功率通常为5~200kW,排量为12~600L/min,供油压力为19600~29400kPa,当要求的排量大时,通常采用多泵同时供油的办法。油泵是由滤清器供给过滤后的油液,而泵腔内的高压油是用高压橡胶导管导入伺服阀,其间还装有滤清器和保证供应瞬间峰值流量的贮油器。汽车振动试验的特点是静载荷大,相对动载荷小。因此采用了贮能器来支撑静载荷,这样可以减少泵站的排量和功率消耗。

3. 道路模拟试验的工作过程

道路模拟技术的基本工作原理是:通过由计算机、信号测量装置和液压伺服系统组成的道路模拟系统再现汽车实际行驶工况的力和运动。其主要过程如图8-11所示。

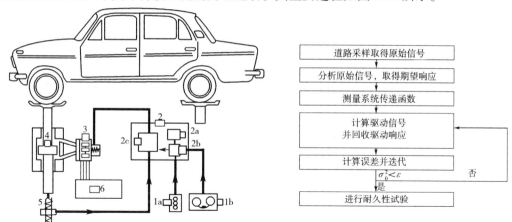

图8-10 道路模拟试验机的工作原理　　图8-11 道路模拟的基本过程

1) 数据采集(也称路面采样)

被试汽车在选择的路段按试验要求行驶,通过传感器、前置放大器和信号记录装置同时记录各期望响应点的控制变量(如加速度、应变等)的时间历程。

2) 数据编辑

将道路上记录的信号输入到计算机,按试验要求所确定的准则对原始信号进行取舍、编辑,从而获得汽车在模拟机上再现路面振动的期望响应信号。

3) 求系统的传递函数

把被试汽车置于道路模拟机上,求出由汽车、传感器、前置放大器、试验台架、电控系统、计算机等组成的系统的传递函数。

4) 导出初始驱动信号

由期望响应信号和系统的传递函数,计算初始驱动信号。

5) 迭代过程

用初始驱动信号激振,同时回收期望响应点的驱动响应信号。将此信号与期望响应信号比较,取得驱动响应的误差函数,该函数与传递函数计算可以得到驱动的误差函数。把此函数乘以小于1的加权系数叠加到初始驱动信号上,获得第一次迭代的驱动信号,用该信号激振汽车,同样可以得到第二次驱动的误差函数,把这次驱动的误差函数又乘以小于1的加权系数叠加到第一次迭代的驱动信号上,得到第二次驱动信号。如此重复,直到回收的响应信号与期望响应信号相比在规定的误差范围内时终止迭代过程。最后一次迭代的驱动信号即是正式的试验驱动信号。一般5~10次即可完成迭代过程。加权系数的选择取决于驱动响应对期望响应的逼近情况,选取时有一定的经验性。正常收敛的迭代过程一般选取系数为0.3~0.6。

6) 程序循环试验

最终驱动信号可存储于计算机里,也可记录在调频磁带记录仪上。计算机或磁带记录仪将驱动信号不断循环地发出,激励汽车振动。

4. 关于道路模拟试验的几个问题

1) 模拟机与汽车的耦合方式

根据道路模拟机对被试车辆的输入结构形式可分为轮耦合和轴耦合两大类。

(1) 轮耦合:在作动器的活塞杆上部有托盘或平面钢带,汽车车轮置于其上,主要模拟道路的垂直冲击振动,适用于研究汽车悬架系统的特性,以及考核汽车的行驶系统和承载系统的可靠性等。

(2) 轴耦合:将汽车车轮去掉,用夹具夹住汽车的轴头,再与作动器连接,该耦合方式可对轴头施加三个方向的载荷,可以模拟驱动力、制动力、侧向力对汽车的影响,适用于对轻型载货汽车和轿车的试验。除一般的整车考核外,能更好地考核汽车钣金件的可靠性。设计夹具时应考虑惯性力和运动干涉等,对夹具的质量和几何尺寸有一定要求。

2) 再现方式

(1) 时间域再现(波形再现):在试验室内严格地再现汽车在采样路面上的时间历程。其特点是能对非平稳随机过程作准确的描述,对被试汽车激振点与响应点之间的线性程度要求较低。由于再现较直观,所以应用比较广泛。

(2) 频率域再现(功率谱模拟):在模拟机上保持汽车的振动功率谱与期望响应的功率谱相同,对具体的时间历程无关紧要。它要求汽车在道路采样时应是平稳的随机过程,激振点与响应点之间的线性程度较好。频率域再现只用于轮胎连接方式中。

(3) 期望响应点(反馈点)位置及控制量。期望响应点是影响驱动信号迭代逼近的速度和模拟精度的重要因素。因此要遵循以下原则:

①期望响应点尽可能接近激振点,能准确地反映被试车辆所受的振动(或力)的输入情况。

②期望响应点的信号大,干扰信号小。

③期望响应点接近试验最感兴趣的部位。

对控制量的选择如下:

①垂直力:来源于路面不平的作用,频率在0.5~40Hz范围内,宜采用加速度进行模拟控制。

②纵向力:来源于汽车驱动力、制动力的作用,低频成分丰富,宜采用应力模拟的控制方式。

③侧向力:来源于汽车转弯和路面横向作用,宜采用应力模拟控制方式。

思 考 题

1. 偏频试验时有几种使汽车悬架系统产生自由衰减振动的方法?数据处理时有几种方法?
2. 如何利用偏频试验来测量汽车的簧载或非簧载质量?
3. 随机输入行驶试验的评价指标有哪些?
4. 脉冲输入行驶试验时,作为脉冲输入的凸块有几种形状?
5. 如何评价汽车驶过单凸块时的平顺性?
6. 平顺性试验的测试仪器系统包括哪些设备?该系统应满足什么要求?
7. 什么是压电效应?压电式加速度计的主要技术指标有哪些?
8. 压电式加速度计的安装方式有哪些?测振范围分别为多少?
9. 电荷放大器的优点有哪些?
10. 简述电子液压振动试验台的结构原理。

第九章 操纵稳定性检测

本章主要介绍汽车操纵稳定性试验条件、试验规程、数据处理方法及仪器设备。

第一节 概 述

汽车操纵稳定性是指在驾驶员不感到过分紧张、疲劳的条件下,汽车能遵循驾驶员通过转向系统及转向车轮给定的方向行驶,且当遭遇外界干扰时,汽车能抵抗干扰而保持稳定行驶的能力。它不仅影响到汽车驾驶的操纵方便程度,而且也是决定高速汽车安全行驶的一个主要性能,因此被称为"高速车辆的生命线"。

汽车操纵稳定性涉及的问题较为广泛,故试验项目比较多。通常汽车操纵稳定性的试验项目有:

(1)室内台架试验,测定并评价有关操纵稳定性的汽车基本特性(质心位置和惯性矩等)。

(2)道路试验,它又可分为两类:

①开路系统试验:通过给定一个特定的与驾驶员操作特性无关的输入,如转向盘位移输入或转向盘力输入,然后观察汽车的输出(运动特性,或称力的响应),来分析和研究汽车的运动特性。国家标准规定的转向盘转角阶跃输入(转向瞬态响应试验)、转向盘转角脉冲输入试验、转向回正性能试验、转向轻便性试验、稳态回转试验等试验项目属于这一类试验方法。它通过测定横摆角速度、侧向加速度等表征性能的物理量来进行客观评价。

②闭路系统试验:它将驾驶员和汽车作为统一的整体,即把汽车作为驾驶员—汽车闭环系统的被控环节,根据整个系统特性的分析和综合,对汽车操纵稳定性进行研究和评价。国家标准规定的操纵稳定性闭路系统试验项目是蛇行试验。这些试验结果不仅反映汽车固有的性能特点,还包括驾驶员自身操作技能在内。故而除了采用客观评价外,通常还要求驾驶员对车辆性能作出主观评价。

第二节 道 路 试 验

一、基本试验条件

试验汽车应是按厂方规定装备齐全的汽车。试验前应测量车轮定位参数,并对转向系统、悬架系统进行检查、调整和紧固。按规定进行润滑。只有认定试验汽车已符合厂方规定的技术条件时,才能进行试验。轮胎和轮辋型式及尺寸,必须符合厂方规定。轮胎冷充气压力须符合该车技术条件的规定,误差不超过 ±10kPa。

试验汽车按试验项目可在厂定最大总质量和轻载两种状态下进行试验。厂定最大总质量为包括试验员、驾驶员及测试仪器质量的汽车总质量。轻载状态是指除了驾驶员、试验员及仪器外,没有其他加载物的状态。对于承载能力小的汽车,如果轻载时的总质量已超过最大总质量的70%,则不必进行轻载状态的试验。轴载质量应符合设计任务书的规定。其中货车装载时,其装载物(推荐用砂袋)应均匀分布于货箱内;客车装载时,其装载物(推荐用砂袋)分布于座椅和地板上。

试验场地应为干燥、平坦而清洁的水泥混凝土或沥青铺装的路面,任意方向上的坡度不大于2%。试验时风速不大于5m/s,大气温度在0~40℃范围内。

常用的测量仪器及设备有车速计、测力转向盘、陀螺仪等。整个测量系统的频带宽度不小于3Hz。常用的测量变量和测量仪器的测量范围及最大误差见表9-1。

测试仪器的精度要求　　　　　　　　表9-1

测量变量	测量范围	测量仪器的最大误差
转向盘转角	±360°	±2°(转角≤180°);±4°(转角>180°)
转向盘力矩	±50N·m;±100N·m	±1N·m;±3N·m
汽车横摆角速度	±50°/s	±0.5°/s
汽车前进速度	0~50m/s	±0.5m/s
车身侧倾角	±15°	±0.15°
汽车质心侧偏角	±15°	±0.5°
汽车侧向加速度	±9.8m/s²	±0.15m/s²

二、闭路系统试验(蛇行试验)

国家标准规定的操纵稳定性闭路系统试验只有一项,即蛇行试验(GB/T 6323.1—1994)。该试验适用于轿车、客车、载货汽车及越野汽车等车型,用以评价汽车的随动性、收敛性、方向操纵轻便性和事故可避性等。

试验时测量的变量有:转向盘转角、横摆角速度、车身侧倾角、汽车通过有效标桩区的时间和侧向加速度。试验基准车速按表9-2的规定。

蛇行试验的基准车速　　　　　　　　表9-2

汽　车　类　型	标桩间距(m)	基准车速(km/h)
轿车、轻型客车及最大总质量≤2.5t 的货车和越野汽车		65
中型客车及最大总质量>2.5t 而≤6t 的载货汽车和越野汽车	30	50
大型客车及最大总质量>6t 而≤15t 的货车和越野汽车		60
特大型客车及最大总质量15t 以上的载货汽车和越野汽车	50	50

在试验场地上按图9-1的形式布置标桩10根。接通仪器电源,使之预热到正常工作温度。试验驾驶员应具有较丰富的驾驶经验。在正式试验前,在试验场地上练习五个往返。

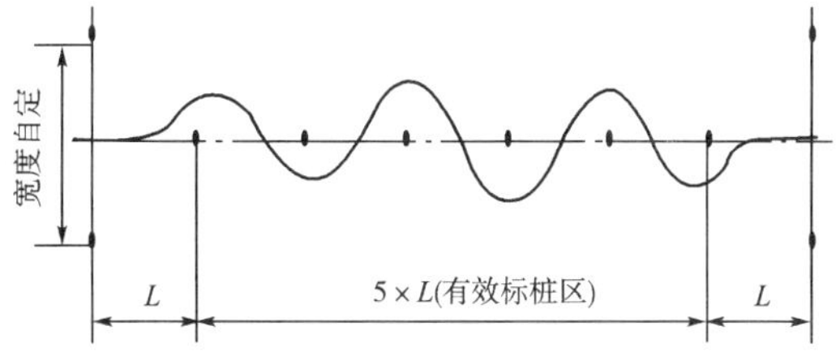

试验汽车以近似基准车速1/2的稳定车速直线行驶,在进入试验区段之前,记录各测量变量的零线,然后蛇行通过试验路段,同时记录各测量变量的时间历程曲线(图9-2)及汽车通过有效标桩区的时间。试验按自行规定的车速间隔,从低到高,每一个车速各进行一次,共十次(撞倒标桩的次数不计在内)。试验最高车速以保证试验安全为原则,自行选定,但试验最高

图9-1　蛇行试验场地示意图

车速不得超过 80km/h。

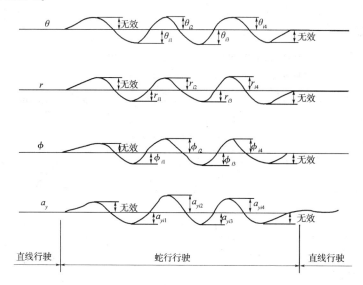

图 9-2 蛇行试验时各变量的时间历程曲线

按下列各式处理试验数据,并拟合画出平均横摆角速度与车速的关系图、平均转向盘转角与车速的关系图、平均车身侧倾角与车速的关系图和平均侧向加速度与车速的关系图。

1. 蛇行车速

汽车蛇行通过有效标桩区间直线距离的平均车速,则称为蛇行车速。按下式计算:

$$v_i = 3.6L(N-1)/t_i \tag{9-1}$$

式中:v_i——第 i 次试验的蛇行车速,km/h;
L——标桩间距离,m;
N——有效标桩区起始至终了标桩数,$N=6$;
t_i——第 i 次试验通过有效标桩区的时间,s。

2. 平均转向盘转角

第 i 次试验平均转向盘转角用下式计算:

$$\theta_i = \frac{1}{4}\sum_{j=1}^{4}|\theta_{ij}| \tag{9-2}$$

式中:θ_i——第 i 次试验平均转向盘转角,(°);
θ_{ij}——在有效标桩区内,转向盘转角时间历程曲线峰值(图 9-2),(°)。

3. 平均横摆角速度

第 i 次试验平均横摆角速度,用下式计算:

$$r_i = \frac{1}{4}\sum_{j=1}^{4}|r_{ij}| \tag{9-3}$$

式中:r_i——第 i 次试验平均横摆角速度,(°)/s;
r_{ij}——在有效标桩区内,横摆角速度时间历程曲线峰值(图 9-2),(°)/s。

4. 平均车身侧倾角

第 i 次试验的平均车身侧倾角,用下式计算:

$$\phi_i = \frac{1}{4}\sum_{j=1}^{4}|\phi_{ij}| \tag{9-4}$$

式中：ϕ_i——第 i 次试验平均车身侧倾角，(°)；
ϕ_{ij}——在有效标桩区内，车身侧倾角时间历程曲线峰值（见图9-2），(°)。

5. 平均侧向加速度

侧向加速度值可用侧向加速度计测量，也可用横摆角速度乘以汽车前进速度来计算得出。用侧向加速度计测量时，其输出轴应与车辆坐标系的 Y 轴（平行于地面，从质心指向驾驶员的左侧）对正或平行，如加速度传感器随车身一起侧倾较大时，应按下式修正：

$$a_y = \frac{\bar{a}_y - g \cdot \sin\phi}{\cos\phi} \tag{9-5}$$

式中：a_y——真实的侧向加速度值，m/s^2；
$\bar{a}_y$——加速度传感器指示的侧向加速度值，m/s^2；
g——重力加速度，m/s^2；
ϕ——车身侧倾角，(°)。

第 i 次试验的平均侧向加速度，用下式计算：

$$a_{yi} = \frac{1}{4}\sum_{j=1}^{4} |a_{yij}| \tag{9-6}$$

式中：a_{yi}——第 i 次试验平均侧向加速度，m/s^2；
a_{yij}——在有效标桩区内，侧向加速度时间历程曲线峰值（图9-2），m/s^2。

三、操纵稳定性开路系统试验

1. 转向盘转角阶跃输入

本项试验属于转向瞬态响应试验，用于测定从转向盘转角阶跃输入开始，到所测变量达到新稳态值为止，这一段时间内汽车的瞬态响应过程。GB/T 6323.2—1994 规定该试验与其他瞬态响应试验一起，共同评价轿车、客车、货车及越野汽车等车辆的动态特性。试验时测量的变量有：汽车前进速度、转向盘转角、横摆角速度、侧向加速度、车身侧倾角和汽车质心侧偏角。

汽车转向盘自由行程在直线行驶时不大于 ±10°，必要时应进行调整。试验车速按试验车最高车速的 70% 并四舍五入为 10 的整数倍确定。

试验前，在停车状态下记录车速零线，然后，汽车以试验车速直线行驶，先按输入方向轻轻靠紧转向盘，消除转向盘自由行程并开始记录各测量变量的零线，经过 0.2～0.5s，以尽快的速度（起跃时间不大于 0.2s 或起跃速度不低于 200°/s）转动转向盘，使其达到预先选好的位置，并固定转向盘数秒，同时保持车速不变，待所测变量过渡到新稳态值，停止记录。试验中转向盘预选位置（输入角）按稳态侧向加速度值 1～3m/s^2 确定，试验从 1 m/s^2 侧向加速度做起，每间隔 0.5 m/s^2 进行一次试验。试验应向右转与向左转两个方向进行，可以两个方向交替进行，也可以先连续地进行一个方向的试验，然后再进行另一个方向的试验。

根据不同侧向加速度下的试验数据，拟合画出以下各曲线：①横摆角速度响应时间与稳态侧向加速度的关系图；②侧向加速度稳态响应与转向盘转角的关系图；③横摆角速度稳态响应与转向盘转角的关系图；④侧向加速度响应时间与稳态侧向加速度的关系图；⑤汽车质心侧偏角与稳态侧向加速度的关系图；⑥"汽车因素"与稳态侧向加速度的关系图；⑦横摆角速度总方差与稳态侧向加速度的关系图；⑧侧向加速度总方差与稳态侧向加速度的关系图。其中①为基本关系图，其他为推荐获得的关系图。

然后,记录下侧向加速度为 2 m/s² 的横摆角速度响应时间、横摆角速度峰值响应时间、横摆角速度超调量、侧向加速度响应时间、横摆角速度总方差、侧向加速度总方差、"汽车因素"TB。其中横摆角速度响应时间为基本评价指标,其他为争取获得的评价指标。

响应时间是以转向盘转角达到终值的 50% 的时刻作为时间坐标原点,到所测变量过渡到新稳态值 90% 所需的时间称为响应时间。横摆角速度响应时间和侧向加速度响应时间如图 9-3 所示。横摆角速度峰值响应时间是从以转向盘转角达到终值的 50% 时刻为时间坐标原点开始,到所测变量响应达到其第一个峰值为止的时间。如不出现峰值,应在试验报告中加以说明。

侧向加速度值可用侧向加速度计测量,也可用横摆角速度乘以汽车前进速度来计算得出。用侧向加速度计测量时,其输出轴应与车辆坐标系的 Y 轴(平行于地面,从质心指向驾驶员的左侧)对正或平行,如加速度传感器随车身一起侧倾较大时,应按式(9-5)修正。

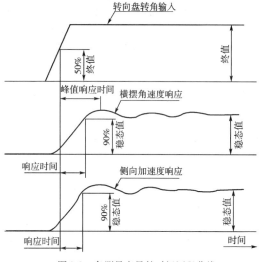

图 9-3 各测量变量的时间历程曲线

横摆角速度超调量(图 9-3)由下式求得:

$$\sigma = \frac{r_{\max} - r_0}{r_0} \times 100\% \tag{9-7}$$

式中:σ——横摆角速度超调量,%;
$\quad r_0$——横摆角速度响应稳态值,(°)/s;
$\quad r_{\max}$——横摆角速度响应最大值,(°)/s。

横摆角速度总方差用下式求得:

$$E_r = \sum_{i=0}^{n} \left(\frac{\theta_i}{\theta_0} - \frac{r_i}{r_0} \right)^2 \cdot \Delta t \tag{9-8}$$

式中:E_r——横摆角速度总方差,s;
$\quad \theta_i$——转向盘转角输入的瞬时值,(°);
$\quad r_i$——汽车横摆角速度输出的瞬时值,(°)/s;
$\quad \theta_0$——转向盘转角输入的稳态值,(°);
$\quad r_0$——汽车横摆角速度输出的稳态值,(°)/s;
$\quad n$——采样点数,取至汽车横摆角速度响应达新稳态值为止;
$\quad \Delta t$——采样时间间隔,不应大于 0.2s。

侧向加速度总方差用下式计算:

$$E_{ay} = \sum_{i=0}^{n} \left(\frac{\theta_i}{\theta_0} - \frac{a_{yi}}{a_{y0}} \right)^2 \cdot \Delta t \tag{9-9}$$

式中:E_{ay}——侧向加速度总方差,s;
$\quad a_{yi}$——侧向加速度的瞬时值,m/s²;
$\quad a_{y0}$——侧向加速度的稳态值,m/s²。

"汽车因素"TB 由汽车横摆角速度峰值响应时间与汽车质心稳态侧偏角的乘积求得。

2. 转向盘转角脉冲输入试验

本项试验也属于转向瞬态响应试验，用于测定从转向盘转角脉冲输入开始，到所测变量达到新稳态值为止，这一段时间内汽车的瞬态响应过程。GB/T 6323.3—1994 规定该试验与其他瞬态响应试验一起，共同评价轿车、客车、载货汽车及越野汽车等车型的动态特性。测量的变量有汽车前进速度、转向盘转角、汽车侧向加速度和汽车横摆角速度。

汽车转向盘自由行程在直线行驶时不大于 ±10°，必要时应进行调整。试验车速为试验汽车最高车速的 70%，并四舍五入为 10 的整数倍。

汽车以试验车速直线行驶，使其横摆角速度为 $(0 \pm 0.5)°/s$，作一标记，记下转向盘中间位置（直线行驶位置）。保持车速不变，然后给转向盘一个三角脉冲转角输入（向左或向右转动转向盘，并迅速转回原处保持不动），如图9-4所示，记录全部过渡过程，直至汽车恢复到直线行驶状态。转向盘转角输入脉宽为 0.3～0.5s，其最大转角应使本次试验过渡过程中最大侧向加速度为 $4m/s^2$。试验至少按左、右方向转动转向盘（转角脉冲输入）各 3 次。每次输入的时间间隔不得少于 5s。

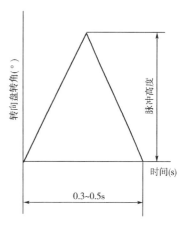

图9-4 三角脉冲转角输入示意图

每次试验后，应对所记录的汽车车速和转向盘转角时间历程进行观察。其中，车速的变化不应超过规定车速的 ±5%，转向盘转角的零线在转动转向盘进行脉冲输入的前后应一致，其差别不大于转向盘转角最大值的 ±10%，并将转向盘脉冲输入的起点和终点的连线作为参考零点。否则本次试验记录作废。

在专门的信号处理设备上或通用电子计算机上进行转向盘脉冲输入和横摆响应的幅频特性与相频特性的分析，并根据试验数据处理结果的平均值，按向左与向右转分别绘制出汽车的幅频相频特性图（其中横坐标为对数坐标，亦可采用线性坐标，横坐标值应为 0～3Hz），在图中确定谐振频率、谐振峰水平及相位滞后角。

3. 转向回正性能试验

本试验是汽车转向盘力输入的一个基本试验，用以表征及评价汽车从曲线行驶自行恢复到直线行驶的过渡过程和能力。GB/T 6323.4—1994 规定该试验与操纵稳定性其他试验项目一起，共同评价轿车、客车、载货汽车及越野汽车等车型的操纵稳定性。试验时测量的变量有：汽车前进速度、横摆角速度和侧向加速度。

试验分低速回正性能试验和高速回正性能试验两种。每种试验均应向右转与向左转两个方向进行，每个方向进行 3 次试验。

低速回正性能试验时，汽车直线行驶，记录各测量变量零线，然后调整转向盘转角，使汽车沿半径为 $(15 \pm 1)m$ 的圆周行驶，调整车速，使侧向加速度达 $(4 \pm 0.2)m/s^2$ 之后固定转向盘转角，稳定车速并开始记录，待稳定 3s 后，驾驶员突然放开转向盘，至少记录松手后 4s 的汽车运动过程。记录时间内节气门开度保持不变。对于侧向加速度达不到 $(4 \pm 0.2)m/s^2$ 的汽车，按试验汽车所能达到的最高侧向加速度进行试验，并在试验报告中加以说明。

对于最高车速超过 100km/h 的汽车，要进行高速回正性能试验，试验车速按试验车最高车速的 70%，并四舍五入为 10 的整数倍来确定。试验时，汽车按试验车速沿试验路段直线行驶,记录各测量变量零线,随后驾驶员转动转向盘使侧向加速度达到$(2\pm0.2)\,\mathrm{m/s^2}$,待稳定并开始记录后,驾驶员突然松开转向盘,至少记录松手后 4s 的汽车运动过程。记录时间内节气门开度应保持不变。

汽车横摆角速度时间历程曲线可分为收敛型(图9-5中曲线 1~4)和发散型(图9-5中曲线 5 和6)两类。对于发散型的不进行数据处理;对于收敛型的,按向右转与向左转分别计算如下评价指标,其中残留横摆角速度和横摆角速度总方差为基本评价指标,其余的为争取获得的指标。

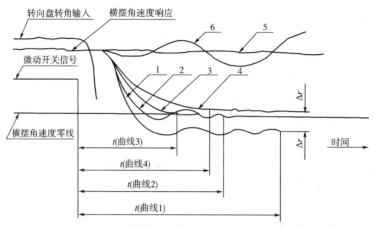

图9-5 汽车横摆角速度时间历程曲线

以松开转向盘时微动开关所做的标记为时间坐标原点,到汽车横摆角速度达到新稳态值(包括零值)为止的一段时间间隔定为稳定时间,并将 3 次试验结果的平均值作为稳定时间均值。

在汽车横摆角速度时间历程曲线上,松开转向盘 3s 时刻的横摆角速度值(包括零值)定为残留横摆角速度,并将 3 次试验结果的平均值作为残留横摆角速度均值。

在汽车横摆角速度时间历程曲线上,横摆角速度响应第一个峰值超过新稳态值的部分与初始值之比定为横摆角速度超调量,并将 3 次试验结果的平均值作为横摆角速度超调量均值。

横摆角速度自然频率由下式计算:

$$f_{oi} = \frac{\sum_{j=1}^{n} A_{ij}}{2\sum_{j=1}^{n} A_{ij} \cdot \Delta t_{ij}} \qquad (9\text{-}10)$$

式中:f_{oi}——横摆角速度自然频率,Hz。

A_{ij}——横摆角速度响应时间历程曲线的波峰值(图9-6),(°)/s;

Δt_{ij}——横摆角速度响应时间历程曲线上,两相邻波峰的时间间隔,s;

n——横摆角速度响应时间历程曲线的波峰数。

将 3 次试验结果的平均值作为横摆角速度自然频率均值。

相对阻尼系数由下式计算:

$$\xi_i = \frac{1}{\sqrt{\left[\dfrac{\pi}{\ln(1-D'_i)}\right]^2 + 1}} \qquad (9\text{-}11)$$

式中:D'_i——衰减率,$D'_i = \dfrac{A_{ij}}{\sum_{j=1}^{n} A_{ij}}$;

A_{ij}——横摆角速度响应时间历程曲线的波峰值(图9-6),(°)/s。

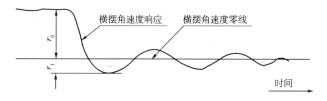

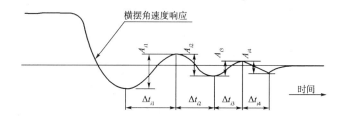

图9-6 某收敛型横摆角速度的典型时间历程曲线

将3次试验结果的平均值作为横摆角速度相对阻尼系数均值。

横摆角速度响应总方差用下式计算：

$$E_{ij} = \left[\sum_{j=0}^{n} \left(\frac{r_{ij}}{r_{oi}} \right)^2 - 0.5 \right] \cdot \Delta t \tag{9-12}$$

式中：E_{ij}——第 i 次试验时横摆角速度总方差,s;

r_{ij}——横摆角速度响应时间历程曲线瞬时值,(°)/s;

r_{oi}——横摆角速度响应初始值,(°)/s;

n——采样点数,一般按 $n \cdot \Delta t = 3s$ 来选取;

Δt——采样时间间隔,一般不大于0.2s。

将3次试验结果的平均值作为横摆角速度横摆角速度总方差均值。

在试验报告中,记录上述性能指标,并绘出向左转及向右转各3次试验的横摆角速度时间历程曲线(低速、高速回正性能试验的分别画出)。

4. 转向轻便性试验

GB/T 6323.5—1994规定该试验通过测定轿车、客车、货车及越野汽车等车型在低速大转角时的转向轻便性,来评价驾驶员操纵汽车转向盘的轻重程度。测量的变量有:转向盘转角、转向盘作用力矩、汽车前进车速和转向盘直径。其转向盘中间位置的自由行程应不大于±10°,试验前,按双纽线的极坐标方程式(9-13)在试验场地上用明显颜色画出双纽线轨迹。

$$L = d\sqrt{\cos 2\varphi} \tag{9-13}$$

式中：$d = 3R_{\min}$,m;

$R_{\min}$——双纽线的最小曲率半径,$R_{\min} = 1.1 r_{\min}$,m;

$r_{\min}$——试验汽车的最小转弯半径,m。

在双纽线最宽处、顶点和中点(即结点)的路径两侧各放置两个标桩,共计放置16个标桩(图9-7)。标桩与试验路径中心线的距离为车宽的一半加50cm,或转弯通道圆宽的一半

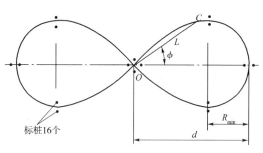

图9-7 双纽线试验场地示意图

加 50cm。

试验时,接通仪器电源,使之预热到正常工作温度。驾驶员可操纵汽车沿双纽线路径行驶若干周,以熟悉路径和相应操作。随后,使汽车沿双纽线中点"O"处的切线方向作直线滑行,并停车于"O"点处。松开转向盘,记录转向盘中间位置及作用力矩的零线。

驾驶员操纵转向盘使汽车以 $(10±2)$ km/h 的车速沿双纽线路径行驶,待车速稳定后,开始记录转向盘转角及作用力矩,并记录行驶车速作为监督参数。汽车绕双纽线行驶一周回到起始位置,即完成 1 次试验,全部试验应进行 3 次。在测量记录过程中,驾驶员应保持车速稳定和平稳地转动转向盘,并且不准撞倒标桩。

根据记录的转向盘转角及作用力矩,按双纽线路径每一周整理成图 9-8 所示的一条 $M—\theta$ 关系曲线,或者直接采用计算机采样所得的转向盘转角及作用力矩。确定出以下各项汽车转向轻便性的参数。

(1)转向盘最大作用力矩均值 $\overline{M}_{\max}$,即 3 次试验的转向盘最大作用力矩的算术平均值,单位为 N·m。

(2)转向盘最大作用力均值 $\overline{F}_{\max}$,单位为 N,用下式计算:

$$\overline{F}_{\max} = \frac{2\overline{M}_{\max}}{D} \tag{9-14}$$

式中:D——试验汽车原有转向盘的直径,m。

(3)绕双纽线路径每一周的作用功 W_i,单位为 J,由下式计算:

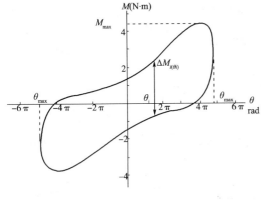

图 9-8 $M—\theta$ 关系曲线示意图

$$W_i = \left[\int_{-\theta_{\max i}}^{+\theta_{\max i}} |\Delta M_i(\theta)| d\theta\right]/57.3 \tag{9-15}$$

式中:$\Delta M_i(\theta)$——绕双纽线轨迹行驶第 i 周中的随转向盘转角变化的转向盘往返力矩之差,N·m;

$\theta_{\max i}$——绕双纽线轨迹行驶第 i 周的转向盘向左、向右最大转角,rad。

将 3 次试验的转向盘作用功的算术平均值作为转向盘作用功均值 $\overline{W}$。

(4)绕双纽线轨迹行驶每一周的转向盘平均摩擦力矩 $\overline{M}_{swi}$,单位为 N·m,由下式计算:

$$\overline{M}_{swi} = \frac{W_i}{|+\theta_{\max i}|+|-\theta_{\max i}|} \tag{9-16}$$

将 3 次试验的转向盘平均摩擦力矩的算术平均值作为转向盘平均力矩 $\overline{M}_{sw}$。

(5)转向盘摩擦力 $\overline{F}_{swi}$,单位为 N,由下式计算:

$$\overline{F}_{swi} = \frac{2\overline{M}_{swi}}{D} \tag{9-17}$$

将 3 次试验的转向盘摩擦力的算术平均值作为转向盘平均摩擦力 $\overline{F}_{sw}$。

5. 稳态回转试验

本试验通过测定汽车运动的稳态响应,来评价轿车、客车、载货汽车及越野汽车等车型的操纵稳定性。稳态转向特性决定了汽车作为一个动力学系统在转向输入下是否稳定,稳态回转试验不及格的车辆,其操纵稳定性的总评价为不及格。

对汽车的稳态转向特性,曾经提出过多种试验方法。GB/T 6323.6—1994 规定稳态回转试验可采用固定转向盘转角连续加速或定转弯半径的试验方法。

1)固定转向盘转角连续加速的试验方法

必须测量的变量有:汽车横摆角速度、汽车前进车速和车箱侧倾角;希望测量的变量有:汽车重心侧偏角、汽车纵向加速度和汽车侧向加速度。

在试验场地上,用明显颜色画出半径为 15m 或 20m 的圆周。接通仪器电源,使之预热到正常工作温度。驾驶员操纵汽车以最低稳定速度沿所画圆周行驶,待车速传感器尽可能对准地面所画圆周时,固定转向盘不动,停车并开始记录下各变量的零线。接着,汽车起步,缓缓连续而均匀地加速(纵向加速度不能超过 0.25 m/s^2),直到汽车的侧向加速度达到 6.5 m/s^2(或汽车出现不稳定状态)为止。记录整个过程。试验按向左转和向右转两个方向进行,每个方向试验 3 次,每次试验开始时车身应处于正中位置。

根据试验数据,处理出以下关系曲线和参数:

(1)转弯半径比 R_i/R_0 与侧向加速度 a_y 关系曲线。

根据记录的横摆角速度及汽车前进车速,用下式计算各点的转弯半径及侧向加速度:

$$R_i = v_i/r_i \tag{9-18}$$

$$a_y = v_i \cdot r_i \tag{9-19}$$

式中:v_i——第 i 点前进车速,m/s;

r_i——第 i 点横摆角速度,rad/s;

R_i——第 i 点转弯半径,m;

a_y——第 i 点侧向加速度,m/s^2。

进而算出各点的转弯半径比 R_i/R_0(R_0 为初始半径,计算单位为 m)。根据计算结果,绘出向左转和向右转两个方向的 R_i/R_0—a_y 曲线。

(2)汽车前后轴侧偏角差值$(\delta_1 - \delta_2)$与侧向加速度 a_y 关系曲线。

对于两轴汽车,可根据 R_i/R_0—a_y 曲线上各点的转弯半径 R_i 求出$(\delta_1 - \delta_2)$—a_y 曲线。为了计算及阅读方便,在数据处理时,各变量可不严格按坐标系规定,即左转及右转均取为正。汽车稳态回转时,$(\delta_1 - \delta_2)$用下式计算:

$$\delta_1 - \delta_2 = 57.3 \times L\left(\frac{1}{R_0} - \frac{1}{R_i}\right) \tag{9-20}$$

式中:δ_1、δ_2——前、后轴侧偏角,(°);

L——汽车轴距,m。

(3)根据记录的车箱侧倾角 ϕ 和侧向加速度 a_y,整理出车箱侧倾角 ϕ 与侧向加速度 a_y 的 ϕ—a_y 关系曲线。

(4)根据以上各关系曲线,整理出中性转向点的侧向加速度 a_n、不足转向度 U 和车身侧倾度 K_ϕ 三个参数。

其中,中性转向点的侧向加速度 a_n 定义为$(\delta_1 - \delta_2)$—a_y 关系曲线上,斜率为零处的侧向加速度值。若在所试验的侧向加速度范围内,未出现中性转向点时,a_n 值可用最小二乘法按无常数项的三次多项式拟合曲线进行推算。不足转向度 U 定义为$(\delta_1 - \delta_2)$—a_y 关系曲线上,侧向加速度值为 2m/s^2 处的平均斜率值。车身侧倾度 K_ϕ 定义为 ϕ—a_y 关系曲线上,侧向加速度值为 2m/s^2 处的平均斜率值。

2)定转弯半径法

必须测量的变量有:转向盘转角、汽车横摆角速度和汽车前进车速。希望测量的变量有:车箱侧倾角、汽车重心侧偏角和汽车重心侧向加速度。

在试验场地上,用明显颜色画出半径为30m的圆弧形试验路径(图9-9),路径两侧沿圆弧中心线每隔5m放置标桩,以形成通道,通道宽度等于车宽加B,B值按表9-3确定。

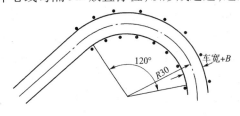

定转弯半径试验方法的标桩距离 B 表9-3

试验汽车轴距(m)	标桩距离(m)
≤2.5	0.6
>2.5,≤4.0	1.0
>4.0	1.4

图9-9 定转弯半径试验场地示意图

试验时,汽车以最低稳定车速行驶,调整转向盘转角,使汽车能沿圆弧行驶,在进入圆弧路径并达到稳定状态后开始记录,保持节气门和转向盘位置在3s内不动后停止记录。汽车通过试验路径时,如撞倒标桩,则试验无效。增加车速,但侧向加速度增量每次不大于$0.5\mathrm{m/s^2}$。重复上述试验,直至做到侧向加速度达到$6.5\mathrm{m/s^2}$,或汽车出现不稳定状态时为止。

根据试验数据,处理出以下关系曲线和参数:

(1)侧向加速度a_y可用加速度计直接测出,也可用横摆角速度γ乘以汽车前进车速v或用前进车速的平方除以圆弧路径中心线的半径来计算。当用加速度计测量时,加速度计的输出轴应与汽车纵轴线垂直。如果加速度计的输出包括有车箱侧倾角ϕ的作用,则应按所记录的加速度值减去$g \cdot \sin\phi$加以修正(g为重力加速度)。

(2)根据记录的转向盘转角θ与侧向加速度a_y绘出$\theta - a_y$曲线。

(3)根据记录的车箱侧倾角ϕ与侧向加速度a_y绘出$\phi - a_y$曲线。

(4)根据记录的汽车重心侧偏角β与侧向加速度a_y绘出$\beta - a_y$曲线。

(5)根据转向盘转角θ与侧向加速度a_y曲线,按下式转换成$(\delta_1 - \delta_2) - a_y$曲线。

$$\delta_1 - \delta_2 = \frac{L}{R} \cdot \left(\frac{\theta_i}{\theta_0} - 1 \right) \tag{9-21}$$

式中:δ_1、δ_2——汽车前、后轴侧偏角,(°);

θ_0——汽车以最低稳定速度通过圆弧路径时转向盘转角,(°);

θ_i——汽车以某一车速(即以某一侧向加速度)通过圆弧路径时转向盘转角,(°);

L——汽车轴距,m;

R——圆弧路径的半径,$R = 30\mathrm{m}$。

(6)根据以上各关系曲线,用"固定转向盘转角,连续加速"的试验方法,整理出中性转向点的侧向加速度a_n、不足转向度U和车身侧倾度K_ϕ三个参数。

第三节 试验仪器及设备

汽车操纵稳定性路上试验时常用的仪器有:车速仪(用以测定车速和时间),转向盘测力仪(用以测量转向盘作用转矩及转角),加速度计(用以测定汽车作曲线行驶时的侧向和纵向加速度加速度),角速度陀螺仪(又称二自由度陀螺仪,用以测定汽车横摆角速度),垂直陀螺仪(又称三自由度陀螺仪,用以测定汽车车身侧倾角和俯仰角)。记录和处理仪器一般有磁带记录仪、车辆动态测试仪或操纵稳定性现场数据处理系统。

一、转向盘测力仪

转向盘测力仪用于测定施加在转向盘上的力矩和转角。转角量程一般为±1080°,力矩为±1000N·m。这种仪器的测力元件要求有较大的扭转刚度,因转向系统的力学模型本身就是质量、弹簧、阻尼系统,转向盘上装上测力仪后,测力元件被串联在转向系统中,如果其扭转刚度小,则会使转向系统力学特性发生变化,导致测量的失败。

转向盘测力仪有两种形式:

(1)带一个装有测力元件的副转向盘,试验前将副转向盘与被试汽车的转向盘刚性地串联在一起。试验时操纵副转向盘进行转向输入。这种结构形式的转向盘测力仪的优点是安装方便,但由于增加了一个副转向盘,相当于增大了被试汽车转向盘的转动惯量,会使系统的运动特性发生改变,特别是进行力输入试验时影响更大。驾驶员操作起来亦会感到不方便。

(2)转向盘测力仪不带副转向盘,它只有力传感器和角度传感器的组件,可装在原车转向盘下方。试验时,驾驶员操纵的是原车转向盘,不会产生不适感觉,也不会影响原车的动态特性。但安装传感器组件时,比前一种要复杂些。

两种形式转向盘测力仪的工作原理基本相同。转向操作力通过转向盘(或副转向盘)传递到转向盘测力仪的刚性非常高的弹簧上,用电阻应变仪等方法可测定弹簧的微小变形,从而测出转向操作力和转向力矩。

二、陀螺仪

从广义上讲,凡是能测量运动物体相对惯性空间方位的装置就可以称为陀螺仪(gyroscope)。它是航空、航海、航天和国防工业中广泛使用的一种惯性导航仪器,在现代,陀螺仪不仅可以作为指示仪表,而且可以提供准确的方位、水平、位置、速度和加速度等信号,因此可作为传感器应用于地面设施、交通运输、石油钻探等许多自动控制系统中。

在一定的初始条件和一定的外力矩在作用下,绕一个支点高速转动的刚体会在不停自转的同时,还绕着另一个固定的转轴不停地旋转,这就是陀螺的旋进(precession),又称回转效应(gyroscopic effect)。应用最早、最广泛的框架式刚体转子陀螺仪就是根据该效应设计的,其主要组成部分是安装在框架内能绕任意轴高速旋转的转子。转子绕自转轴高速旋转而具有动量矩,当框架翻转时,转子的动量矩能使转子保持其姿态,这就是通常所称的陀螺特性。

框架式刚体转子陀螺仪需要有滚珠轴承支撑的高速转动部分,结构复杂(有300多个部件),要求精密加工,这影响了系统工作的可靠性、精度、寿命、成本和尺寸。因此陀螺仪的研究方向一方面是改进转动轴承的支撑形式,另一方面是探索无转动轴承的惯性器件,通常称为现代陀螺仪。自从20世纪70年代以来,现代陀螺仪的发展已经进入了一个全新的阶段。

20世纪80年代发展起来的激光陀螺和光纤陀螺等现代光学陀螺仪是基于Sagnac干涉效应开发的。Sagnac效应是指相对惯性空间转动的闭环光路中所传播光的有关效应。图9-10

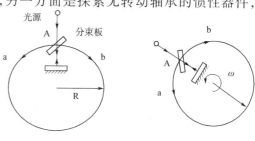

图9-10 Sagnac干涉仪的示意图

所示是理想的 Sagnac 干涉仪的示意图。

Sagnac 干涉仪由光源、分束板、反射镜和光纤环组成。光在 A 点入射,并被分束板分成等强的两束。反射光 a 进入光纤环沿着圆形环路逆时针方向传播。透射光 b 被反射镜反射回来后又被分束板反射,进入光纤环沿着圆形环路顺时针方向传播。两束光绕行一周后,又在分束板汇合(图 9-10a)。不考虑光纤芯层的折射率的影响,即认为光是在折射率为 1 的媒质中传播。当干涉仪相对惯性空间无旋转时,相反方向传播的两束光绕行一周的光程相等,两束光绕行一周的时间也相等。

当干涉仪绕着光路平面相垂直的轴以角速度 ω(设为逆时针方向)相对惯性空间旋转时(图 9-10b),由于光纤环和分束板均随之转动,相反方向传播的两束光绕行一周的光程就不相等,时间也不相等。两束光的光程差与干涉仪相对惯性坐标系的转动角速度 ω 成正比,因此只要测出光程差,就能测出转动角速度 ω。

光学陀螺仪没有转子等运动部件,因此具有结构简单(有十几个零件)、完全固态(无活动部件)、耐冲击、寿命长、检测灵敏度和分辨率极高、起动时间极短、测量范围宽等优点,是一种极具发展潜力的测量器件。目前,温度、光源的稳定性、光纤环的缠绕以及信号处理方法等因素极大地影响了光纤陀螺仪的稳定性,因此限制了光纤陀螺仪的应用范围。

20 世纪 90 年代,基于 Coriolis 振动理论发展起来的固态振动陀螺仪,既无传统的框架式刚体转子陀螺仪的转动部件,又无激光陀螺仪和光纤陀螺仪由于光耦合带来的许多麻烦,因此具有性能稳定、结构简单、可靠性高、承载能力大、体积小、起动时间很短、角速度测量范围宽、耐冲击和振动等恶劣环境能力强、成本低的特点,被国际惯性技术界认为是具有极大发展潜力的新一类陀螺仪,并在许多民用领域得到应用。

固态振动陀螺仪的工作原理是基于一个物理现象,即转动坐标系中的运动物体会受到与速度方向垂直的惯性力的作用,这个惯性力称为哥氏力,哥氏力与转动角速度成正比。检测哥氏力,就可得到转动系统的转动角速度。固态振动陀螺仪有音叉、振梁、片状和振筒等结构,其中振梁式振动陀螺只有几个工作部件(主要是振梁和换能器),是一种结构简单、最具发展潜力和代表性的一类固态振动陀螺仪。

振梁式固态振动陀螺仪的基本元件是一根两端自由的横振动矩形金属梁,如图 9-11 所示。

粘在梁驱动平面(图 9-11 中 Z 轴)上的驱动换能器利用反压电效应产生驱动梁的力,梁上质点以基波弯曲模式振动,因其振幅很小,使得质点的运动近似为线性,并且随时间作正弦变化。通常质点只能在驱动平面内运动,当梁绕纵轴(图 9-11 中 Z 轴)旋转时,会在梁的读出平面(图 9-11 中 Y 轴)上产生正弦交变的哥氏力,粘在矩形梁上的读出换能器利用压电效应可产生与该哥氏力成比例的电荷,经过放大并解调该信号便得到一个正比于输入角速度的直流输出。

角速度陀螺仪通常是刚性地安装在汽车地板上,安装时应保证其敏感轴与地垂线平行,偏差不应大于 1°。汽车在稳态转圈时,车身侧倾角对横摆角速度输出影响很小,通常可忽略不计。但在转向和制动联合作用时,则应进行修正。

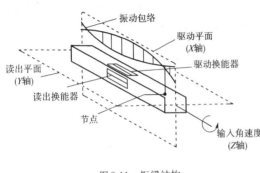

图 9-11 振梁结构

思 考 题

1. 汽车操纵稳定性道路试验的基本试验条件有哪些?
2. 什么是蛇行车速?蛇行试验测量的变量有哪些?
3. 转向瞬态响应试验(转向盘转角阶跃输入)测量的变量有哪些?
4. 转向瞬态响应试验(转向盘转角脉冲输入)测量的变量有哪些?
5. 转向回正性能试验测量的变量有哪些?
6. 转向轻便性试验测量的变量有哪些?
7. 稳态回转试验有哪两种试验方法?
8. 简述测力转向盘的工作原理。
9. 陀螺仪的基本特性有哪些?简述振梁式固态振动陀螺仪的工作原理。

第十章　汽车试验场与安全性设施试验

本章主要介绍汽车试验场道路试验设施和汽车安全性能试验设施。

第一节　概　　述

汽车试验场,又称试车场,是进行汽车整车道路试验的场所。为满足汽车的实际行驶要求,汽车试验场的主要试验设施是集中修筑的各种各样的试验道路,包括汽车能持续高速行驶的高速环形道路、可造成汽车强烈颠簸的凹凸不平路,以及易滑道、陡坡、转向广场等,给汽车试验提供稳定的路面试验条件。汽车试验场的规模有大有小,试验道路的品种和长短也不尽相同,而且随着汽车技术的发展,不断会提出修筑新的试验设施的要求。

一、功用

汽车试验场是重现汽车使用中遇到的各种各样的道路条件和使用条件的试验场地。试验道路是实际存在的各种各样的道路经过集中、浓缩、不失真的强化并典型化的道路。汽车在试验场试验比在试验室或一般行驶条件下的试验更严格、更科学、更迅速、更实际。

汽车试验场的主要功用是:
(1)汽车产品的质量鉴定试验。
(2)汽车新产品的开发、鉴定和认证试验。
(3)为试验室零部件试验或整车模拟试验以及计算机模拟确定工况和提供采样条件。
(4)汽车标准及法规的研究和验证试验等。

由于控制技术和计算机的高速发展,汽车的部分行驶工况能够在试验室进行模拟试验和用计算机进行仿真计算,如在整车振动试验台上模拟汽车在道路上行驶的振动情况,在驾驶模拟器上模拟汽车的加速、制动、侧滑、甩尾、高速失控等极限工况,用虚拟试车场(vitual Proving Ground)技术进行仿真计算等。但这并不意味着汽车试验场的作用的减少,恰恰相反,这些先进的试验手段应用的前提是汽车在实际道路上行驶的各种工况数据,这些数据大部分是在试车场采集的。现代化试验技术将汽车道路试验与试验室内的试验研究紧密配合、相互验证、相互依存、相互补充,达到全面检验和评价汽车性能和可靠性的目的。

二、规模

汽车试验场从功能上可分为两类,即综合性试验场和专用试验场;以规模而论,可分为大型、中型和小型试验场。大型试验场面积在 $10km^2$ 以上,试验道路总长超过 100km,种类相对比较齐全,多属于综合性试验场。美国三大汽车公司,即通用、福特、克莱斯勒都有这样的大型综合性试验场。如通用汽车公司(GM)的 Milford 汽车试验场,占地 $16.2km^2$,试车道路总长 200km,年总试车里程 2500 万～3000 万 km。该试验场自 1924 年建成以来不断补充完善,是目前最具代表性的汽车试验场。德国大众汽车公司(VW)在 Ehra-Lessin 的试车场是目前欧洲最大的汽车试验场,其总体布置很有特色,电话听筒形高速环道周长达20.5km。在各有特色的汽车试验场中,中小型规模的占大多数,其中综合性试验场由于受面积所限,布置上相对比较紧凑,但试验道路和设施的种类比较齐全,亚洲和欧洲大部分试验场属于此类。如欧洲汽车工业协会(MIRA)汽车试验场、日本自动车研究所(JARI)汽车试验场等。

在中小型试验场中,很大一部分是汽车零部件公司为满足产品开发和法规要求而修建的专用功能试验场,如德国WABCO公司设在汉诺威附近的试验场,其主要试验道路是附着系数从0.15~0.5以上五条制动试验路,以满足该公司开发和评价制动防抱死系统(ABS)、ASR、EBS等的需要。专用功能试验场也有大型的,如美国通用汽车公司在梅萨(Mase)的沙漠热带汽车试验场,总面积18km²。当地气候干燥,夏季最高温度可达45℃,是鉴定发动机冷却系统、供油系统以及整车的动力性、经济性、空调系统等性能的理想试验环境。世界上具有代表性的汽车试验场规模见表10-1,其中也列入了中国的四个汽车试验场。

具有代表性的汽车试验场规模表 表10-1

试验场名称	总面积(km²)	高速环道		
		形状	长度(km)	设计车速(km/h)
GM,Milford	16.2	圆形	7.2	177
Ford,Romeo	15.6	长圆形	8.0	225
Chrysler,Chelsea	16	长圆形	7.6	225
Volkswagen	10.6	电话听筒形	20.5	190
TRC,Ohio	3.0	长圆形	12	225
MIRA	2.63	三角形	4.4	145
JARI	2.5	长圆形	5.5	190
海南汽车试验场	0.68	电话听筒形	6.0	120
襄樊汽车试验场	1.93	长圆形	5.3	160
定远汽车试验场	2.39	长圆形	4	120
交通运输部公路交通试验场	2.4	长圆形	5.5	190

中国的四个汽车试验场,即海南汽车试验场、襄樊汽车试验场、定远汽车试验场、交通运输部公路交通试验场,虽然规模不大,却在中国汽车产业中发挥着重要作用。图10-1是襄樊汽车试验场的布置示意图,其设计和施工经过英国MIRA的技术咨询,在试验道路种类和路面参

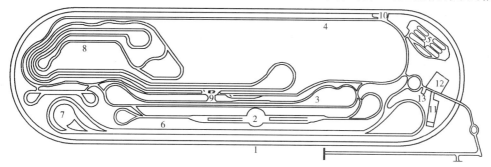

图10-1 襄樊汽车试验场布置示意图

1-高速环道;2-综合试验路;3-比利时环道;4-普通路环道;5-标准坡道;6-综合性能路;7-转向试验圆广场;8-二号综合路;9、10-停车场;11-中控室;12-油库;13-控制岗

数上有些是相近和相似的。1998年在北京市通县建成的交通运输部公路交通试验场,高速环道设计车速达到190km/h,从一个侧面反映出汽车高速试验的需求。

第二节　道路试验设施

一、高速环形跑道

高速环行跑道(图10-2)是为汽车在高速度情况下持续行驶用的,以考核整车的高速行驶性能,发动机、传动系统、悬架轮胎的润滑发热情况,以及零部件可靠性、耐久性。在转弯部分,为了不依靠打转向盘而能作圆周行驶,就应使路面倾斜,使自重力和离心力的合力垂直作用于路面,这时就没有横向力作用于车体上,这种车速称为平衡速度。转弯部分断面形状,一般用三次曲线和直线接合形成,这时的平衡速度,对于距跑道内侧的距离呈线性变化。

图10-2　高速环形跑道

高速环行跑道一般都建成椭圆形或圆形,周长通常为4～8km,长达14000m的也有,宽度一般为12～18m(3～5条车道),其允许行车速度为汽车所能达到的最高速度,试验时最高车速一般为220～240km/h,有的可达290 km/h。路面多采用混凝土路面,也有采用沥青混凝土路面,但弯道部分仍采用混凝土路面。跑道的直线部分的路形精度,在利用3m直线规检验时,其间隙不超过3mm。

为了保证行驶安全,通常不允许在跑道上停车或在跑道的直线部分进行动力性、制动性或燃料经济性试验。此外,在同一行车道上行驶的车辆数量,也应根据车辆的行驶速度来确定,但圆形跑道不利于测最高车速。

二、高速直线跑道

高速直线跑道主要用来进行汽车的动力性能、制动性能和燃料经济性能等各种基本性能试验。高速直线跑道一般长度为2500～4000m、宽度为8～18m,纵向坡度接近于零度,个别跑道还是按地球曲率建造的,车速可达200 km/h。跑道两端有回转弯道,在汽车高速行驶时,回转弯道能大大提高试验的安全性,特别是在汽车的制动器突然失效时更是如此。因此,要求回转弯道的过渡区段有足够的长度,以便汽车在高速行驶情况下制动器失灵时,可使汽车的行驶速度逐渐降至一定数值,回转弯道的曲线部分就是据此要求而设计出来的。

因为风力对试验汽车的速度及其燃料经济性都有影响,所以许多大型综合试验场都建造有相互垂直的两条高速直线跑道。高速直线跑道的路形精度和路面材料与高速环形跑道中的直线部分相同。

三、可靠性和耐久性强化试验路段

可靠性强化试验路段主要用来进行车辆可靠性行驶试验,以期在很短的行驶里程内暴露车辆结构的可靠性和强度方面的薄弱环节。

1. 比利时路(石块路)

可靠性强化试验路段一般采用比利时路面,如图10-3所示,它源于比利时的石砌路,作为典型坏路的代表而命名,其路段一般较短,供汽车试验的长度为 1000~2000m,宽约 4m,花岗岩石块基本尺寸为(长×宽×高)225mm×125mm×170mm,标准差 15~28mm(英国 MIRA 石块路数据)。

2. 大卵石路面

大卵石路是将直径为 310~180mm 的大鹅卵石稀疏地、不规则地埋入水泥混凝土路槽中,如图 10-4 所示。

图 10-3　比利时路　　　　　　　　图 10-4　大卵石路

大卵石高出地表部分的高度为 40~120mm,铺砌成几百米长的大卵石路。汽车在大卵石路上行驶时,除了引起垂直跳动外,不规则分布的卵石还对车轮、转向系统和悬架系统造成较大的纵向和横向冲击。大卵石路是大中型载货汽车、自卸车等可靠性试验路之一。

四、悬架试验跑道

悬架试验跑道是用来进行悬架和行走机构的可靠性行驶试验,以及汽车行驶平顺性的试验与研究。常用的试验跑道有以下两种。

1. 搓板路和长波状路

搓板路(图 10-5)呈波浪式高低不平形状,系用混凝土建造,一般长 600~800m,波距多为(760±5)mm,波峰高度为 25mm 左右,左右突起相互对应或相互交错地排列。长波状路试验道路多呈正弦曲线形,其波长一般为 10m,波峰高度为 ±50mm,左右两侧波形可相互对应或相互交错地排列。通过汽车行驶速度的变化来改变输入频率,能够模拟下述工况:

(1)汽车悬架部分和非悬架部分不产生共振的行驶工况。

图 10-5　搓板路

(2)汽车悬架部分在垂直于道路的平面内的共振(即只作上下垂直振动而无纵向角振动),或综合性的共振(即包括纵向角振动)。

(3)汽车非悬架部分的共振。

正弦曲线长波状路和搓板路对于悬架和减振器工作的鉴定、汽车共振的研究都具有重要的意义。其中搓板路也可用于舒适性的简单测试。

2. 连续凸起路

连续凸起路的凸起部分有圆拱形、棱锥体形、平行六面体或枕木形,其高度和形状也各不相同,在道路表面上的排列方式也是各式各样的,这种凸起部分有的是固定的,也有的是可移动的,也有的试验场采用单凸起或单坑洼路段。这种试验道造价较低,场地设置较灵活,可用来进行汽车的平顺性试验及评价减振器的作用。

五、扭曲试验路段

扭曲试验路(图10-6)段是用来考验汽车车身与车架的抗扭曲性能和对差速器、万向节及悬架进行考验,同时还可以用来进行汽车承载系统快速的抗扭曲可靠性试验。这种路段左右交替地凸起凹下呈高低不平的扭曲状,其凹凸不平的高度和间距也各不相同。汽车在这种跑道上行驶时,其承载系统发生扭曲、前后轴交叉地倾斜、车身摇动和变形、车轴内的差速器频繁地工作。

一般可使汽车车架的扭角达到10°~15°。这种路段均较短,为100~200m。

图10-6 扭曲试验路

六、爬坡试验路段

爬坡试验路段(图10-7)是用来测定汽车的最大爬坡能力,确定在各种坡度的坡道上的最佳传动比、可达到的最高车速、驻车制动器的停车能力和合适的接近角和离去角。在试验中,还可以考察车辆上下坡时的润滑、燃油的供应、化油器的功能以及在上坡起步时离合器的工作情况。

这种试验坡道的坡度范围为5%~60%,其间大致可分为15%、20%、30%、45%和60%等几级。坡度小的坡道通常用沥青路面,坡度大于20%的用混凝土路面,有的还嵌有横向木条以增加附着力。坡道的长度因坡度而异,一般地,坡度越大长度越短。为了保证试验安全,在坡顶还设有绞盘牵引机构和回转平台。

图10-7 试验坡道

七、操纵性稳定性试验路段

1. 转向试验圆场

转向试验圆场(图10-8)是用来测定汽车转向特性、转向半径和转向轻便性,直径为30~100m,一般能进行最大车辆的8字形转向轻便性试验。圆场表面多采用混凝土路面;也有采用沥青路面的,并划有大小不等的同心圆圈,用以标示试验汽车给定的行驶轨迹。为了便于排水,圆场的边缘向其中心有很小的均匀倾斜度,其值为0.5%~1.0%。

2. 侧滑试验圆场

侧滑试验圆场用来进行汽车的侧滑试验,直径较大,为100~150m,装有连续洒水装置,能使场地在试验时保持一定厚度的水膜。

3. 操纵性试验广场

操纵性试验广场主要用来进行脉冲响应试验和

图10-8 转向试验圆场

撒手稳定性等试验。广场呈正方形,边长约500m,场面水平,采用混凝土或沥青混凝土铺设。广场两端分别与半圆形的加速跑道相连,以保证试验车辆进入广场时,其速度能达到所要求的数值。

4. 多附着系数制动试验路

多附着系数制动试验路又称易滑路(图10-9),中间是加宽的试验段,长200m以上,两端设有加速跑道。试验段由几种不同附着系数的路面对接或并接成组合路面,以检验汽车从高μ(附着系数)路到低μ路或左右两侧车轮各在高μ路和低μ路面上制动的稳定性,这是研究汽车防抱死装置(ABS)不可缺少的试验道路。

图10-9　多附着系数制动试验路

各种附着系数的路面用不同的耐磨材料铺砌,两侧装有淋水量可调的喷头,可以形成湿滑路面,最低时可达到$\mu = 0.15 \sim 0.3$,相当于冰雪路面的效果。英国MIRM试车场用玄武岩瓦铺砌的低μ路是比较有代表性的易滑路,路面上有100mm×100mm的含水槽,起到及时恢复制动时被汽车前轮破坏的水膜的作用。

有的试车场还建有多附着系数的试验广场,设有水量可调的喷头,用来研究汽车在转弯制动的情况下的运动状态。

5. 横向风路段

这种路段用来试验横向阵风对汽车操纵性和稳定性的影响,即高速行驶的汽车在突遇横向阵风时,其运动特性是如何变化的。横向风路段往往是试验场内某直线跑道中的一段,在该路段的一侧相隔几十米安装横向送风装置,以模拟汽车在行驶时所遇到的横向阵风。如日本日产汽车公司的追滨试验场,在横向风路段上安装两套由发动机驱动的鼓风机,以产生强大的阵风沿着垂直于汽车行驶的方向吹向汽车的侧面。送风带宽度为6m,能够以22.5m/s最大的连续风速进行试验。

6. 横向倾斜路段

横向倾斜路段用来试验车辆侧坡行驶稳定性和操纵性。横向坡度一般为20%、30%和40%等几种。

八、通过性试验设施

通过性试验设施用来进行越野汽车的地形通过性与地面通过性试验,一般包括凸岭、弹坑、垂直障碍物、壕沟、涉水池、砂地和泥泞地等。

试验用的涉水池和水槽大致有以下三种类型。

1. 浅水池

浅水池(图10-10)一般水深100~150mm,用来模拟汽车通过水洼路的情况。试验时,汽车高速通过浅水池,以检查水在发动机罩上的溅落情况和水对电气设备及其他部件工作状况的影响。

图10-10　浅水池

这种浅水池有的长几十米,也有的长达几百米。

2. 深水池

深水池一般水深1~2m,水深可以调节,是用来检查水对制动器效率的影响,车身的防水性,汽车总成和发动机进、排气系统的工作情况,以及非浮动车辆的漂浮特性等。有的深水池的水深可调至4~5m,用以试验车辆潜水越过内河的性能。

3. 盐水池

盐水池是放有食盐和氯化钙溶液的小型水池,可用来进行汽车零部件快速腐蚀试验。在汽车可靠性和耐久性综合试验跑道上,往往设有这种小型的带有盐溶液的水池或路段。

一些军用汽车或专用汽车的试验场,还建有混凝土的脏水池,水深和食盐、氯化钙的质量分数可通过进、排水系统加以调节。

九、噪声试验路段

噪声试验路段用来进行汽车的车内噪声试验和车外噪声试验,它一般包括超静路段和噪声发生路段。超静路段,亦称无声路段,是用水泥或沥青铺设的,其路面极为平坦,像平板一样。噪声发生路段由混凝土、石块或沥青与石砖铺设,或用龟甲状的石块排列而成,其路面呈有规律的凹凸不平状。有时为了使试验车辆的车外噪声反射回来,通常沿着噪声测量路段还修有一定高度、表面平整的墙壁。

十、密封性试验设施

密封性试验设施用来试验车身的密封性和密封件的效能。如日本日产汽车公司的追滨试验场的粉尘隧道和美国阿伯汀试验场的泥泞跑道。前者全长60m,宽10m,将一定粒度的粉尘散布在隧道的空间内,当车辆通过隧道时,用光学方法测定进入车辆内部的粉尘量,以评价车身的密封性。后者专门用来评价密封件、制动器及其他部件的磨损以及密封件的效能,该跑道由一条专用水管供水,使路面四季都能保持泥泞状态。路面的土壤是由砂、黏土和淤泥构成的。

十一、山路

山路一般均利用自然地形修筑,或利用现有的公路改建,用以考验汽车发动机、传动系统和制动系统的使用性能。中国定远汽车试验场场区山路全长5700m,路面由水泥混凝土铺装,最大坡度为20%,连续坡长2000m,平均坡度为5%,如图10-11所示。

以上这些试验道路和设施,对于汽车试验场,一般均具有高速跑道和耐久性试验路段。为了配合车辆及其部件的试验研究工作,场内还设有必要的辅助建筑和设施,如调度塔、气象观测台、车库、油库、保修车间、供水供电设备以及场内通信设备等。

由于室内试验与室外试验是紧密联系的,所以一般试验场还具有室内试验设施部分。试验场的室内部分,比较完整的有整车参数测量室、发动机试验室、部件试验室、材料试验室、振动试验室、噪声试验室、密封性试验室、温湿度试验室及轮胎试验室等,有的还设有风洞试验室。

图10-11 山路

第三节　汽车安全性设施试验

一、概述

安全性试验设施用来试验和研究汽车发生事故时对汽车的影响和如何保证乘员(试验时用人体模型代替,即用假人)的安全。这些设施都是一些专用的试验设施,例如汽车碰撞试验设施、紧急停车试验装置(有的利用固定在混凝土支柱上的停车拉索)和汽车翻车试验等。

其中规模最大的是整车试验所必需的撞车试验场。它通常由障碍物(由混凝土构筑的极为坚固的墙壁)、牵引装置(给被试车提供一定车速)、摄影装置(可从各个方向摄影,尤其是可从上方数米高的瞭望楼和从下方坑槽中摄影)、摄影用照明装置等几部分组成。

汽车被动安全对策主要分为安全车身结构和乘员保护系统两大类。其中,安全车身结构主要是为了减少一次碰撞带来的危害,而乘员保护系统则是为了减少二次碰撞造成的乘员损伤或避免二次碰撞。减少二次碰撞的可能性和对乘员的伤害的主要措施,包括安装安全带及提高安全带的固定强度、安装安全气囊等。大量实践表明,良好的汽车乘员保护系统设计可以大幅减轻乘员受伤害的程度,降低死亡率。

二、安全带系统

1. 概述

汽车座椅安全带是重要的汽车乘员约束保护装置之一,在减轻碰撞事故中乘员伤害程度方面起着重要作用。早在19世纪后期,这种带式乘员约束装置就已经出现,只是当时仅用于马车乘员的约束。安全带于1922年才开始在赛车上使用,而它在汽车上的普及是在1955年,福特公司首先把二点式座椅安全带作为选装件安装在轿车上。到1959年,由瑞典沃尔沃公司开发了三点式座椅安全带,相继为各国的汽车制造厂所采用。1962年日本TAKATA株式会社首先在汽车上安装安全带,并在运输技术研究所和警方科技研究机关的配合下进行了实车碰撞试验,以验证安全带对于乘员约束功能的有效性。由于安全带的保护效果比较明显,后来就逐渐扩大了安全带的使用范围,从客车到载货车,从轻型车到中型车,从外侧座椅到中间座椅;装配的安全带形式也从二点式发展到三点式。以后,又经过多次改进,增加了各种舒适性构件及安全性构件,包括安全带预紧器等。现在,大部分汽车的驾驶座和乘员座位上都配备安全带,作为车用标准装备之一。随着安全带使用率的大幅度提高,事故中乘员伤亡率也随之下降。统计数据表明,佩戴安全带使碰撞事故中乘员伤亡率减少了15%~30%。

《机动车运行安全技术条例》中明确规定:乘用车、公路客车、旅游客车、未设置站立区的公共汽车、专用校车和旅居车的所有座椅,其他车辆(低速车除外)的驾驶员座椅和前排乘客座椅均应装备汽车安全带;所有驾驶座椅、客车位于踏步区的车组人员座椅以及乘用车除最后一排中间位置外的其他座椅,装备的汽车安全带均应为三点式(或四点式);乘用车应装备驾驶员安全带佩戴提示装置。

2. 安全带的工作原理及种类

安全带对乘员保护的原理是当碰撞事故发生时,安全带在人体作用下产生位移,锁止机构开始工作,安全带被锁紧,而不能自由地从卷收器中抽出,从而将乘员"束缚"在座椅上,力求使乘员的头部、胸部不至于向前撞到转向盘、仪表板及风窗玻璃上,减少乘员发生二次碰撞的危险,同时避免乘员在车辆发生滚翻等危险情况下被抛离座椅。

按照安全带使用的主动性,可以分为主动型安全带及被动型安全带两类。主动型安全带是指须用人工锁扣及解扣的安全带,需要乘员的主动操作才能起作用;被动型安全带是指车门关闭或开启后自动锁扣或解扣的安全带,不需乘员动作,但其结构较复杂。

按照安全带的固定安装方式,大致可分为三类:两点式安全带、三点式安全带和全背式安全带。其中两点式安全带按其对乘员约束位置的不同又可分为腰带和肩带,腰带仅限制乘员的腰部,肩带则仅限制乘员的上半身。安全带的种类如图 10-12 所示。

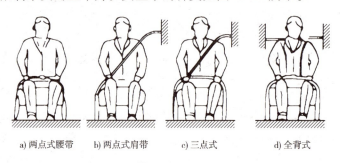

a) 两点式腰带　　b) 两点式肩带　　c) 三点式　　d) 全背式

图 10-12　安全带的种类

1)两点式安全带

(1)腰带。腰带是安全带的最基本形式。飞机乘员一般使用的就是这种安全带,织带从乘员腰的两侧挂到腹部。优点是使用方便,容易让乘员在事故发生后逃离到车外。缺点是腹部负荷大,在撞车时,上身容易前倾,前座乘员头部容易碰到仪表板或风窗玻璃。目前一般多对后排座及中间座乘员使用这种安全带。

(2)肩带。肩带又称斜挂式安全带。织带经乘员胸前斜挂在肩部,可防止乘员上体的过度前倾。由于在撞车时乘员受力不均匀,下体容易先行挤出,若安装不当,身体会从带中脱出或头部被撞。这种安全带欧洲采用较多,国际标准中虽通过了这种安全带,但不推荐使用。通过开发膝部保护装置来与这种安全带联合使用,可消除上述缺点。

两点式安全带结构如图 10-13 所示。

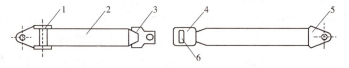

图 10-13　两点式安全带结构

1-卷收器;2-织带;3-带扣舌;4-带扣;5-支撑板;6-按钮

2)三点式安全带

三点式安全带也可分为两种:一种是两点式腰带和肩带合二为一的复合式,又称连续三点式;另一种是将防止上体前倾的两点式肩带连接在两点式腰带上的任意点而成,称为分离三点式。这两种安全带的功能都是既限制乘员躯体向前移动,又限制其上躯体过度前倾。

三点式兼有两点式腰带和肩带的优点并且消除了缺点,对乘客保护效果良好,实用性高,是现在最通用的一种安全带。三点式安全带结构如图 10-14 所示。

3)全背式安全带

全背式安全带又称马夹式安全带,是在两点式腰带上再连两条肩带组合而成。其保护效果最好,也是最完善的一种,但使用不便,一般仅用于特殊用途车或赛车上。

3. 安全带的基本构件

安全带的基本结构均由织带、卷收器、带扣和长度调整机构组成。为进一步降低碰撞时乘员"潜水"造成腹部伤害,提高安全带保护效果,还采用了预紧器和锁紧装置。

1) 织带

为了在汽车发生碰撞时限制乘员的移动量,要求安全带在规定伸长率以内有效地束缚住乘员,并尽量减轻乘员所受的冲击力,以避免造成人身伤害。为此,要求安全带有高的强度,一定的延伸性,良好的能量吸收性。另外,为提高带织物的耐久性,带织物应具有良好的耐磨损性、耐气候性(寒、热、水、光、腐蚀)及色牢度。此外,带织物应外观平整、手感柔软舒适。

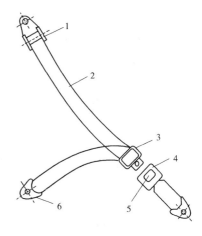

图 10-14 三点式安全带结构

1-卷收器;2-织带;3-带扣舌;4-带扣;5-支撑板;6-按钮

织带是构成安全带的本体,是一种由化学纤维编织而成的带子,宽度一般在 48mm 左右,厚度一般为 1.1～1.2mm。

织带的使用性能指标可按 GB 11549—1989《汽车安全带总成性能要求和试验方法》调试,其基本性能要求见表 10-2。

安全带基本性能要求 表 10-2

类别	抗拉强度 (N)	伸长率 (%)	单位长度功 (J/m)	功量比 (%)
腰带	≥26670	≤20	≥539	≥50
肩带	≥17750	≤40	≥1078	≥60
连续带	≥22260	≤30	≥784	≥55

2) 卷收器

卷收器是用于收卷、储存部分或全部织带,并在增加某些机构(可使佩戴者不必随时调节织带长度)后起到特定作用的装置。卷收器具有两种功能:其一是在正常情况下,将织带放长或收短,以适应使用者身材的大小肥瘦,一旦使用者将安全带扣好以后,卷收器可以将过长的织带收回,让织带以适当的收卷力将使用者拉控住;其二是当汽车发生事故时,卷收器可以在瞬间将织带锁起来而不让它伸展,从而可以有效约束乘员。此外,在使用时还具有调整织带长度的功能。卷收器按其作用可分为以下三种:

(1) 无锁式卷收器。这是一种在织带全部拉出时保持束紧力的卷收器,无法在织带拉出的位置自动锁紧织带。

(2) 自锁式卷收器。这是一种在任意位置停止拉出织带动作时,其锁止机构能在停止位置附近自动锁止同时保持束紧力的卷收器,可在织带拉出的任何位置自动锁紧织带。

(3) 紧急锁止式卷收器。这是一种目前应用最广泛的卷收器。在汽车正常行驶时允许织带自由伸缩,但当汽车速度急剧变化时,其锁止机构锁止并保持安全带束紧力约束乘员。这种卷收器中装有惯性敏感元件和棘轮棘爪机构或中心锁止机构,织带缠绕在卷轴上。当汽车正常行驶时,卷收器借助卷簧的作用,既能使织带随使用者身体的移动而自由伸缩,又不会使织带松弛。但当紧急制动、碰撞或车辆行驶状态急剧变化时,卷收器内的敏感元件将驱动锁止机构锁住卷轴,使织带固定在某一位置上,并承受使用者身体加给织带的载荷。

3）带扣

带扣是既能把乘员约束在安全带内，又能快速解脱的连接装置，其功用是用以接合或脱开安全带。带扣分为有舌和无舌两类，有舌带扣又分为包围型按钮式和开放型按钮式两种。对带扣、锁舌的研究主要是为了使其在正常驾乘状态下将乘员可靠地固定在座椅的正确位置；而在事故发生时，可以尽快让乘员解脱安全带，逃离汽车。各国有关安全带的标准均对带扣接合的可靠性、耐蚀性、耐热性等都有规定。为使用方便，对带扣按钮面积和操作力等也作了规定。

一般来说，汽车前排座椅常采用弹出式带杆带扣。带扣锁杆多为金属杆或带塑料套的窄带杆，此外还可以用带塑料套的钢丝杆；按钮式带扣多用于后排座椅使用的两点式安全带。

4）长度调整机构

长度调整机构是指为了适应乘员的体形调整织带长度的机构。

4. 汽车安全带的试验方法

GB 14166—2003《汽车安全带性能要求和试验方法》强制标准中规定了汽车安全带的性能指标，并提出了检测安全带性能的试验方法。

安全带紧急锁止性能试验是考查发生交通事故时安全带是否具有迅速将乘员限制在座椅上的能力。以车体敏感式安全带为例，需要检测规定加速度时的汽车前、后、左、右4个方向的织带锁止距离。按照GB 14166—2003中的试验方法，在卷收器紧急锁止试验装置上安装安全带，将卷收器固定在锁止试验台的小滑车上，小滑车被施加 $0.78g$ 的加速度，卷收器感应加速度锁止后，测量从卷收器中拉出的织带长度，这段织带长度便是锁止距离。

对三点紧急锁止式汽车安全带进行总成性能试验时，要分别对腰带加载22300N，对肩带加载13300N，对腰肩带并用加载26700N，每次测量滚轮移动量。

三、安全气囊系统

1. 概述

在汽车被动安全对策中，装配安全气囊是一种行之有效的方法。美国FMVSS 208《汽车乘员碰撞保护》标准中，要求汽车必须配备不需乘员做任何动作就可对乘员进行保护的被动式乘员保护系统，安全气囊就是得到广泛采用的这种被动式乘员保护系统之一。安全气囊的最大优点是缓冲乘员头部的运动，防止与车内饰件发生碰撞，同时分散对乘员胸部的冲击力。

安全气囊的概念，即在碰撞过程中用充气垫来保护人员，早在1941年就有人提出，并在20世纪50年代就有了这方面的专利。气囊装置最早应用于飞机。近20年来，气囊系统在汽车上得到了广泛的应用，目前已有数百万辆汽车将其作为一标准配件进行了安装。1980年德国奔驰汽车公司提出安全气囊是乘员约束辅助装置，并将安全带与安全气囊相组合。1992年梅赛德斯—奔驰公司已供用了100万套气囊系统。这种安全装置得到世界上普遍认同。

目前我国已经开始试验研究匹配正碰撞安全气囊，一些国产气囊也已开始装车使用。

安全气囊尽管能起到保护乘员的作用，但是安全气囊仍存在着亟待解决的问题。例如，在低速撞车时，并不需要安全气囊工作，但是，安全气囊有时也会膨胀展开，这种事例已经发生。一般情况下，对乘员的伤害程度较小，只是擦伤或挫伤。但是，在低速碰撞的事故中，驾驶员会因脑部、肋骨、胸部和腹部受到伤害而引起死亡。因此,目前以低于15km/h车速进行撞车而使安全气囊展开的研究正在进行之中。当以超过25km/h的速度发生撞车时,一般安全气囊会膨胀展开。随着车辆速度的变化,安全气囊展开的临界值也随之变化。

2. 安全气囊系统的组成及工作原理

汽车安全气囊系统主要由控制装置、气体发生器和气袋组成,如图10-15所示。其中,控制装置又包括传感器、电子控制系统以及触发装置。汽车上的安全气囊总成还应包括安装安全气囊系统的转向盘、仪表板部分以及用于传导的导线系统等。其工作过程为:在发生碰撞事故时,传感器感受汽车碰撞强度,电子系统接收并处理传感器的信号。当经计算判断有必要打开气袋时,立即由触发装置发出点火信号触发气体发生器,气体发生器收到信号后迅速产生大量气体并充满气袋,使得乘员与一个较柔软的吸能缓冲物件相接触,而不是与汽车的内饰件猛烈碰撞。当人体与气袋接触时,通过气袋的排气孔节流阻尼来吸收碰撞的能量,从而达到尽量减少伤害、保护乘员的目的。

安全气囊的工作过程如图10-16所示。

图10-15 安全气囊系统的组成

图10-16 正碰安全气囊的工作过程

以下分别介绍各主要组成部分的结构与功能。

1)气袋

气袋是在碰撞发生时通过充气形成一柔软的气垫来起到缓冲吸能作用,从而减少对乘员的伤害。

气袋是用具有一定物理力学特性的膜状材料制成的,具有特定结构的袋子,袋子的进口与气体发生器的气体出口相连,以使气体发生器产生的气体全部进入袋子。气袋可以是单气室的,也可以是多气室的。对多气室的气袋来说,各气室之间应有通道相连,以保证所有气室都能获得来自气体发生器的气体。无论是单气室还是多气室气袋,气袋内部都可设置一定的连接筋,以控制气袋充气后的形状。安全气囊系统不仅应在充气过程中能有足够的密封性,以保证气袋能迅速建立足够的压力,而且要有一定的透气或节流机制,以便气袋受撞后能排出其内部的气体而达到消耗碰撞能量的目的。

(1)气袋材料。气袋主要用尼龙66的编织物制造,但也有一小部分使用聚酯。尼龙66有如下优点:①尼龙丝柔软,且弯曲性能好;②便于折叠,且强度不低;③耐热性能好,尼龙比聚酯具有更高的熔点;④强度高,且富于弹性;⑤与橡胶材料的附着性能好,可保证橡胶涂膜与气袋织物表面的结合强度;⑥具有合适的成本。

(2)气袋涂层。作为气袋的表面涂层,早期所使用的涂膜材料是氯丁二烯橡胶。通过涂覆,使气袋具有如下特点:①防止气体发生器产生高温气体及其残留物对气袋织料的腐蚀;②可以消除气袋织料的透气性,从而有效控制气袋排气;③能更好保持气袋展开时的初始压力;④使气袋基本织料结构稳定,气袋容易制造;⑤使尼龙多结合牢固,可防止丝的脱落;⑥存在一段时间后织料的透气性不变。

(3)气袋的漏气特性。这是指气袋在充气后气袋中气体泄漏到气袋外面的特性。它直接影响乘员头部和胸部在与充气后的气袋接触时气袋的软硬程度,从而直接影响气袋的保护效果。过硬会造成气袋对乘员不必要的伤害,过软会降低气袋对乘员的保护。气袋的漏气特性主要由气袋材料漏气特性、涂层材料漏气特性及气袋的开孔决定。

(4) 气袋排气机构。由于气体发生器所释放出的高压气体速度很快,排气机构必须保证气体运动方向不与气袋膨胀方向相同(一般与气袋膨胀方向垂直),以保证气袋在打开时不对被保护人造成伤害。

2) 气体发生器

气体发生器主要用于汽车发生碰撞时,迅速产生大量气体,并给气袋充足气。气体发生器的重要特性指标:包括单位时间内产生的气体量及其温度和压力,以及所产生的气体总量。以下介绍几种常用的气体发生器。

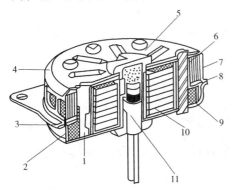

图 10-17 驾驶员侧安全气囊气体发生器结构
1-气体燃烧舱;2-过滤器气体挡板;3-封闭器;4-扩散器;5-安装板总成;6-上密封垫;7-过滤器;8-下密封垫;9-混丝过滤器;10-推进剂;11-点火器总成

(1) 火药式(烟火式)气体发生器(图 10-17)。气体发生器最早使用火箭固体推进剂,即固态的叠氮化钠(NaN_3)作为气体发生剂,装在用钢板冲压件焊接或铆接而成的外壳内。当中央控制器发出点火指令,引燃器引燃固体燃料,产生大量气体,吹胀气囊。由于燃料燃烧时达 500~1000℃ 的高温,且含有大量残渣杂质,故气体首先需通过冷却器降温后进入过滤器,再充进气囊。

这种发生器点火爆炸后,产生的气体温度较高,容易对人体产生灼伤,此外爆炸后有异味产生,并且其工作时产生的烟雾有毒,污染环境。

(2) 压缩气体式(纯气体式)气体发生器。这是一种采用有机气体或可燃气体混合剂为燃料的纯气体式气体发生器。它将氧气、氩气和氦气的高压混合气储存于一个高压罐内,点火时,火药将高压罐阀门炸开,高压混合气被快速释放,以充满气袋。

优点:表面气袋温度低,没有对人体有害的气体产生。

缺点:由于气体快速膨胀而使温度降低,影响充气速度和压力,但可以用火药燃烧后的气体加热,使气囊有足够的压力。

(3) 混合式气体发生器。这是一种采用少量固体燃料加热储存气体的混合式气体发生器。它采用压缩气体,一般用氩气,点火爆炸后压缩气体从储气罐中冲出充满气袋。它使用的是一种称为 Arcite 的混合燃料,采用混合燃料加热存储气体,由燃料本身和制氧剂、软化剂、各种稳定剂和发射物质等合成,既不含有毒物质,也不含有对环境产生污染的材料。对摩擦、电干扰、振动及温度均不敏感,自燃温度超过 480℃,因而周围环境的变化对它的性能不会产生影响。这种燃料在驾驶员侧气囊中使用仅需 14g,乘员侧为 30g,比传统的烟火式几乎减少 85% 的用量。

其压力容器由高强度低合金钢制成。有一超压保护膜,控制其相应压力在 37~41.5 MPa 之间。对该容器所做的破坏试验中,它可承受 64.8MPa 压力,无任何焊接裂缝或碎片飞出。

优点:①所用燃料是无毒、无害物质,在它燃烧过程中没有对乘客造成危险的散粒物发射出来。②输出特性稳定,特别在高温就更明显。③气体发生器的表面温度低,仅需要很少量的燃料,点燃后的最高表面温度只比其环境温度高 45℃ 左右。④可通过改变燃料量和储存气体间的比例来调节混合式气体发生器的出口温度,气囊织物表面不需要涂膜,可重复使用。

⑤适应性好,通过改变燃料量和储存的气体量,可适应不同类型安全气囊的要求,因而采用标准构件即可覆盖很宽的不同类型安全气囊的要求。

3)控制装置

控制装置是安全气囊系统的核心,它可以控制气囊系统的点火,进行系统的故障诊断,同时还可判定要保护的乘员座位是否有乘员及是什么样的乘员等。

控制装置中的传感器(含放大器)主要有三种类型:机械式、电子式及机电一体式。传感器用来检测汽车发生碰撞事故的严重程度,它将感测到的信号传给电子控制系统。电控系统通过对传感器信号的计算和分析来决定是否要启动安全气囊,如果汽车碰撞足够强烈,达到了启动条件,电控系统就给触发装置发启动信号。触发装置接到启动信号后便点爆气体发生器,使安全气囊进入工作状态。由于汽车事故的突发性和瞬时性,电控系统不仅要反应快还要反应准确。通常从传感器感测到碰撞到触发器工作,这段时间只能在几毫秒的范围。要判断准确,不仅要采用科学严密的计算理论和方法,还要了解汽车本身的冲击特性,以便准确地判断由于急制动、过路坎和其他非破坏性冲击所引起的冲击信号。

根据所采用传感器的不同,安全气囊分为以下三种:

(1)机械式安全气囊。它由机械式加速度传感器、气体发生器、气袋、转向盘盖、安装气囊总成的转向盘组成。传感器直接装在转向盘内,由其直接控制气囊点火。

优点:结构简单、可靠性高;直接由传感器触发气体发生器,省去了电气单元,因此可降低安全气囊总成的成本。

缺点:①必须与气体发生器安装在一起,因此安装位置受到限制,得到的车身减速度信号不是很理想,且抗干扰能力差;②触发气囊的信号计算方式简单,对于复杂情况很难考虑周全,不容易使气囊在最佳点火时刻点火。

(2)机电式安全气囊。其工作原理是机电结合式传感器的触点在车身减速度的作用下,克服机械势能触发安全气囊点火开关,从而得到安全气囊点火信号。

优点:除具备机械式已有的优点外,由于采用电子信号点火,因此传感器可以安装在车身任何位置,可以得到最好的车身减速度信号。

缺点:同机械式的缺点①。

(3)电子式安全气囊。电子式安全气囊在机械式安全气囊的结构基础上,增加了故障诊断系统、导线连接系统、电控单元模块(ECU)等部件。电子式安全气囊采用的电子式传感器,一般为压电或压阻式加速度传感器,通常采用一个或多个传感器布置于车身的不同位置,目前有采用一个传感器且将其布置于气囊系统内部的趋势。电子传感器的主要任务是向电控单元提供传感器所在位置的车身减速度信号,是否点火由电控单元完成。

电控单元(ECU),一般由中央处理器CPU、存储模块、数/模转换模块、电源模块和点火电路组成,如图10-18所示。对所收到的反映车身减速度的电信号进行分析,判断是否需要点火,应具有以下基本功能:①通过分析传感器产生的信号识别碰撞事故;②启动点火计算程序,适时地下达点火命令;③对系统进行故障诊断处理;④碰撞事故过程记录、存储和系统工作程序的记录。

工作原理:安全气囊的电控单元对由电子传感器产生的能反映车身减速度情况的信号进行分析判断,确定是否点火。

优点:对路况及碰撞情况判断较为准确,并能根据不同的碰撞速度、乘员在碰撞时的具体状态等来控制安全气囊的爆发时间,以达到对乘员的最佳保护。

缺点:结构复杂,成本很高,开发周期长,而且有时会受到电磁场等外界因素的干扰,在没有可靠的防范措施的情况下会影响到可靠性。

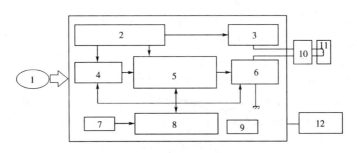

图 10-18　电子式安全气囊 ECU 的构成

1-冲击脉波；2-电源供应电路；3-熔断器传感器；4-加速度传感器；5-冲击判断电路 CPU1；6-驱动电路；7-存储器；8-监视电路 CPU2；9-通信电路；10-缆线；11-气体发生器；12-报警器

3. 安全气囊的性能及试验研究

为了保证安全气囊对乘员所提供的保护作用,必须要对气囊提出性能要求。国外一般都从两个方面来对气囊提出性能要求:一是对气囊本身的要求；二是从汽车的角度出发对气囊提出与汽车的匹配性能要求。目前世界上还没有一个关于气囊的标准法规,但 ECE 标准草案《安全气囊的保护作用》、ISO/TC22/SCl2/WG8ISO/DPl2097 道路车辆的气囊系统测试标准草案《气囊组件的测试及环境要求》、TSO/TC.22/SC.12/WG8ISO/DPl2097 III 道路车辆的气囊零件测试标准草案《充气系统的测试及环境模拟 III》等,则对气囊系统及其充气系统提出了性能要求。这些标准草案对气囊主要提出了两个方面的性能要求:一是环境试验性能要求；二是机械试验性能要求。

ISO 12097 中详细地规定了安全气囊模块的环境试验要求。对气囊的环境试验要求主要有:高温试验、低温试验、粉尘试验、光照试验、真空试验、振动试验、高低温温度冲击试验、湿热试验,同时进行温度和振动试验、防静电试验、抗电磁干扰试验、噪声试验、盐雾试验、燃烧试验以及有毒残留物检验等。

对气囊的机械性能试验要求主要有:坠落试验、钢罐压力容器试验、静态展开试验、点火器点火电流测量试验、气袋容积测量试验、气袋织物强度试验、缝线强度试验、织物透磁性及气密性测量试验、爆裂试验以及机械碰撞试验等。

对于汽车安全气囊,考核安全气囊的控制条件也是十分重要的。气囊的控制条件包括两方面,一是正确判断是否开包,二是何时点火最佳。在 ECE 草案《关于提供气囊保护的车辆认证的统一规定》中试图为安全气囊的认证制定法规,但是由于技术原因,各个安全气囊公司在气囊控制方面都是属于保密技术,很难沟通,该法规草案一直没有成为正式的法规。

作为汽车安全气囊的核心技术——控制系统,在开发、标定过程中必须了解车辆在不同车速、不同碰撞形态下车体的变形形态和冲击加速度波形、乘员的运动形态和伤害,以便于决定:①什么条件下需要打开气囊；②什么时候打开气囊。必须通过大量的碰撞试验设定气囊控制器的控制参数。各个安全气囊公司都有一套自己的控制系统设定开发程序。图 10-19 所示是国外某公司介绍的用于气囊控制系统设定的碰撞试验,表 10-3 所示为一例汽车安全气囊开包条件的设定。

表 10-3

试验编号	碰撞模式	控制器状态
1	12km/h 正面固定壁碰撞	不开包
2	22km/h 正面固定壁碰撞	开包
3	车对车碰撞(50km/h)	开包
4	与圆柱碰撞(27km/h)	开包
5	与圆柱碰撞(48km/h)	开包
6	48km/h 保险杆下部碰撞	开包
7	30°斜角、35~48km/h 碰撞	开包
8	50km/h、正面固定壁碰撞	开包
9	50km/h、右端30°斜角固定壁碰撞	开包
10	50km/h、左端30°斜角固定壁碰撞	开包
11	56km/h 正面固定壁碰撞	开包
12	8km/h 保险杆碰撞	不开包
13	跨越路肩、铁轨试验	不开包
14	粗糙路面行驶试验	不开包
15	12km/h 钻入试验	不开包
16	22km/h 钻入试验	开包
17	锤击发动机盖	不开包

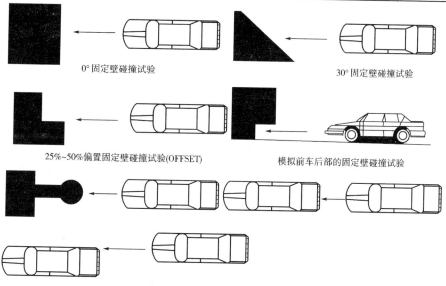

图 10-19 用于气囊点火条件设定的碰撞试验安全气囊开包的条件

四、汽车碰撞试验技术

1. 概述

随着汽车碰撞安全性研究的深入,对安全性研究目标进行评价、获得理论研究所需的相关数据以及对新型汽车进行认证都离不开汽车碰撞安全性试验。汽车碰撞试验研究包括实车碰撞试验、台车碰撞试验和零部件台架试验三个主要部分。

实车碰撞试验是评价汽车安全性最直接和最有说服力的方法,是新产品开发必须进行的试验。但试验费用昂贵,难以进行多次重复试验,通常只在新产品试制和认证时进行。

台车碰撞试验是指利用台车来模拟实车碰撞特性的试验。在台车与刚性墙之间安装有缓冲装置,台车通过缓冲装置与刚性墙发生碰撞。通过调整缓冲装置的力学特性来模拟标准要求的减速度波形或模拟实车碰撞的减速度波形。通过台车碰撞试验可以评价安装在汽车上的各种安全附件的碰撞安全性能。

零部件台架试验可分为动态台架试验和静态台架试验。动态台架试验主要用于评价零部件在承受碰撞冲击载荷作用下的性能;静态台架试验则是评价对速度不敏感的零部件在静态载荷作用下的安全性能。

如上所述,实车及台车碰撞试验是对汽车安全性进行评价必不可少的试验。实车及台车碰撞试验需要有足够长的加速跑道,要有给实车或台车加速的动力装置,要有符合标准的碰撞墩和碰撞表面以及各种测量仪器设备等。本节涉及的汽车安全性试验装置主要为实车及台车碰撞试验装置,故在此先对国内外的实车及台车碰撞试验装置按牵引装置、牵引台车和导向方式三部分进行简要介绍。

1)牵引装置(驱动装置)

(1)液体或气体发射型。如美国 Bendix 公司生产的 HYGE 试验装置,其动力部分由高压压缩机、氮气储气筒和气液缸组成。该装置对要求的碰撞加速度模拟准确,调整方便,但价格较为昂贵。上海交通装卸机械厂引进的德国申克公司制造的碰撞试验机则属于伺服液压缸驱动。该试验机可使试验曲线与设计曲线误差小于5%,原则上可以实现对任意给定的碰撞曲线的模拟,但价格昂贵。另外,由美国 VIA 公司设计制造的碰撞试验推进装置则为汽缸驱动装置。

(2)机械式。使用最广泛的机械式驱动方式为橡胶绳驱动。清华大学国家安全与节能重点试验室、长春汽车研究所汽车碰撞试验室都是采用这种驱动方式。荷兰国家技术研究院(TNO)的一个小尺寸模拟碰撞试验装置则是用卷扬机和钢索拉台车压缩两组螺旋弹簧,再由弹簧推台车向前冲实现碰撞。英国 MIRA 公司则曾利用重块自由下落的动力牵引台车实现碰撞。

(3)电动机牵引式。该系统利用大功率电动机直接驱动卷筒缠绕钢丝绳牵引实车或台车实现碰撞。日本 NSK 公司的小尺寸模拟碰撞装置、天津汽车技术中心、北京通县交通运输部汽车试验场等就是使用这种驱动形式。

2)牵引小车或台车

牵引小车主要用于牵引实车加速,并在加速过程中起到导向作用;当试验实车达到预定车速后,牵引小车与牵引装置和试验实车脱钩,即牵引小车需具有牵引、导向和脱钩功能。

台车的作用除具有牵引小车的功能外,通常还是零部件碰撞试验的载体。在台车上可以安装座椅、安全带、安全气囊等,甚至将实车的部分车体安装于台车上进行碰撞试验。台车上还可以安装有碰撞缓冲装置,以便在碰撞过程中模拟实车碰撞减速度波形。目前,许多汽车安全性试验室已经用台车取代了试验小车,使两者有机地结合成一体。

在侧面碰撞试验中,台车通常还作为移动障壁对试验车辆进行碰撞。

3)导向方式

为了满足汽车安全性试验中对碰撞角度的要求,防止试验车辆在加速过程中跑偏,通常需在跑道上设置导向装置。导向装置一般为轨道和滑轮结构,只是轨道和滑轮的结构和布置形式各有不同。

2. 台车碰撞的试验技术

台车碰撞试验可以模拟实车碰撞试验过程,用以检验车身吸能结构的设计方案、安全带的选型及安装部位设计考核、安全气囊的匹配、座椅及驾驶区设计方案等。在台车碰撞试验中,可以将实际的车身结构或驾驶区模型安装在台车上,如图10-20所示,从而更加真实地反映实车碰撞效果。台车碰撞试验成本较低,重复性好,可以在新车型批量生产之前进行多次重复试验。因此,台车碰撞试验是新车型开发及现有车型安全部件匹配设计中必不可少的试验。

1) 台车碰撞的试验方法

台车碰撞试验是用台车来取代实车的碰撞试验方法。在台车碰撞试验中,通常要求台车具有足够的强度和刚度,以承受巨大的冲击载荷而不致受到破坏。将需要进行试验的汽车车身吸能结构安装在台车前部进行碰撞试验,可以检验吸能结构的吸能性能,为汽车车身设计提供依据。在台车上或碰撞墩前安装碰撞缓冲吸能装置,同时,将需要进行检验的安全带、安全气囊、座椅、转向盘、仪表板等按照使用要求固定在台车上,如图10-21所示,即可进行安全部件的性能检验。

 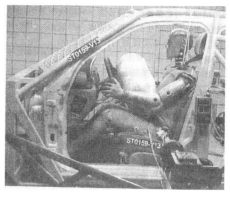

图10-20 台车碰撞试验装置　　　　图10-21 安装在台车上的安全气囊及假人

在台车碰撞试验中,通常要采集台车的碰撞减速度波形、假人承受的减速度、力、力矩等参数。根据不同试验部件的要求,还可能需要采集其他参数。通常情况下,还需要利用高速摄像机记录碰撞过程。

2) 台车碰撞的缓冲吸能装置

台车碰撞缓冲吸能装置的目的是:在利用试验台车进行碰撞试验时,模拟实车在碰撞过程中的车体变形情况,保证试验台车的碰撞减速度尽量复现实车碰撞减速度波形或满足试验法规要求。碰撞缓冲吸能装置是台车碰撞试验中的关键设备,它决定了台车在碰撞过程中的减速度、速度及碰撞时间等一系列重要参数,决定了台车试验的置信度和可重复性。因此,国际上的各种汽车安全法规都对台车的减速过程有明确的规定。图10-22示出ECE16标准及我国标准规定的汽车安全带台车试验中台车的减速度波形要求,即减速度波形不允许超出由A、B、C、D、E、F、G、H、I各点形成的两条折线的范围。图10-22中,A、B、C、D、E、F、G、H、I各点应满足表10-4的要求。

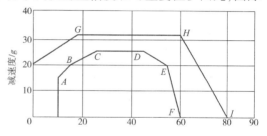

图10-22 ECE16标准要求的台车减速度范围

台车试验要求的减速度范围　　　　　　　　　　　表 10-4

项目	A	B	C	D	E	F	G	H	I
时间(ms)	10	15	25	45	55	60	18	60	80
减速度(g)	15	20	26	26	20	0	32	32	0

为了满足碰撞减速度的要求,通常在台车与刚性墙之间安装碰撞缓冲吸能装置。常用的碰撞缓冲吸能装置有液压缓冲吸能装置、塑料缓冲吸能装置和机械缓冲吸能装置等。

3. 实车碰撞的试验技术

实车碰撞试验是检验汽车整车碰撞安全性能的最为直接有效的办法。虽然实车碰撞试验代价昂贵,但是许多实车碰撞试验中反映出来的性能是台车碰撞试验中很难准确模拟的。因此,实车碰撞试验在汽车安全性研究和改进中是不可完全取代的。

1) 实车碰撞的试验方法

实车碰撞试验是利用实际样车按规定的速度与壁障进行碰撞,以研究交通事故中乘员所受的伤害及车辆的受损状态。

实车碰撞试验通常在几秒的时间内完成,碰撞过程则通常在几十毫秒内完成。在实车碰撞试验中,通常要采集汽车内部 B 柱处的碰撞减速度波形、假人承受的减速度、力、力矩等参数。通常情况下,还需要利用高速摄像机记录碰撞过程。

我国现行的实车碰撞试验方法(正面碰撞)是按照原国家机械工业局 1999 年 10 月 28 日颁布的 CMVDR294《关于正面碰撞乘员保护的设计规则》来进行的。

2) 实车碰撞的试验准备

由于实车碰撞试验属于一种破坏性试验,同一辆试验车不可能进行重复试验,所以试验前必须作好充分准备。

(1) 牵引装置准备。对于电动机直接牵引方式,试验前需确保电动机及其传动与控制装置工作可靠,速度检测装置工作正常,并将控制牵引的试验车碰撞前的速度设置为 48 ~ 50km/h。

对于橡胶绳弹射式汽车碰撞试验牵引装置,则一般需先根据实际试验车的质量进行一次台车试验,以确定试验装置的最佳初始参数,确保试验结果可靠。由于机械储能式汽车碰撞试验牵引装置采用光电传感器实时检测和控制飞轮转速及试验车脱钩速度,所以对于质量相差不是很大的试验车,适当提高飞轮的初始转速即可达到要求,且其性能基本不随时间改变。

(2) 试验车准备。试验车辆应能反映该系列产品的特征,应包括正常安装的所有装备,并应处于正常运行状态。一些零部件可以被等质量代替,但不得对试验结果造成影响。

试验车辆的质量应该达到整车质量。为防止火灾,燃油箱中的油应该放尽,代之以燃油箱容量的 90% 的水。所有其他系统中的液体应排空,排出液体的质量应予以补偿。当车上装有测量设备时,测量设备的质量可以通过减少不影响试验结果测量的附件予以补偿。

若试验车的转向盘可调,则应调节到制造厂规定的正常位置。如果制造厂没有规定,则应调节到可调范围的中间位置。在加速过程结束时,转向盘应处于自由状态,且处于制造厂规定的车辆直线行驶时的位置。

试验车上的活动车窗玻璃及活动车顶应处于关闭状态。为便于摄像及其他测量,经制造厂同意,可以放下活动车窗玻璃,打开活动车顶,但要此时操纵手柄的位置相当于车窗玻璃关闭时所处的位置。

试验车的变速杆应处于空挡位置,操纵踏板应处于正常的放松状态,车门应关闭但不锁止。试验车的遮阳板应收起,内后视镜应处于正常使用位置,高度可调节的头枕应处于最高位置。

试验车座椅的调节见 CMVDR294 法规。

试验前,在试验车上根据高速摄像及运动分析的需要粘贴标志点,标志点的图案可以为图 10-23 所示中的一种。

(3)试验假人准备。目前,国际、国内通用的汽车正面碰撞试验假人为 HybridⅢ型假人。它是由美国第一技术安全公司 FTSS 与美国汽车工程师协会 SAE 及其用户集团在 HybridⅡ型假人的基础上按 GM 公司设计的方案开发完

图 10-23 标志点图案

成的。HybridⅢ型假人已形成不同百分位、不同性别、不同年龄的系列产品,满足不同的研究开发需要。HybridⅢ型假人的主要生产厂家有美国第一技术安全公司、美国 Denton 公司等。

汽车正面碰撞法规中要求安放的是第 50 百分位的 HybridⅢ型假人。由于假人中使用了大量的塑料、橡胶、金属材料,其性能将随着环境的改变而改变。因此,为了保证测量结果的准确性,试验前需将装有假人的试验车辆放入恒温室,使 HybridⅢ型假人保持在 20.6～22.2℃。

试验时,假人需穿着棉质的短袖 T 恤衫和不盖住膝盖的短裤。通常情况下,假人的头部、胸部需安装三向加速度传感器,大腿需安装力传感器,假人的头部、手臂需粘贴标志点。假人的正确摆放位置参见 CMVDR294 法规。

(4)信号采集通道设置。根据研究需要及法规要求,对于安放在不同位置的加速度、力、位移传感器应设置不同的数据通道频率响应特性。同时,应根据传感器的灵敏度及动态响应范围设置电荷放大器的相应参数。

(5)高速摄像机的调试。为了使高速摄像机获得理想的图片效果,试验前需要对焦、调白平衡,并且根据灯光效果调节光圈大小。由于摄像机有一定的正常工作温度范围,夏天不宜长时间开机等候。

4.实车碰撞试验合格的要求

CMVDR294 法规规定了实车碰撞试验的合格要求,主要包括以下几个方面。

1)假人

试验过程中,假人的头部性能指标(HIC)应小于或等于 1000;胸部性能指标(ThPC)应小于或等于 75mm;大腿性能指标(FPC)应小于或等于 10kN。

如果试验过程中假人的头部未触及车内构件,则认为假人头部性能指标(HIC)合格。若试验过程中假人的头部触及车内构件,则假人的头部性能指标(HIC)需按有关公式计算。

假人胸部性能指标(ThPC)由胸部变形的绝对值来确定。假人大腿性能指标(FPC)由轴向传递至假人每条大腿的压力来确定。

2)试验车

试验过程中,车门不得开启,前门的锁止机构不得锁止。试验结束后,对于每排座位,若有门,不使用工具,至少有一个门能打开。

试验结束后,假人应能完好地从车内取出。必要时,可改变座椅靠背位置。如果假人约束机构发生了锁止,应能在松脱装置上施加不超过 60N 的压力使其松脱。

在碰撞过程中,燃油供给系统不允许发生泄漏。如果发生泄漏,则泄漏速度不得超过 30g/min。如果来自燃油供给系统的液体与来自其他系统的液体混合难以辨认时,燃油系统泄

漏量应计入所有的液体。

5.汽车碰撞试验系统的数据采集与图像处理

1)数据采集的要求

为使碰撞试验在不同的试验室所获得的数据具有可比性,SAEJ211、ISO6487 及 CMVDR294 中对碰撞试验使用的测量系统提出了必要的要求并推荐了相应的方法。

(1)通道等级。数据的通道是指从传感器到分析程序在内的整套测试系统通道。数据通道的频率等级 CFC 是用一个特征频率表示该数据通道的频率响应特性,该通道的实际频率响应应该在其规定的极限频率范围内。不同的数据通道频率等级要求的动态频率响应范围是不同的,各碰撞试验标准中都规定了四个数据通道频率等级(CFC1000、CFC600、CFC180 和 CFC60),其要求的动态频率响应范围见表10-5。表10-6给出实际采样中各测量项目要求的数据通道采样频率等级。

四级频率等级的特征频率 表10-5

CFC	f_L(Hz)	f_H(Hz)	f_N(Hz)
1000	≤0.1	1000	1650
600	≤0.1	600	1000
180	≤0.1	180	300
60	≤0.1	60	100

注:f_L、f_H、f_N 分别表示每一级频响函数的三个特征频率。

各数据通道采样频率等级 表10-6

电测量项目		CFC
车身加速度	整车对比	60
	碰撞模拟输入	60
	部件分析	600
	积分计算车速、位移	180
障碍壁力		60
安全带载荷		60
乘员	头部加速度	1000
	胸部加速度	180
	胸部挤压变形量	180
	大腿轴向力	600
台车加速度		600
转向盘受力		600
头部加速度		1000

(2)采样频率。各通道的采样频率应不小于给定数据通道频率等级对应频率 f_N 的5倍。例如,CFC1000 是对系统要求最高的频率等级,对应的采样频率至少为 8.25kHz。

(3)幅值分辨率。为保证数据处理过程中合理的精度要求,SAEJ211 规定数字化长度不应小于10位,其中含一个符号位。ISO6487、CMVDR294 规定数字化长度不应小于8位,其中含一个符号位。选用的模数转换器应达到相应的标准要求。

(4)通道时间差。各数据通道之间的相对时间滞后不得超过1ms,其中不包括由相位漂移造成的相位滞后。即各通道数据采集时,要求各通道之间最大切换时间小于 1ms;在 $0.3f_H$ 和 f_H 之间,数据通道的相位滞后时间的变动不得大于 $0.1f_H$。

2)汽车碰撞试验中的图像处理

由于汽车碰撞试验过程通常只有几十毫秒,采用普通摄像机(25 帧/s)只能拍到 1~2 帧,且画面模糊,不能用于碰撞过程的详细分析。因此,在汽车碰撞试验中普遍采用了高速摄像和高速摄影技术。

高速摄像和高速摄影技术是利用先进的成像技术,在 1s 的时间内拍摄上千帧图片或图像,从而可以详细记录碰撞的全过程。近年来,随着多媒体计算机及数字图像处理技术的迅速发展,大容量的高速存储 CCD 摄像机已广泛用于汽车碰撞试验中。采用这种大容量的高速存储 CCD 摄像机拍摄的数字化图像,可直接输入计算机进行分析处理,从而为汽车碰撞试验中的图像处理提供了方便。常用的大容量高速存储 CCD 摄像机有美国生产的 Kodak 等。这些数字化摄像机一般可提供 1000 帧/s 的全幅拍摄速度,内存大小可根据用户需要进行配置。同时,根据使用需要,这些摄像机通常有两种类型:一种是可以承受碰撞减速度的车载式,可以用于安装在试验车或台车上近距离记录碰撞过程中假人的运动状态、气囊的工作过程等;另一种是不能承受碰撞减速度的摄像机,这种摄像机通常用于安放在车外对试验车碰撞过程、假人的运动状态等进行拍摄,其价格相对较低。

尽管高速存储 CCD 摄像机为汽车碰撞试验中的图像处理提供了很多方便,但高速摄影技术在某些情况下仍然被应用。虽然高速摄影拍摄的大量胶片处理工作量大,不能实时分析试验结果,但胶片上记录的试验过程难以被人为更改,从而具有更高的可靠性。

将高速摄像机拍摄下的数字化图像或高速摄影拍摄下的胶片经扫描后输入计算机,即可进行碰撞过程的定性分析,或利用各种序列图像分析软件进行碰撞过程的定量动态分析。

(1)定性分析。定性分析包括分析碰撞过程中试验车的整体变形规律,从而了解碰撞吸能结构的缺陷;分析假人的运动状态,从而了解安全带、安全气囊是否正常工作,假人是否与车内部件接触等。

(2)定量分析。定量分析则是利用各种序列图像分析软件对记录下来的大量碰撞过程数字化图像中的各标志点进行运动分析,通过这些分析可获得试验车的碰撞初速度、碰撞过程中各标志点的位移、速度、减速度等。

目前世界上广泛使用的序列图像分析软件,包括美国 Kodak 公司的 MAW 软件、德国的 Trackeye 软件等。国内开发的序列图像分析软件,包括清华大学开发的 SIMA 软件和国防科学技术大学开发的汽车碰撞试验图像分析系统软件。

思 考 题

1. 汽车试验场大体可分为几种类型?
2. 简述汽车试验场室外试验设施的组成及作用。
3. 简述安全带的种类及其特点。
4. 简述气体发生器的种类及其工作特点。
5. 台车碰撞试验与实车碰撞试验考核指标有何不同?
6. 实车碰撞试验的合格要求包括哪几个方面?

第十一章　排放污染物检测

本章主要介绍汽车排放污染物的主要成分及其危害;汽车排放污染物的检测原理与方法;我国汽车排放法规与排放限值。

随着汽车数量的剧增,从汽车发动机中排出的一氧化碳(CO)、碳氢化合物(HC)、氮氧化合物(NO_x)和碳烟微粒等既污染了大气,又使环境恶化,而且这些污染物的最高体积分数层处在离地面1m左右处,恰恰是行人的呼吸带部位,严重地影响人类的健康。近年来,随着汽车工业的发展和国民经济各部门及人民生活方面对汽车的需求日益扩大,车辆年增长率达到15%以上,污染情况日趋严重。对汽车废气排放的控制与防治,已到了刻不容缓的地步。要搞好汽车废气排放与防治,必须强化检测手段及对在用车辆技术状态进行定期检查监督和强制维修。

第一节　废气中污染物的主要成分及其危害

一、废气中污染物的主要成分

发动机燃油燃烧后的排放物中有水蒸气、O_2、H_2、N_2、CO_2、CO、HC 化合物、NO_x、SO_2、微粒物质等。其中,把对人体有害和影响自然环境植物生长的成分称为污染物,有 CO、HC 化合物、NO_x、SO_2、微粒物质等,其危害如下。

1. 一氧化碳 CO

CO 是无色、无味、无刺激性的有毒气体,因不易被人察觉,人们往往在不知不觉中因过量吸入一氧化碳 CO 而中毒。CO 一经吸入肺部被血液吸收后,能与人体血红蛋白(血红素 Hb)结合成一氧化碳—血红蛋白(CO—Hb)。血红素的作用是把氧气从肺部输入人体的各功能器官,以维持正常的新陈代谢,但由于 CO 与血红素的亲和力要比氧与血红素的亲和力大 250 倍,所以当 CO 存在时,血红素首先与 CO 结合,且离解很慢,使其失去与氧亲和并输送氧气的能力,导致人体氧缺乏。当大气中 CO 的体积分数达$(70\sim80)\times10^{-6}$以上时,几小时以后,人体内 CO—Hb 体积分数可达 10%,会引起头痛、心跳加速等症状,当 CO—Hb 体积分数达 20% 左右时,就会引起中毒,当 CO—Hb 体积分数达 60% 时,人即因窒息而死亡。

2. 碳氢化合物 HC

碳氢化合物 HC 中的大部分成分对人体健康的直接影响并不明显,但在 HC 中含有少量的醛(甲醛、丙烯醛)、醇、酮、酯、酸和多环芳香烃(苯并芘)等,其中甲醛与丙烯醛对鼻、眼和呼吸道黏膜有刺激作用,可引起结膜炎、鼻炎、支气管炎等症状,且还有难闻的臭味。苯并芘是一种致癌物质,在每一克 HC 中含 3、4 苯并芘约 75.4μg,每辆汽车每小时约排出 300μg 的 3、4 苯并芘,人体吸入较多易得癌症。

3. 氮氧化合物 NO_x

NO_x 是复杂氮氧化合物的总称,它包括有 NO、NO_2、N_2O、N_2O_3、N_2O_4、N_2O_5 等多种成分,其

中主要成分是 NO 和 NO_2。NO 毒性不大,但高体积分数的 NO 能引起神经中枢的障碍,且它很易氧化成剧毒的 NO_2。NO 是棕色气体,有特殊的刺激性臭味,被吸入肺后,能与肺部的水分结合生成可溶性硝酸,严重时会引起肺气肿,如大气中 NO_2 的体积分数为 5×10^{-6} 就会对哮喘病患者有影响,若在 $(100 \sim 150) \times 10^{-6}$ 的高体积分数下连续呼吸 $30 \sim 60min$,就会使人陷入危险状态。

HC 和 NO_x 在阳光下还会引起光化学烟雾、臭氧 O_3 和过氧化酰硝酸盐,这些物质对眼睛、咽喉有很大刺激作用,使人流泪,引发红眼病和咽喉肿痛等,严重时还会造成吸呼困难、四肢痉挛、神志不清。

4. 浮游粒状物

发动机排出的废气中含有极小的颗粒状物质,这些微粒主要是有作为抗爆剂加入到汽油中的四乙铅经燃烧后生成的铅化物微粒,以及含有燃料不完全燃烧生成的炭烟颗粒等,柴油机排出的炭烟颗粒更多。铅化物微粒散入大气,对人体健康十分有害,当人们吸入这种有害物体并积累到一定程度时,铅将阻碍血液中的红细胞的生长与成熟,使心、肺等器官发生病变,侵入大脑时,则引起头痛,出现一种精神病的症状,因此,应使用无铅汽油。

炭烟不仅其本身对人体呼吸系统有害,且它的孔隙中往往吸附 SO_2 及有致癌作用的苯并芘等。炭烟严重时形成黑雾,妨碍驾驶员视线,容易引发交通事故。

5. 二氧化碳 CO_2

CO_2 是发动机主要排废成分之一,在正常情况下认为对人体无害,但这种气体的积累会使地球表面升温,产生"温室效应",破坏生态平衡,也会对人体健康产生潜在影响,故有时把 CO_2 亦看作有害成分。

6. 硫氧化物 SO_2

SO_2 有强烈气味,进入人体后遇水形成亚硫酸,起腐蚀作用,其体积分数达 10×10^{-6} 时,可刺激咽喉与眼睛,体积分数达 40×10^{-6} 时,能使人在几分钟内中毒。

二、影响发动机污染物排放量的因素

根据发动机排出的污染物形成的原因,影响其排出量的主要使用因素有以下几个方面。

1. 影响汽油机 CO、HC 和 NO_x 的排出量的主要使用因素

1)混合气体积分数

常以空燃比或过量空气系数表示,空燃比是指空气质量与汽油量之比,汽油要得到完全燃烧时,理论上的空燃比应为 14:8。过量空气系数是指燃烧 1kg 汽油实际供给的空气质量与理论上燃烧 1kg 汽油所需的空气质量之比。如空燃比大于 14.8,或过量空气系数大于 1,称混合气较稀或过稀;反之,如小于 14.8 或 1,则称较浓或过浓。空燃比与污染物排放量的关系如图 11-1 所示。

对于 HC,当空燃比大于 17~18 时,由于混合气过分稀释,易发生火焰不完全传播以致断火,故使未燃烃 HC 排放量迅速增加。

对于 NO_x,用很浓的混合气时,由于燃烧温度和

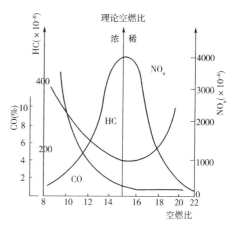

图 11-1 空燃比与有害排放物量的关系

氧浓度都较低,所以 NO 的生成量也较低。混合气过稀,虽然氧体积分数增加,但燃烧温度却有所下降,所以 NO 增加。

对于 CO 很明显,空燃比越大,空气越充足,易完全燃烧,CO 减少。

2)发动机温度

发动机在冷态时,供给的燃油雾化不良,进入汽缸的混合气遇到冷壁会发生冷凝。所以,需供给浓混合气,结果由于空气量不足,CO 增加,但此时燃烧温度低,使 NO_x 减少而未燃烃 HC 增多。若温度过高,会引起发动机过热、爆震及早燃等故障,使燃烧温度异常升高,NO_x 增加。

3)发动机负载

发动机负载一般由车辆的不同运行工况、车辆装载质量决定。

发动机在怠速、减速行驶等低速小负载运动时,化油器所供给的高混合气燃烧速度减慢,引起不完全燃烧,CO 增加,且由于气体温度低,汽缸中激冷面上的燃油不可能燃烧,形成 HC 排出,而 NO_x 排出较少。由于上述原因,在怠速工况下发动机排出的污染物最多。

4)发动机转速

转速升高,汽缸内混合气紊流扰动增加,火焰传播速度加快,汽油燃烧比较完善,HC 排放体积分数降低。

发动机在加速运行时,由于要求发出大的功率,须将汽缸内燃气的温度提高,因此既会产生大量的 NO_x,而且由于在短时间内,从化油器加速泵系统中供应过量的燃油,又会引起一部分燃料的不完全燃烧,导致 CO 和 HC 排放量均增加。

当发动机减速运行时,即汽车行驶时驾驶员迅速松开加速踏板,特别是发动机原先高速运行,一旦急速关闭节气门,在进气管内会产生瞬时的高真空度,而吸入过量的燃料,使燃料和空气的混合气成分过浓。与此同时,汽缸内的气体压力却降低了,因此燃烧温度也降低;由于是产生不完全燃烧,使 CO 的生成量增加,而且由于激冷区加大,使 HC 的生成量也增多。

在怠速时其转速与排气成分 CO、HC 的体积分数也有关系,如图 11-2 所示。该图说明适当地提高怠速转速,对于降低怠速时的这两种成分都有好处。这是由于随着怠速转速的提高,进气节流度将减小,进入汽缸的新气量将增加,于是,残余气体的稀释程度有所减小,使燃烧改善,结果使 CO 和 HC 的排放体积分数随之降低。

5)点火时刻

点火提前时间,由节气门开度、发动机转速和汽油质量等决定,如推迟点火提前时间,即接近活塞上止点时点火,则由于排气时间延长,排气温度增高,而此时汽缸内容积相应减少,促进 CO 和 HC 的氧化与激冷面积的减小,使 HC 排量可减少,对 CO 排量影响不大;但过于推迟,因 CO 没有时间完全氧化,CO 排出量会增大。

2.影响柴油机炭烟的排出的主要因素

(1)燃料

燃料的十六烷值较高时,因稳定性差,在燃烧过程中易于裂解,故有较大的冒烟倾向。

(2)喷油

提前喷油,可使着火备燃期延长,因此喷油量较多,使之循环温度升高,燃烧过程结束较早,排烟可降低。非

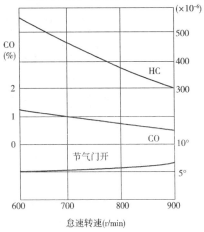

图 11-2 怠速转速对 CO 和 HC 排量的影响

常滞后的喷油时,其喷油是发生在最小的着火备燃期之后,这时扩散火焰大部分发生在膨胀行程中,火焰温度较低,燃油高温裂解的条件差,所以炭烟减少。

(3) 转速

对直喷式柴油机,排烟随转速提高而稍有增加。因为转速提高,不易于混合气形成和燃料来不及燃烧,使未燃烧的油和局部混合气浓度增加。

(4) 负载

排烟随负载增加而增多,如图 11-3 所示。因为负载增加时,喷油量增加,燃烧温度亦提高,容易生成炭烟。

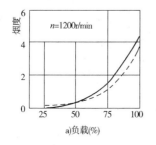 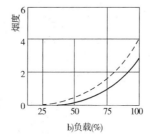 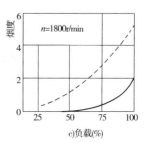

图 11-3 柴油机在各种负载下的烟度
— 滑流式;---直喷式

第二节 汽车有害排放物的测量方法

一、汽车有害排放物的测量系统

汽车有害排放物的测量方法主要有两种:一是整车测量法,该种方法从汽车的排气管取样进行分析或对整个排气进行分析,根据各国汽车排放法规的规定,整车测量法主要用于轻型汽车的排放认证、产品一致性试验和各种在用汽车的排放监测等,如图 11-4 和图 11-5 所示;二是台架测量法,仅对车用发动机和其附带的排放装置进行测量。试验装置中除气体采样及分析系统外,与普通发动机性能试验台没有区别。

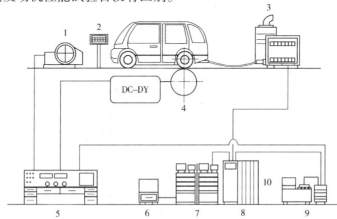

图 11-4 汽油车排放测量系统示意图
1-冷却风扇;2-车况显示屏;3-定容采样系统 CVS;4-底盘测功机;5-控制系统;6-记录装置;7-排气分析系统;8-CVS 控制装置;9-数据处理装置;10-取样袋

图 11-4 所示为汽油车排放测量系统示意图。系统主要由冷却风扇、车况显示屏、定容采样系统 CVS、底盘测功机、控制系统、记录装置、排气分析系统、CVS 控制装置、数据处理装置等组成。通过底盘测功机的转鼓给汽车加载;模拟汽车在道路上的行驶阻力,冷却风扇用来模拟汽车在道路行驶时的冷却情况。车况显示屏的作用是帮助驾驶员了解汽车车速的变化情况,操纵汽车加速踏板,精确模拟汽车的实际道路运行时的各种工况。定容采样系统 CVS、控制系统、记录装置、排气分析系统、CVS 控制装置、数据处理装置等用以完成采样、分析气样并记录试验结果。

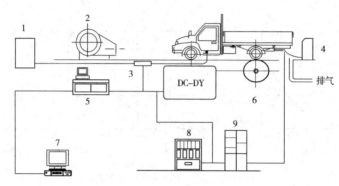

图 11-5　柴油车排放测量系统示意图

1-燃油箱;2-冷却风扇;3-燃料流量计;4-透光式烟度计;5-测量控制系统;6-底盘测功机;7-数据处理装置;8-数据记录仪;9-排气分析系统

图 11-5 所示为柴油车排放测量系统示意图。系统主要由冷却风扇、燃油测量系统(燃油箱和燃料流量计等)、透光式烟度计、测量控制系统、底盘测功机、数据处理装置、数据记录仪、排气分析系统等。

二、有害排放物分析的取样方法

1. 直接取样法

用取样探头插入汽车排气管内直接采集部分废气,然后再送到分析仪的方法,称为直接取样法,如图 11-6 所示。直接取样法可以是连续的,也可以是间断的。

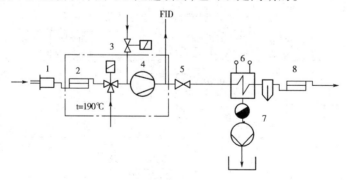

图 11-6　汽车排放测试的直接取样系统

1-取样探头;2-粗滤器;3-逆向清扫系统;4-取样泵;5-减压器;6-气样冷却器;7-冷凝液分离器;8-细滤器

取样时,气样经气泵引入分析仪。气样在进入分析仪前,需经过滤清、冷凝等预处理以除去水分和污秽物。该方法操作简便,适合于连续观察排气组成的变化。广泛用于汽油车急速、双急速排放试验取样和柴油自由加速烟度的试验取样。

2. 全量取样法

将试验时间内的全部排气收集在一个袋子里,然后再进行分析的方法称为全量取样法,其流程如图 11-7 所示。

全量取样法的优点是能测定排气中有害成分的平均体积分数,易于进行质量计算。气样分析通常在汽车运行结束后进行。由于进气袋从进气开始到开始分析气样的过程中,会产生 HC 被袋吸附、HC 中容易引起反应的组分之间相互反应或聚合以及 HC 和 NO_x 的反应等现象,故气袋应尽量选用那些引起 HC 损失最小的材料;取样后要尽快地分析测定。试验表明在取样 30 min 后,NO_x 约减少 25%;如果在 20min 内完成分析,则所测 HC 体积分数不会低于初始值的 98%。

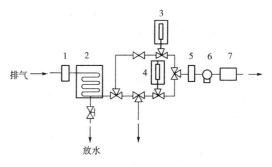

图 11-7 全量取样法流程图
1-过滤器;2-热交换器;3、4-取样袋;5-过滤器;6-气泵;7-分析仪

在取样时排气背压的变化,也会影响测量效果。由于取样需要较大容量气袋时,不便在实际道路运行中采用,只能用于台架模拟工况取样分析。

3. 比例取样法

比例取样法是根据汽车内燃机进、排气量之间存在一定的关系,用进气量测量代替较为困难的排气量测量;用容量约 50 L 的小袋子连续收集排气量的 1/1000～1/1500,按此取样比例,自动控制进气量和排气采取量的比例。其流程如图 11-8 所示。

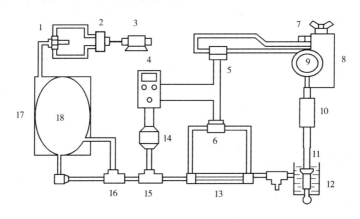

图 11-8 比例取样法的流程图

1-换向阀;2-泵;3-电动机;4-伺服放大器;5-进气流量传感器;6-取样流量传感器;7-分流元件;8-发动机;9-空气滤清器;10-排气系统;11-取样管;12-冷却器;13-流量计;14-伺服电动机;15-控制阀;16-电磁阀;17-玻璃箱;18-气袋

整个取样系统由发动机进气量测量系统、气样收集和输送组件、控制组件、冷却器和电源等组成,可以组装在手提箱内。其关键性组件是机电式伺服机构。伺服放大器专门用来操纵控制阀,使所取气样与进气流量之间保持比例。试验前,取样袋内需引入适量的氮气,以减少排气气样在储藏期间的反应。

比例取样法便于进行排气有害成分的质量计算,广泛应用于汽车排放的科研试验及模拟汽车在道路行驶过程时的取样分析。比例取样法的最重要问题是流量的测量与控制,要求取样系统的反应速度快(70～80s)。

4.定容取样法

定容取样法 CVS(Constant Volume Sampling)是一种稀释取样方法。CVS 能有效控制周围环境空气对汽车排气进行连续稀释,模拟汽车排气向大气中扩散这一实际过程。目前,中国、美国、日本、欧盟等的轻型车试验法规中均规定采用 CVS 取样。

CVS 取样系统有不同的三种形式,如图 11-9 所示。

图 11-9 中各符号的含义如下:

B_A——稀释空气取样袋,要有足够的容量。袋子的材料应该既不影响样气测量,也不影响样气的化学组成,如聚乙烯—聚酰胺多层薄膜或氟化聚烃。

B_L——鼓风机,运送稀释排气的总容积。

B_E——稀释排气取样袋,容量和材料的要求同 B_A。

C——计数器,用来记录试验时容积泵的转数。

CS——旋风分离器,用它滤掉微粒。

D——稀释空气滤清器。该滤清器内含有夹在两层纸之间的能吸附碳氢化合物的活性炭。

F——滤清器,用来滤掉用作分析的稀释排气中的固体微粒。

F_h——加热式滤清器。

FL——流量计,用来调节和监控试验时样气的流量,使其稳定。

G——压力表。

G_1——压力表,精度为 ±0.4kPa。装在紧靠容积泵的上游位置,用来记录稀释排气和周围环境空气之间的压力差。

G_2——压力表,精度为 ±0.4kPa。装在紧靠容积泵的下游位置,用来记录容积泵进、出口之间的压差。

H——热交换器,它的容量应保证在整个试验中,稀释排气的温度在设定的运转温度 ±6℃ 以内。

HFID——加热式氢火焰离子气体分析仪。

L_h——加热的管道。

M——混合室,使车辆排气和稀释空气均匀混合。

MV——测量临界流量的文杜里管,用来测量稀释排气的总容积。

N——流量控制器,它保证在试验过程中从取样口 S_1、S_2 取样时,流量(约 10 L/min)稳定而均匀;并且样气的量在试验终了时足够作分析用。

P——取样泵,用来收集稀释空气及稀释排气。

PDP——容积泵,用来输送和计量稀释排气。

PS——缓冲器,装在取样管路中。

Q——气密式快速紧固接头,装在快速动作间与取样袋之间。此元件的取样袋一侧应能自动关闭。

R_1——取样装置中吸取稀释排气的泵。

R_{+1}——记录和积分瞬时 HC 体积分数的设备。

S_1——取样口,收集稀释空气的定量样气。

S_2——取样口,收集稀释排气的定量样气。

S_3——取样点。

SV——取样用临界流量文杜里管。

T——温度传感器,装在紧靠容积泵的上游位置,连续监控稀释排气的温度。

T_1——温度传感器,作用同 T。

TC——温度控制系统,在试验前用来预热热交换器;在试验中控制稀释排气的温度在设定的运转温度 ±6℃ 以内。

V——快速动作阀,用来将样气的稳定气流分一部分进入取样袋或到外部通风口。

V_h——加热式多通阀。

1)带容积泵的变稀释度系统(PDP – CVS)

如图 11-9a)所示,排气一进入 PDP – CVS 系统,便与已滤清的空气在混合室 M 内混合而稀释,其压力与大气压之差 < ±0.25kPa,然后被吸入容积泵 PDP。适量的空气用于稀释排气,并使温度保持在稀释气露点以上,以防止水蒸气冷凝。容积泵用以输送和计量稀释排气,其输送能力由试验规范中加速时最大排气流量的 2 倍或由水蒸气不冷凝来决定。使稀释空气与排气的比例接近于汽车排气扩散到大气中的实际状态,以提高测量精度。

汽车排气管与取样系统的连接管应尽可能的短,不得对排气污染物体积分数产生影响。稀释后的排气在进入容积泵以前,其温度通过热交换器 H 和温度控制系统 TC 控制在设定值 ±6℃ 以内,以维持气体密度不变。稀释排气的分量被取样泵吸入,并以 ≥5L/min 的流量压入稀释排气取样袋 B_E 内。

由于排气的稀释度较高,环境空气中的 HC、CO、NO_x 的微量也会使取样袋内低体积分数样气的分析出现误差,应尽可能引入清洁空气。故在稀释空气滤清器 D 内装有活性炭层,用以吸附空气中 HC。

图 11-9a)中的虚线部分为分析压燃式发动机 HC 排放时的附加设备,可使稀释排气的温度保持在(190 ± 10)℃。

2)临界流量文杜里管变稀释度系统(CFV – CVS)

临界流量文杜里管变稀释度系统(图 11-9b)与 PDP – CVS 系统的主要差别是借助鼓风机,用 1 只测量临界流量的文杜里管 MV 来测量流过管中的稀释排气的总容积;借助取样泵,用 1 只小型临界流量文杜里管 SV 对稀释排气进行取样。鼓风机输送稀释排气的能力与 PDP—CVS 系统的容积泵相同。两只文杜里管进口的压力和温度相等,取样容积与总容积之比保持一定。

该系统是以流体力学中关于临界流量的原理为基础,气流通过临界流量文杜里管保持声速流动,根据声速与气流温度平方根的比例关系,即可在试验中对气流实现连续监控、计算和积分。

该系统还加装了一个旋风分离器 CS 用以滤掉固态微粒。在取样管路中加装 1 个缓冲器 PS 使样气动能获得有效的衰减。

CFV – CVS 系统也设置有供柴油机试验用的附加设备,整个设备保温在(190 ± 10)℃,以适应柴油机 HC 分析。

3)用量孔控制恒定流量的变稀释度系统(CFO – CVS)

用量孔控制恒定流量的变稀释度系统如图 11-9c)所示,其关键元件是吸气泵 R_1 和量孔,吸气泵用以输送稀释排气,而量孔则用来计量稀释排气的总容积。

定容取样法与直接取样法、全量取样法比较,由于取样系统没有低温冷却器,而且对柴油机试验还采取了附加保温措施,因而减少了高沸点 HC 冷凝或溶于水中的损失;由于排气经稀释后才收集到取样袋中,也减少了因化学活性强的物质相互反应而引起的组成变化,故得到了广泛应用。

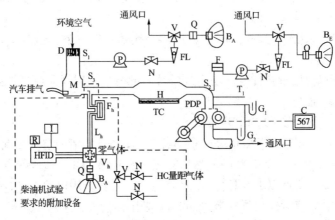

a) PDP—CVS 流程图

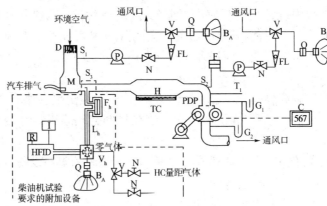

b) CFV—CVS 流程图

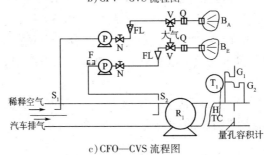

c) CFO—CVS 流程图

图 11-9 CVS 取样系统流程图

三、汽油车排气成分的分析

目前用于汽车气体排放污染物分析测试的方法主要有三种:用不分光红外分析仪测量 CO 和 CO_2;用氢火焰离子分析仪测量 HC;用化学发光分析仪测量 NO_x。在试验研究中,对排气气体成分和体积分数的分析也可采用气相色谱仪。

1. 不分光红外分析仪(NDIR, Non-Dispersive Infrared Analyzer)

多数气体都具有吸收特定波长的红外线的能力,除单原子气体(如 Ar、Ne)和同原子的双原子气体(如 N_2、O_2 和 H_2 等),大多数非对称分子(不同原子构成的分子)都具有吸收红外线的特性。汽车排气中的有害气体均为非对称分子，如 CO 能吸收波长为 4.7μm 的红外线，CO_2 能吸收波长为 4.2μm 的红外线，C_6H_{14}（正己烷）能吸收 3.5μm 波长的红外线，而 NO 能吸收 5.3μm 波长的红外线。

不分光红外分析仪的工作原理正是基于这种大多数非对称气体分子能吸收特定波长段红外线的特性，并且其吸收程度与气体体积分数有关。

设 I_0 为红外光对气体的入射强度，I 为经气体吸收后透射出的红外光强度，则两者的关系遵循比尔(Bill)定律：

$$I = I_0 \exp(-k_\lambda c l)$$

式中：k_λ——气体对波长为 λ 的红外光的吸收系数，对于某一特定成分，k_λ 为常数；

c——气体体积分数；

l——红外光透射过的气体厚度。

由式可知，当入射的红外光强度 I_0、待测气体成分（即 k_λ）及其厚度 l 一定时，透射的红外光强度 I 就成了待测气体体积分数的单值函数。

图 11-10 所示为 NDIR 分析仪的工作原理示意图。在检测室里充满了不吸收红外线的气体（如 N_2），被测气体流过分析室，从红外光源射出的强度为 I_0 的红外射线经过旋转的光栅周期性地射入标准气样室和测量气样分析室。由于被测气体吸收红外线，使得透射过测量气样室的红外线减少，其强度变为 I；而标准气样室内的气体不吸收红外线，其透射红外线强度仍保持为 I_0；两室透射出的红外线周期性地进入检测器。检测器有两个接收室，里面充有与被测气体成分相同的气体，中间用兼作电容器极板的金属膜片隔开。接收室中的气体周期性地被红外线加热，因而产生周期性的压力变化。由于来自分析室的红外线强度 I 小于来自标准气样室的红外线强度 I_0，使金属膜片向测量气样室一侧凸起，电容量减少，并且正比于被测气体的体积分数。把电容量的变化调制为交流电压信号的变化，经放大器后显示在指示仪或其他的输出装置上。另外，检测器除电容式的以外，也可用半导体等方式。

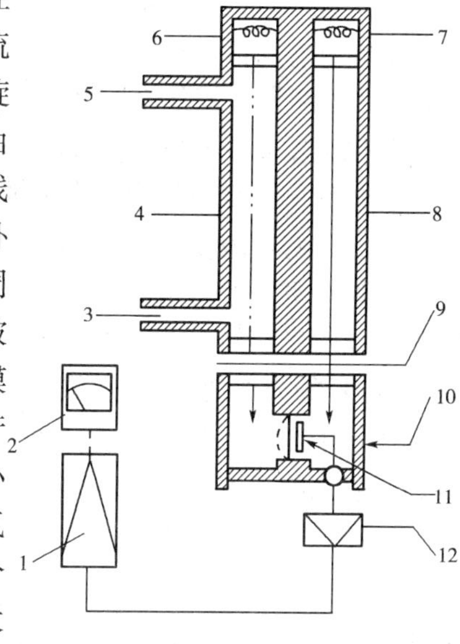

图 11-10 NDIR 分析仪的工作原理示意图
1-主放大器；2-指示仪表；3-废气入口；4-测量气样室；5-排气口；6-红外线光源；7-红外线光源；8-标准气样室；9-遮光扇轮；10-检测室；11-电容器；12-前置放大器

NDIR 具有灵敏度高、测量范围大（$10^{-6} \sim 10^{-2}$ 体积分数）的优点，可测量分析 CO、CO_2、CH_4、C_6H_{14}、SO_2、N_2O、NO、NO_2 及 NH_3 等多种气体。

发动机排气中有上百种 HC，而 NDIR 只能检测某一波长段的 HC。如在检测器的接收室内充填正己烷（C_6H_{14}），则测量仪器对饱和烃敏感，而对非饱和烃和芳香烃不敏感。因而测量结果主要反应了饱和烃的含量，而不代表各种 HC 的总含量。

另外，用 NDIR 测量 NO 时，由于输出信号非线性以及易受干扰，造成测量精度较低。因而 NDIR 一般用于分析 CO 和 CO_2，对精度要求不高的场合（如怠速），也可以用于 HC 的分析，一般不用来测量 NO。

2. 氢火焰离子检测器（FID，Hydogen Flame Ionization Detector）

FID 的工作原理是利用碳氢化合物在氢火焰的高温（2000℃左右）中热致电离形成自由离

子,且离子数与碳原子数基本成正比。

如图 11-11 所示,被测气体与体积分数为 40% 的 H_2(其余为 He)的燃料气体混合后进入燃烧器,在氢火焰的高温下,碳氢化合物裂解产生元素态碳,然后形成碳离子 C^+,在 100~300V 外加电压作用下形成离子流,微弱的离子电流(约 10^{-12}A)经放大后输出。

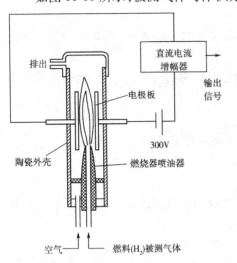

图 11-11 FID 的测量原理示意图

FID 的测量结果不受水蒸气、H_2、CO 以及 CO_2 等无机气体的影响,但会受到碳氢化合物分子结构的影响。FID 测得的 C 原子数与实际 C 原子数之比,对烷烃不低于 0.95,对环烷烃和烯烃一般不低于 0.9,对芳香烃特别是含氧有机物(如醇、醛、醚、酯、酸等)会产生较大偏差。

为防止高沸点的 HC 在采样过程中发生凝结,需要对采样管路加热。测量汽油机排气时应加热到 130℃ 左右,柴油机则须在 190℃。

FID 可测量体积分数为 10^{-7}~10^{-2} 的 HC,而且线性和频响特性好。

3. 化学发光分析仪(CLD, Chemiluminescent Detector)

CLD 被认为是目前测定汽车排气中 NO_x 的最好方法,也是各国汽车排放法规规定的测量方法。它具有灵敏度高(约 0.1×10^{-6}),反应速度快(2~4s),在 NO_x 体积分数为 0~0.1 范围内输出特性呈线性关系,适用于低体积分数连续分析等优点。

化学发光法测定 NO_x 的浓度。化学发光法只能直接测定 NO,不能直接测量 NO_2。通常用加入 O_3 的方法使 NO 产生化学发光现象。NO 和过量的 O_3 在反应器中混合,相互作用,便产生了电子激发态分子 NO_2^o。当 NO_2^o 分子衰减到基态就放射出了波长为 0.6~3μm 的光子。其化学发光的反应机理为:

$$NO + O_3 = NO_2^o + O_2$$
$$NO_2^o = NO_2 + h\gamma$$

式中:h——普朗克常数;
γ——光子的频率。

化学发光的强度直接与 NO、O_3 两反应物的体积分数乘积成正比,由于在正常工作情况下 O_3 数量大,其体积分数几乎无变化,故化学发光强度正比于 NO 的体积分数。

化学发光反应所产生的光子,由光电倍增管转换后,经放大器送往记录器检测。

典型的化学发光检测装置如图 11-12 所示。反应气体 O_3 是一种活性物质,由装在仪器内的发生器 5 产生;发生器是一种放电装置,其中可以产生体积分数约为 0.5% 的 O_3。反应室 6 是试样 NO 与 O_3 发生反应和产生化学发光的场所。反应器最适宜的大小和几何形状取决于反应速度、内部压力和 NO 的流速。使用滤光片分离给定的光谱区域,以避免反应气体中其他一些化学发光反应的干扰。

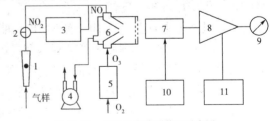

图 11-12 化学发光检测装置示意图

1-流量计;2-三通阀;3-转化器;4-抽气泵;5-O_3 发生器;6-反应室;7-光电倍增器;8-放大器;9-指示仪表;10-高压电流;11-放大器电流

CLD 的基本电子系统由光电倍增管、高压电源、输出电流放大器和记录仪表组成。

虽然 CLD 只能直接测定 NO,但如果先在转换器中把 NO_2 转化成 NO,再用 O_3 检测,则可以测定 NO_x;再利用测定的 NO_x 和 NO 的差值,可以测出 NO_2 的体积分数。把 NO_2 转换成 NO,是利用转换器的表面热反应(加热到600℃)使 NO_2 分解成 NO 的。用来测定汽车废气的 CLD 测试仪一般都带有这种转换设备。由于转换器的效率对分析精度有直接影响,故应经常检查,当效率低于90%时,则需更换新的转换器。

4. 气相色谱仪(GC,Gas Chromatography)

气相色谱法是一种将混合气体中各种成分相互分离,以便于对混合气的组成和各成分的体积分数进行详细分析的方法。图 11-13 所示是气相色谱仪的基本构成,其主要部分是用于分离各气体成分的色谱柱和定量分析各成分的检测器。

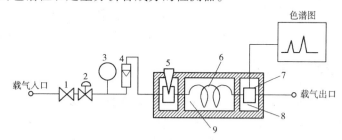

图 11-13　气相色谱仪结构原理简图

1-调压阀;2-流量调节器;3-压力计;4-流量计;5-被测气样导入部;6-色谱柱;7-检测器;8-检测器槽;9-色谱柱槽

气相色谱仪一般以氦(He)、氩(Ar)和氮(N_2)等惰性气体作为载气,载气以不变的流速、温度和压力在色谱仪中流动。将微量的被测气体导入,被测气体在载气的带动下流过色谱柱。色谱柱通常用不锈钢或玻璃管制成,其内径约为 0.25mm,长度为 1~10m,呈螺旋状,内部充填有氧化铝或硅胶或活性炭分子筛等固定相。由于被测气体中的各种成分对某一固定相的亲和力(对固体固定相表现为吸附性,对液体固定相表现为溶解性)不同,因而导致各种成分最终流出色谱柱的时间不同,即亲和力弱的成分难以被吸附或溶解在固定相上,较早地流出色谱柱,亲和力强的组分流出较晚。这样,就使本来混合在一起的各种成分被分离,并按一定的时间序列进入检测器,检测器依次测定各种成分的体积分数,信号经放大调制后记录在色谱图上。

根据试验前用标准样气所作的标定试验得到的欲测成分流至检测器的时间,可以判断出每个色谱峰所代表的成分;而色谱峰的面积积分或峰高则与相应成分的体积分数成正比。

气相色谱仪所用的检测器主要是热导率检测器(TCD)和氢火焰离子检测器(FID),根据被测气体不同,也可用电子捕获型检测器(ECD)和火焰光度检测器(EPD)。

气相色谱仪可用于确定排放气体中 HC 的具体组分以及各种成分的体积分数,而一般的汽车排放分析仪只能给出 HC 的总体积分数。

5. 顺磁分析仪(O_2 的测量方法)

由磁学理论,顺磁性物质的特性是在外磁场为零时,由于热运动,使原子的磁矩的取向是无规则的;在外磁场的作用下,原子的磁矩有沿磁场方向取向的趋势,显示出磁性。汽车排气中的顺磁性气体有氧和一氧化氮等,并且 NO 的顺磁性较弱仅为氧的44%。在汽车排气中,一般情况下氧的体积分数要比 NO 高得多,故可以用根据顺磁性、物质的特性制作的顺磁分析仪来测量排气中的氧。

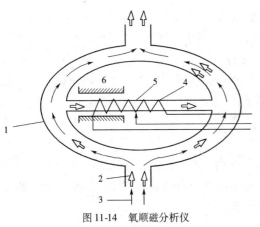

图 11-14 氧顺磁分析仪
1-环行室;2-气样中的氧;3-气样;4-电热丝;5-玻璃管;6-永久磁铁

氧顺磁分析仪的原理可用图 11-14 说明。气样 3 中的氧 2 在进入永久磁铁 6 的磁场后,受到磁场的作用,并受到指向磁场增强的方向的力的作用,使氧气自左向右进入水平玻璃管 5 中。在磁场强度最大的地方,气样被电热丝加热。加热后的氧气原子磁矩减弱,受到的磁铁吸力小于后进入的冷态的氧。这样,冷的气样被吸到磁极中心,挤走热的气样。冷的气样在这里又被加热、挤走。于是便在玻璃管里形成了称之为磁风的气流。如果电热丝同时起热线风速仪的作用,就可比较简单测定气流速度,从而得出气样中氧的体积分数。

四、柴油机排放微粒及烟度检测

柴油机排放的微粒和黑烟虽然是两个不同的测量指标,但两者有着密切的关系。微粒是由炭烟、可溶性有机物 SOF 和硫酸盐构成的,特别是在排放严重的中高负载时炭烟所占比例很大,所以表征炭烟多少的排气烟度长期以来得到了广泛应用。尽管排放法规中规定了微粒排放限值,因而微粒测量是标准的测量方法,但比起烟度测量来,其设备复杂、价格昂贵、测量繁琐,因而难以普及,目前主要用于排放法规检测试验。

1. 柴油机排气微粒检测

1) 柴油机排气微粒的采集

微粒的采集系统可分为两种,即全流式稀释风道采样系统和分流式稀释风道采样系统。前者将全部排气引入稀释风道里,测量精度高,但体积庞大,价格昂贵;后者仅将部分排气引入稀释风道里,因而体积较小。

全流式稀释风道微粒取样系统示意图如图 11-15 所示。分流式微粒采集系统的示意简图如图 11-16 所示。

试验中,整车或发动机按规定的工况运转。在 CVS 抽气泵的作用下,环境空气经空滤器以恒定的容积流量进入稀释风道。发动机排出的废气进入稀释风道,并与空气混合,形成稀释样气,稀释比一般为 8~10。模拟由汽车排气管排出的废气在实际环境空气中的稀释状况,可以防止 HC 的凝结。在距排气入口处 10 倍稀释风道直径的地方,稀释样气在微粒取样泵的抽吸下以一定的流速流过微粒收集滤纸(一般为直径 47mm 的涂聚四氟乙烯树脂滤纸),使微粒被过滤到滤纸上。为保证试验精度,微粒取样系统往往并联地设置两套。

用微克级精密天平称得滤纸在收集前后的质量差,就可得到微粒的质量,并根据需要计算出单位行驶里程的排放量 g/km,或单位功的比排放量 g/(kW·h)。

全流稀释风道测量系统体积庞大,成本极高,难以普及使用。分流稀释风道测量系统由于仅取部分排气进行稀释和测量,体积和造价则要小得多,当然其测量精度不如前者。分流式采样系统除在部分国家的排放法规中允许使用外,最主要是用于研究开发和出厂产品检测。

2) 微粒成分的分析方法

微粒主要由炭烟、SOF 和硫酸盐组成的,需要多种仪器配合使用才能准确测定具体组成成分和各种成分所占比例,常用的方法有以下三种:

(1)热解质量分析法(TGA)。使用热质分析仪,在惰性气体(如 N_2)中,将微粒按规定的加热速率加热到 650℃,并保温 5 min,使其中可挥发成分(VOC)蒸发掉。根据加热过程前后微粒样品的质量变化,就可求出 VOC 在微粒总质量中所占比例。

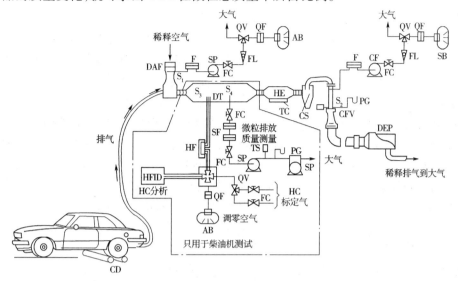

图 11-15 用于轻型柴油汽车工况法测试的定容取样系统(CFV – CVS 系统)

CD-底盘测功机;AB-空气取样袋;CF-积累流量计;CFV-临界流文杜里管;CS-旋风分离器;DAF-稀释空气滤清器;DEP-稀释排气抽气泵;DT-稀释风道;F-过滤器;FC-流量控制器;FL-流量计;HE-换热器;HF-加热过滤器;PG-压力表;QF-快接管接头;QV-快速作用阀;S_1、S_2、S_3、S_4-取样探头;SB-稀释排气取样袋;SF-测量微粒排放质量的取样过滤器;SP-取样泵;TC-温度控制器;TS-温度传感器

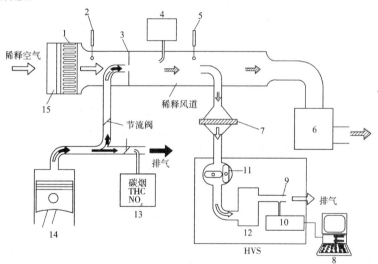

图 11-16 分流式微粒采集系统示意图

1-加热器;2、5-测温探头;3、9-节流口;4-NOx 浓度仪;6-CVS;7-微粒滤纸;8-控制用微机;10-压力计;11-罗茨泵;12-稳压箱;13-放分析仪;14-发动机;15-空气滤清器

用热质法测得的 VOC 成分主要是高沸点 HC 和硫酸盐。然后,用合成空气(体积分数 21% O_2 + 79% N_2)置换 N_2,在 650℃ 条件下,微粒中的炭烟部分被空气中的 O_2 氧化,因而进一步减少的质量对应着炭烟成分。剩余的则是微量的灰分。

TGA 法的优点是准确快捷,能测出试样的质量损失率连续变化曲线,可据此定量分析

VOC 中的不同馏分,测定炭烟在各种条件下的氧化速率。如对 VOC 进行冷凝,可继续对 VOC 进行定性分析。TGA 法的缺点是价格昂贵,且一次只能处理一个试样,TGA 分析中必须将微粒试样与滤纸一起加热,而涂聚四氟乙烯的滤纸不能满足耐热性要求,只有采用无涂层的玻璃纤维滤纸采样才能基本满足要求。

与 TGA1 类似的方法是真空挥发法(VV)。将微粒试样置于真空干燥箱内,在真空度为 95kPa 以上、温度为 200℃ 左右加热 3h,其质量变化即为微粒中 VOC 的含量。这种方法所用设备简单,一次可处理大量试样,操作方便。缺点是不能记录被测试样的质量变化历程,收集 VOC 较困难。

(2)SOF 萃取及分析方法。对于微粒中的 SOF 可采用萃取法采集,最常用的是索格利特(SE)萃取法,用二氯甲烷作萃取溶剂。具体的操作方法是:将微粒样品置于索式萃取器里的萃取溶剂中数小时,使微粒中的 HC 充分溶解在溶剂中,将不可溶解部分滤掉,然后将溶剂蒸发掉,所剩即为可溶性有机成分 SOF。也可以将收集有微粒的整张滤纸在萃取溶剂中放置数小时,根据萃取前后滤纸的质量差求得 SOF 的质量。

SOF 与 VOC 的区别在于,SOF 中只有高沸点的 HC,而 VOC 中实际上还包括硫酸盐。

可通过液相色谱仪对 SOF 作进一步分析。将含有 SOF 的二氯甲烷浓缩后送入液相色谱仪,根据色谱图获得 SOF 所含 HC 成分的种类及其体积分数。

(3)硫酸盐的分析方法。微粒中所含的硫酸盐可溶解于二甲基丙酮溶液或水中,根据溶解前后滤纸质量的变化,可求出硫酸盐在微粒中的比例。也可用测量含有硫酸盐的二甲基丙酮溶液的导电性的方法确定硫酸盐质量。

2. 烟度的测量

烟度的测量方法主要有两种,一种是先用滤纸收集排放黑烟,再比较滤纸表面对光的反射率来测量烟度,这种方法称为滤纸法或称反射法;另一类是根据光在排气中透射的程度来确定烟度,称为透光法或消光法。

1)滤纸式烟度计

结构与工作原理如下。

滤纸式博世烟度计是:吸气泵—滤纸—光反射式烟度计。它是利用吸气泵在一定时间内吸取一定量的废气,并使这部分废气通过一定面积的滤纸,使废气中的炭烟粒子吸附在滤纸上,滤纸变黑,然后用一定的光线照射滤纸,并用光电池接受反射光,再根据光电池产生的电流使仪表指针偏转,把烟度用污染度(%)的形式显示出来。

$$污染度(\%) = 100 - 1.5 \times 规约反射率$$

所谓规约反射率,是指在特定照明和特定的观察条件下,物体表面的辉度与氧化镁标准白色面的辉度之比。

柴油机烟度计由废气取样装置、污染度测量装置、污染度指示装置和校准装置等组成,如图 11-17 所示。

(1)废气取样装置。废气取样装置由取样头、导管、吸气泵等组成,由装在加速踏板上的脚踏开关来控制吸气泵取样开始时刻与发动机加速同步。

取样头带有圆片式散热器,将废气中的量加以冷却。吸气泵应保证每次定容量吸气 (300 ± 15)mL;每次吸气速度一致,吸气时间为 (1.4 ± 0.2)s 和炭粒吸附面积相同。

(2)污染度测量装置与指示装置。如图 10-18 所示,它是由白炽灯泡、光电元件(硒光电池)等组成。白炽灯泡为测量用光源,灯泡光轴位于滤纸中心并与滤纸平面垂直。光电元件为一环形硒半导体光电池,受光面积外径为 23 mm,内径为 10 mm,硒光电池距滤纸表面距离为 10 rnm。

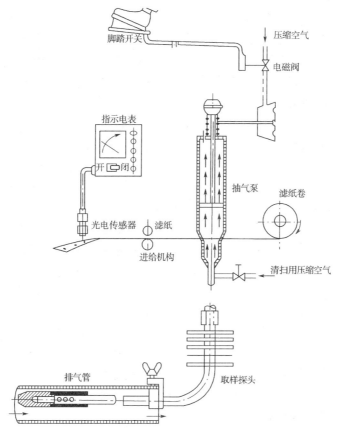

图 11-17　滤纸式烟度计检测原理图

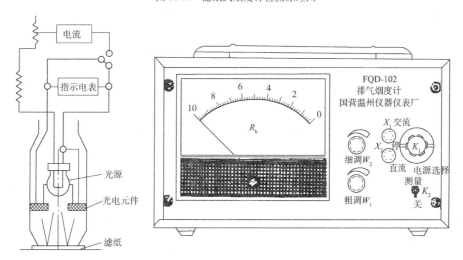

图 11-18　污染度测量与指示装置

把取样后表面带有黑烟的滤纸,放到测量装置的规定位置,灯泡发出的光线照射到滤纸上后被反射回来,反射光被环形光电池接收,光电池产生电流使测试仪表指针偏转。

测量装置实际是一只电流表,精度不低于 0.5 级。表盘刻度按污染度(%)进行刻度,它刻有0～100%的刻度值。滤纸污染严重时,反射光线少,仪表指针向100%方向偏(100%表示全黑);滤纸污染轻微时,反射光线多,仪表指针向0%方向偏(0%表示白色)。

实际使用的烟度计上,表盘刻度以0～10数字用波许单位表示,反射光线少时指针向10Rb方向偏转,其最小分度为满刻度的2%,即在表盘上可以直接读出波许单位烟度值。

(3)校准装置。烟度计在使用过程中,由于电源电压的变化,引起灯光发光强度改变,影响测量精度,因此要随时校准。烟度计附带有三张供标定用的标准烟样纸,用标准烟样纸校准烟度计,精确度应为0.5%。

对烟度计进行标定时,把标准烟样纸放在污染计测量装置的规定位置上,开灯照射,再用仪表调整旋钮把仪表指针调到标准烟样纸所代表的污染度数值上。只要保存好标准烟样纸,用这种方法很容易对仪表进行校准,使烟度计保持指示精度,以经常得出正确测量值。

除此之外,为保证测量时,不受前一次测量残留在取样导管内的炭烟影响,取样系统还附带有压缩空气吹洗装置,吹洗用压缩空气的压力为0.3～0.4MPa。

滤纸式烟度计结构简单,精度较高,操作方便,价格便宜,适用于各种现场检测。这种烟度计只能作稳定工况的烟度检测,不能在非稳定工况下测量,也不能直接连续测量和在线监测。

2)透光式烟度计

透光式烟度计是利用透光衰减率来测定排气烟度,如图11-19所示。

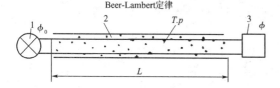

图11-19 透光式烟度计测量原理
1-光源;2-烟气测量管;3-r电管检测器;

该烟度计的主要元件有光源、充满排气并有一定长度的光通路及放置在光源对面将透光信号转变成电信号的光电元件。光电元件的输出与烟气所造成的光强度衰减(遮光度)成正比。通常,透光法测得的不透光度(即烟度)N用百分比表示,即

$$N = 100\left(1 - \frac{\psi}{\psi_0}\right)$$

式中:ψ——有烟时的光强度;

ψ_0——无烟时的光强度。

根据比耳—兰勃特(Beer-Lambert)定律:

$$\frac{\psi}{\psi_0} = e^{-nAQL}$$

式中:n——单位容积内的颗粒数;

A——颗粒物平均投影面积;

Q——颗粒物衰减系数;

L——光通路的有效长度。

根据测量光通路的光吸收系数K定义,有

$$K = nAQ$$

故有

$$K = \left(-\frac{1}{L}\right) \cdot \ln\left(1 - \frac{N}{100}\right)$$

上式表明不透光度N与光吸收系数K之间的关系。在测量排烟时,炭烟颗粒的A和Q值对于发动机大部分运行工况变化不大,而每个颗粒本身的密度也大致相等,因此可以近似认为K与炭烟的质量分数成正比。

透光式烟度计也可分为全流式和分流式两种,全流式透光烟度计测量全部排气的透光衰减率。美国 PHS 烟度计就是这种全流式透光烟度计,其基本原理如图 11-20 所示。在排气管口端不远处的排气烟束两侧分别布置有光源和光电池,光电池接受到的光线与排气烟度成正比。为了不受排气热影响,光源和光电元件放在离排气通路有一定距离的地方。

分流式透光烟度计就是将排气的一部分引入测量烟度取样管,送入烟度计进行连续分析。图 11-21 所示为英国哈特里奇(Hartridge)透光烟度计的工作原理示意图。

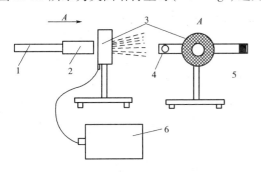

图 11-20 PHS 烟度计工作原理示意图
1-排气管;2-排汽导入管;3-检测通道;;4-光源;5-光电检测单元;6-烟度显示记录仪

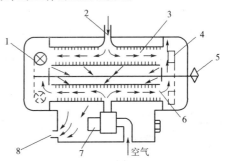

图 11-21 哈特里奇烟度计工作原理示意图
1-光源;2-排气入口;3-排气测试管;4-光电池;5-转换手柄;6-空气校正器;7-鼓风机;8-排气出口

测定前用风机向校正管吹入干净空气,转动手柄使光源和光电池置于校正管两端,进行烟度计零点校正。在测试时,将光源和光电池转至测试管两侧,从排气管取样,光线透过烟气,光电池即可检测出光线的衰减率。指示值 0 为无烟,100 为全黑。

五、燃油蒸发污染物测量

目前世界各国对汽油车燃油蒸发污染物的测量方法有两种,即收集法和密闭室法。其测量单位均为 g/测量循环。

1. 收集法测量燃油蒸发污染物

收集法是指试验时将汽车燃油系统中有可能排放燃油蒸气的出口连接到收集器,以收集到的全部燃油蒸气的质量来评价排放的方法,如图 11-22 所示。

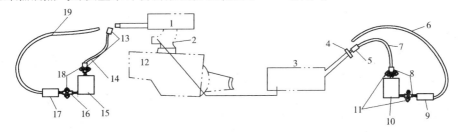

图 11-22 收集法测定燃油蒸发污染示意图
1-空气滤清器;2-化油器;3-w 油箱;4-加油嘴;5、8、13、16-接管;6、19-均压管;7、14-收集管;9、17-除湿管;10、15-收集器(炭罐);11、18-管夹;12 发动机

将装满活性炭的收集器分别连接到油箱加油口、空气滤清器和化油器通气孔,在试验循环中收集燃油蒸气。每一试验循环由昼间换气损失、运转损失和热浸损失三部分组成。在测量昼间换气损失时,要求在 60min 内,用包覆在油箱的电热褥均匀升温,将燃油从 15℃加热到 30℃,收集此期间所产生的燃油蒸气。

在测量运转损失时,要求用整车在底盘测功机或发动机在台架上按规定的工况运转40min,然后怠速运转3min,收集全过程所产生的燃油蒸气。关闭发动机后,迅速更换新的收集器,开始进行热浸损失测量,历时60min。将三部分试验中所用的全部收集器进行称量,每一收集器质量与收集前的质量差之和,即为蒸发污染物排放量。

2. 密闭室法(SHED)测量燃油蒸发污染物

将汽车放置在一个完全密闭的空间内,测量密闭空间中HC的体积分数的变化并计算出蒸发污染物排放量。密闭室法较收集法的测量精度高,覆盖的影响因素全面,但试验装置复杂。

GB 18352.1—2001规定蒸发排放试验必须在专用密闭室进行。用于汽车蒸发排放试验的密闭室应是个气密闭好的矩形测量室,车辆与密闭室的墙面应留有距离。室表面不应渗透碳氢化合物。至少有一个墙内表面装有柔性的不渗透材料,以平衡由于温度的微小变化而引起的压力变化。另外,墙的设计应具有良好的散热性,在试验过程中墙上任何一点的温度不应低于293K。试验流程如图11-23所示。

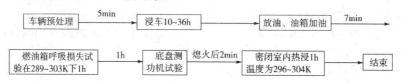

图11-23 SHED燃油蒸发污染试验流程图

第三节 试验规范与排放限值

一、我国现行的汽车排放试验规范

1. 在用汽车排放试验规范

GB 18285—2005《在用汽车排气污染物限值及测试方法》规定了我国在用汽车采用怠速法、双怠速、加速模拟工况法检测汽油车辆的排气污染物,用自由加速法检测柴油发动机可见污染物。欧洲、美国和日本等国家对在用汽车检测也基本采用上述试验规范。

1) 怠速法

监测汽油车在怠速运行时排气中CO和HC体积分数。测量时,首先应使汽车离合器处于接合位置,加速踏板松开,变速杆置于空挡位,采用化油器供油系统的汽车,发动机阻风门全开;待发动机达到规定的热状态(四冲程水冷发动机的冷却液温度在60℃以上,风冷发动机的油温在40℃以上)后,再按制造厂"使用说明书"规定的调整法将发动机转速调至规定的怠速转速和点火提前角;在确定排气系统无泄漏情况下,从排气管直接采样,用不分光红外分析仪进行测量。测量时:

(1)发动机由怠速加速到0.7倍的额定转速,维持60s后,再降至怠速状态。

(2)将取样管插入排气管中,深度为400mm,并固定于排气管上。

(3)发动机怠速状态维持15s开始读数,读取30s内的最低值及最高值,其平均值即为测量结果。

(4)若为多排气管时,则取各管最大测量值的算术平均值。

2) 双怠速法

为了监控因化油器量孔磨损造成的汽车排放恶化,或者为了监控因催化转化器效率降低造成的汽车排放恶化,近年来各国普遍采用了双怠速排放测量。我国在用汽车排放标准 GB 18285—2005 规定采用的双怠速排放测量法是参照国际标准化组织 ISO 3929 中制定的双怠速排放测量程序进行的。双怠速排放测量法的程序为:

(1)在发动机上安装转速计、点火正时仪、冷却液和润滑油测温计等测试仪器。

(2)发动机由怠速加速到0.7倍的额定转速,维持60s后,降至高怠速(即0.5倍的额定转速);

(3)将取样管插入排气管中,深度为400mm,并固定于排气管上。

(4)发动机在高怠速状态维持15s后开始读数,读取30s内的最低值及最高值,其平均值即为高怠速排放测量结果。

(5)发动机从高怠速降至怠速状态,在怠速状态维持15s后开始读数,读取30s内的最低值及最高值,其平均值即为怠速排放测量结果。

(6)若为多排气管时,分别取各排气管高怠速排放测量结果的平均值和怠速排放测量结果的平均值。

3)加速模拟工况法(ASM)

将车辆置于底盘测功机上,按照车辆的基准质量(RW)和试验工况,通过测功机对车辆加载,使车辆在等效于最大加速度的50%(ASM5025)和25%(ASM2540)的负载条件下等速运转,直接采样测量排放浓体积分数。试验规范的运转循环见表11-1和图11-24。

加速模拟工况(ASM)试验运转循环　　　　　　表11-1

工况	运转次数	速度(km/h)	操作时间(s)	采样测试时间(s)
5025	1	0→25	3.5~8.5	—
	2	25	10	
	3	25	90	90
2540	4	25→40	2.3~5.0	—
	5	40	10	
	6	40	90	90

4)柴油车自由加速烟度试验规范

自由加速烟度测量是在发动机非稳态的工作状态下测量其从排气管中排出废气中的烟度,柴油机由怠速运转状态迅速但不猛烈地将加速踏板踩到底,使喷油泵供给最大油量并保持该位置,发动机一旦达到最高转速,立即松开加速踏板,使车辆恢复至怠速,重复操作至少6次,前两次(或两次以上)用于吹净排气系统;用透光式烟度计测量并记录最后连续4次的光吸收系数,如果4次测量的光吸收系数值均在$0.25m^{-1}$的带宽内,其平均值即为自由加速烟度值。试验规范如图11-25所示。

2.轻型汽车和车用压燃式发动机排放试验规范

由于我国轻型汽车排放标准和车用压燃式发动机排汽污染物排放标准是等效采用欧洲排放法规,因此其试验规范也等同于欧洲汽车排放试验规范。即对轻型汽车实施ECE15+EUDC工况循环,如图11-26所示。车用柴油机采用欧洲重型柴油车13工况试验规范,见表11-9。

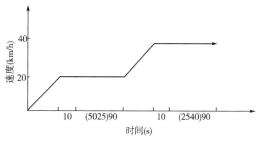

图11-24　加速模拟工况(ASM)试验运转循环

二、我国现行汽车排放限值

1. 汽车排气污染物排放限值

我国汽车从定型(型式核准)、批量生产(生产一致性)、新生产汽车到在用汽车,其排气污染物都有相应的控制标准,即有不同的排放限值要求。

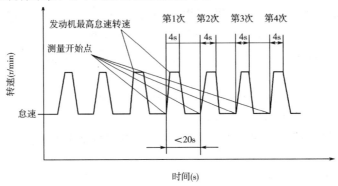

图 11-25 自由加速烟度测试规范

一般而言,型式核准排放限值严于生产一致性检查排放限值,目前两种排放限值基本是合二为一,但判定方法有所差异;新生产汽车的排放限值严于在用汽车的排放限值,但比型式核准及生产一致性检查限值稍宽松些。

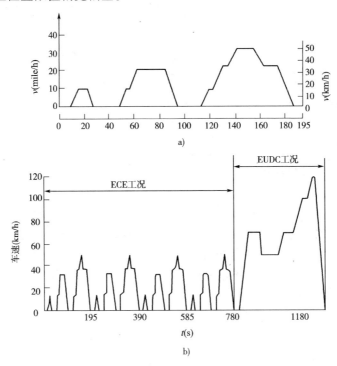

图 11-26 欧洲轻型汽车 ECE15 + EUDC 工况试验循环

1)型式核准的排放限值

(1)点燃式排放限值。点燃式发动机的轻型汽车。根据 GB 18352.3—2005《轻型汽车污染物排放限值及测量方法(中国Ⅲ、Ⅳ阶段)》(2007 年 7 月 1 日起实施)规定的装用点燃式发动机的轻型汽车在常温(Ⅰ型试验)和低温(Ⅵ.型试验)下冷起动后其排气污染物排放限值见表 11-2《Ⅰ型试验排放限值》及表 11-3《Ⅵ型试验排放限值》。

Ⅰ型试验排放限值　　　　表 11-2

阶段	类型	级别	基准质量(RM)(kg)	限值(g/km)						
				一氧化碳(OC)		碳氢化合物(HC)		氮氧化合物(NO_x)		碳氢化合物和氮氧化合物($HC+NO_x$)	颗粒物(PM)
				L_1		L_2		L_3		L_2+L_3	L_4
				点燃式	压燃式	点燃式	压燃式	点燃式	压燃式	压燃式	压燃式
Ⅰ	第一类车	—	全部	2.30	0.64	0.20		0.15	0.50	0.56	0.050
	第二类车	Ⅰ	RM≤1350	2.30	0.64	0.20		0.15	0.50	0.56	0.050
		Ⅱ	1350<RM≤1760	4.17	0.80	0.25		0.18	0.65	0.72	0.070
		Ⅲ	1760<RM	5.22	0.95	0.29		0.21	0.78	0.86	0.100
Ⅳ	第一类车	—	全部	1.00	0.50	0.10		0.08	0.25	0.30	0.025
	第二类车	Ⅰ	RM≤1350	1.00	0.50	0.10		0.08	0.25	0.30	0.025
		Ⅱ	1350<RM≤1760	1.81	0.63	0.13		0.10	0.33	0.39	0.040
		Ⅲ	1760<RM	2.27	0.74	0.16		0.11	0.39	0.46	0.060

注：轻型汽车，一般是指装点燃式及压燃式四冲程发动机，最大总质量小于 3500kg 的乘用车（M 类）和商用车（N_1 类）。第一类车指包括驾驶员座位在内，座位数不超过 6 座，且最大总质量不超过 2500kg 的 M_1 类汽车（M_1 类车是指包括驾驶员座位在内，座位数不超过 9 座的载客汽车）。第二类车指该标准适应范围内除第一类车以外的其他所有轻型汽车。

Ⅳ型试验排放限值　　　　表 11-3

试验温度 269K（-7℃）				
类型	级别	基准质量（RM）(kg)	CO，L_1（g/kg）	HC，L_1（g/kg）
第一类车	—	全部	15	1.8
第二类车	Ⅰ	RM≤1350	15	1.8
	Ⅱ	1350<RM≤1760	24	2.7
	Ⅲ	1760<RM	30	3.2

（2）压燃式排放限值。对于装用压燃式发动机，型式核准的发动机的排气烟度排放，应按 GB 3847—2005 规定的《全负荷稳定转速试验　不透光烟度法》和《自由加速试验　不透光烟度法》所述方法测定。其测得的排气光吸收系数测量值应不大于表 11-4 所示规定的限值，并按 GB 3847—2005 附录《自由加速试验不透光烟度法》规定的方法确定自由加速试验排气烟度校正值，作为被批准的该机型自由加速排气烟度排放限值。

根据 GB 17691—2005《车用压燃式、气体燃料点燃式发动机与汽车排气污染物排放限值及测量方法（中国Ⅲ、Ⅳ、Ⅴ阶段）》（2007 年 7 月 1 日起实施）的规定，对传统柴油机，包括那些安装了燃料电喷系统、排气再循环（EGR）、氧化型催化器的柴油机进行型式核准时均应采用 ESC 试验（稳态循环）和 ELR 试验（负荷烟度试验）规程测定其排气污染物。对于安装了先进的排气后处理装置包括 NO_x 催化器和颗粒物捕集器的柴油机，应附加 ETC 试验（瞬态循环）规程测定排气污染物。其排放限值见表 11-5、表 11-6。

稳定转速试验的烟度排放限值　　　　表11-4

名义流量 G(L/s)	光吸收系数 k(m^{-1})	名义流量 G(L/s)	光吸收系数 k(m^{-1})
42	2.26	120	1.37
45	2.29	125	1.345
50	2.08	130	1.32
55	1.985	135	1.30
60	1.90	140	1.27
65	1.84	145	1.25
70	1.775	150	1.225
		155	1.205
		160	1.19
75	1.72	165	1.17
80	1.665	170	1.155
85	1.62	175	1.14
90	1.575	180	1.125
95	1.535	185	1.11
100	1.495	190	1.095
105	1.465		
110	1.425	195	1.08
115	1.395	200	1.065

表11-5、表11-6中Ⅳ、Ⅴ阶段或EEV的型式核准试验,应采用ESC、ELR和ETC试验规程测定其排气污染物。

(3)燃气发动机排放限值。

ESC和ELR试验限值　　　　表11-5

阶段	一氧化碳(OC) [g/(kW·h)]	碳氢化合物(HC) [g/(kW·h)]	氮氧化合物(NO$_x$) [g/(kW·h)]	颗粒物(PM) [g/(kW·h)]	烟度 (m^{-1})
Ⅲ	2.1	0.66	5.0	0.10~0.13①	0.8
Ⅳ	1.5	0.46	3.5	0.02	0.5
Ⅴ	1.5	0.46	2.0	0.02	0.15
EEV	1.5	0.25	2.0	0.02	0.15

注:①对每缸排量低于0.75dm^{3}及额定功率转速超过3000r/min的发动机。

ETC试验限值　　　　表11-6

阶段	一氧化碳(OC) [g/(kW·h)]	非甲烷碳氢化合物 (NMHC) [g/(kW·h)]	甲烷(HC$_4$)① [g/(kW·h)]	氮氧化合物 (NO$_x$) [g/(kW·h)]	颗粒物(PM)② [g/(kW·h)]
Ⅲ	5.45	0.78	1.6	5.0	0.16~0.21③
Ⅳ	4.0	0.55	1.1	3.5	0.03
Ⅴ	4.0	0.55	1.1	2.0	0.03
EEV	3.0	0.40	0.65	2.0	0.02

注:①仅对NG(天然气)发动机。
　　②不适应于第Ⅲ、Ⅳ和Ⅴ阶段的燃气发动机。
　　③对每缸排量低于低于0.75dm^{3}及额定功率转速超过3000r/min的发动机。

2)生产一致性检查排放限值

生产一致性检查中其排放限值见表11-2,并根据 GB 18352.3—2005《轻型汽车污染物排放限值及测量方法(中国Ⅲ、Ⅳ阶段)》中附录《生产一致性检查的判定方法》判定准则,判定方法判定该系列产品Ⅰ型试验是否合格。

装用压燃式发动机汽车以及装用天然气(NG)或液化石油气(LPG)作为燃料的点燃式发动机汽车生产二致性检查必须按 GB 17691—2005《车用压燃式、气体燃料点燃式发动机与汽车排气污染物排放限值及测量方法(中国Ⅲ、Ⅳ、Ⅴ阶段)》的规定,进行发动机排放一致性检验,其排放限值见表11-5、表11-6。

GB 18352—2005 规定,必须对在用车进行符合性检查。即对已通过污染物排放型式核准的车型,制造厂还必须采取适当措施,确保在正常使用条件下和汽车正常寿命期内,污染控制装置始终保持其功能。因此必须进行在用车符合性检查。在表11-2 所示的Ⅲ阶段必须在5年或80000km 内、在Ⅳ阶段必须在 5 年或100000km(以先达到者为准),对这些措施进行检查,按标准规定的程序试验和判定方法进行符合性评价。

3)新生产汽车排气污染物排放限值

(1)点燃式发动机。根据 GB 18285—2005《点燃式发动机汽车排气污染物排放限值及测量方法(双怠速法及简易工况法)》规定,装用点燃式发动机的新生产汽车排气污染物排放限值见表 11-7 所示。GB 18285—2005 标准引用了 GB 18352.1—2001《轻型汽车污染物排放限值及测量方法(Ⅰ)》和 GB 18352.2—2001《轻型汽车污染物排放限值及测量方法(Ⅱ)》标准条款。

新生产汽车排气污染物排放限值　　　　表11-7

车　型	类　别			
	怠　速		高 怠 速	
	CO(%)	HC ($\times 10^{-6}$)	CO(%)	HC ($\times 10^{-6}$)
2005 年 7 月 1 日起新生产的第一类轻型汽车	0.5	100	0.3	100
2005 年 7 月 1 日起新生产的第二类轻型汽车	0.8	150	0.5	150
2005 年 7 月 1 日起新生产的重型汽车[①]	1.0	200	0.7	200

注:①指总质量超过 3500kg 的车辆。

(2)压燃式发动机。对于装用压燃式发动机,新生产汽车的排气烟度排放,应按 GB 3847—2005 规定的《自由加速试验　不透光烟度法》所述方法测定。其测得的排气光吸收系数不应大于该汽车型式核准批准的自由加速排气烟度排放限值(见表11-8 规定的限值)加 $0.5 \mathrm{m}^{-1}$。

4)在用汽车排气污染物排放限值

(1)点燃燃发动机。GB 18285—2005《点燃式发动机汽车排气污染物排放限值及测量方法(双怠速法及简易工况法)》(2005 年 7 月 1 日起实施)规定,装用点燃式发动机的在用汽车排气污染物排放限值见表 11-8。

(2)压燃式发动机。对于装用压燃式发动机,于 2005 年 7 月 1 日后生产的在用汽车的排气烟度排放,应按 GB 3847—2005 规定的《在用汽车自由加速试验　不透光烟度法》所述方法进行试验测定。所测得的排气光吸收系数不应大于该车型核准批准的自由加速排气烟度排放限值(见表 11-4 规定的限值)加 $0.5 \mathrm{m}^{-1}$;对于 2001 年 10 月 1 日起至本标准实施之日生产的汽车,所测得的排气光吸收系数不应大于以下数值:自然吸气式为 $2.5m^{-1}$,涡轮增压式为 $3.0m^{-1}$。对于 2001 年 10 月 1 日前生产的在用汽车按 GB 3847—2005 规定的《在用汽车自由加速试验 滤纸烟度法》进行试验测定,所测得的烟度值应不大于 4.5Rb(1995 年 7 月 1 日至 2001 年 9 月 30 日期间生产的在用汽车)或烟度值不大于 5.0Rb(1995 年 6 月 30 日前生产的在用汽车)。

在用汽车排气污染物排放限值表　　　　　　表 11-8

车　型	类　别			
	怠　速		高 怠 速	
	CO(%)	HC ($\times 10^{-6}$)	CO(%)	HC ($\times 10^{-6}$)
2005 年 7 月 1 日前生产的轻型汽车	4.5	1200	3.0	900
2005 年 7 月 1 日前生产的轻型汽车①	4.5	900	3.0	900
2000 年 7 月 1 日起生产的第一类轻型汽车①	0.8	150	0.3	100
2001 年 10 月 1 日起生产的第二类轻型汽车	1.0	200	0.3	150
1995 年 7 月 1 日前生产的重型汽车	5.0	2000	3.5	1200
1995 年 7 月 1 日起生产的重型汽车	4.5	1200	3.0	900
2004 年 9 月 1 日起生产的重型汽车	1.5	250	0.7	200

注:① 对于 2001 年 5 月 31 日以前生产的 5 座以下(含 5 座)的微型面包车,执行 1995 年 7 月 1 日起生产的轻型汽车排放限值。

2. 汽车燃油蒸发污染物排放限值

1)轻型汽车燃油蒸发污染物排放限值

根据 GB 18352.3—2005《轻型汽车污染物排放限值及测量方法(中国Ⅲ、Ⅳ阶段)》(2007 年 7 月 1 日起实施)规定,装用点燃式发动机的轻型汽车都必须进行蒸发污染物排放试验(即 Ⅳ 型试验——密闭室法)。试验时,蒸发污染物排放量应小于 2g/试验。

2)重型汽车燃油蒸发污染物排放限值

根据 GB 14763—2005《装用点燃式发动机重型汽车燃油蒸发污染物排放限值及测量方法(收集法)》规定,装用点燃式发动机的重型汽车按照该标准附录《燃油蒸发物排放试验规程》的要求进行蒸发污染物排放试验,其蒸发污染物排放量应小于 4.0g/测量循环。

3. 汽车曲轴箱污染物排放限值

1)轻型汽车曲轴箱污染物排放限值

根据 GB 18352.3—2005《轻型汽车污染物排放限值及测量方法(中国Ⅲ、Ⅳ阶段)》(2007 年 7 月 1 日起实施)规定,装用点燃式发动机的轻型汽车除装压燃式发动机的汽车外,所有汽车都必须进行曲轴箱污染物排放试验(即Ⅲ型试验)。试验时,发动机曲轴箱通风系统不允许有任何曲轴箱污染物排入大气。

2)重型汽车曲轴箱污染物排放限值

根据 GB 11340—2005《装用点燃式发动机重型汽车曲轴箱污染物排放限值及测量方法》(2005 年 7 月 1 日起实施)规定,其发动机曲轴箱通风系统应符合标准的相关规定。

三、欧洲汽车排放试验规范

欧洲经济委员会 1993 年开始对轻型汽车实施更严格的 MVEG-1 法规,行驶工况作了相应的变更,冷起动后 40s 怠速(不测量),在原来的 ECE15 工况(图 11-26a)4 个循环后增加了 1

个郊外高速 EIJDC 工况,如图 11-26 b)所示,共行驶 1220s,最高车速为 120km/h,行驶距离为 19.44km,用 CVS 取样,分析确定试验结果。

欧洲重型柴油车采用的 13 工况试验规范见表 11-9。

欧洲重型柴油车 13 工况循环试验   表 11-9

工况	发动机转速	负荷（%）	加权系数	工况	发动机转速	负荷（%）	加权系数
1	急速	0	0.25/3	8	额定转速	100	0.10
2	中速	10	0.08	9	额定转速	75	0.02
3	中速	25	0.08	10	额定转速	50	0.02
4	中速	50	0.08	11	额定转速	25	0.02
5	中速	75	0.08	12	额定转速	10	0.02
6	中速	100	0.25	13	急速	0	0.25/3
7	急速	0	0.25/3				

思 考 题

1. 汽油车在哪种运行工况下,排出的废气中污染物体积分数最高,其中含有的主要危害物质是什么?
2. 柴油机内燃料在燃烧过程中哪一个燃烧阶段控制不好会产生较大的烟尘?
3. 试论述 NDIR 废气检测仪测量 CO、HC 化合物的原理。
4. 说明柴油机排放烟度的测量方法及其种类。
5. 简述汽车排放分析的取样方法。
6. 简述颗粒物的测量方法及颗粒物测量系统的分类。

第十二章 噪声检测

本章主要介绍汽车噪声产生的原因;汽车噪声控制标准;汽车噪声检测方法与仪器。

第一节 噪声及其危害

一、概述

在现代城市环境噪声源中,交通运输产生的噪声最大,约占城市噪声的70%,而其中机动车辆产生的噪声占交通运输的80%左右,因此,可以认为机动车辆是城市环境噪声的主要噪声源。而且由于交通运输噪声的影响范围广,干扰时间长,随着机动车辆的日益增多,其影响程度日益严重,成为公害之一,所以机动车的噪声问题,已引起有关部门的密切关注。

二、声学基础知识

声音是我们日常生活中经常遇到的一种自然现象。

所谓声音是指某物体在弹性介质中(包括固体、液体和气体)振动产生的波,以介质为媒介向周围传播后引起人体耳膜振动,使人在生理上得到的感觉称为声音。因此,声音形成的应有两个条件:一是振动声源,二是人耳有无感觉。能否有声音以及声音如何以人耳感觉量为讨论噪声问题的出发点。

1. 声音的物理参数

1)声波的频率f(Hz)(赫)

声波的频率是指单位时间内产生振动波的数量,即

$$f = \frac{1}{T}$$

式中:T——一个波的周期,s。

频率f处在20~20000 Hz时人能感觉到,称为声波。低于20 Hz的声波称为次声,高于20000 Hz的声波称为超声。次声和超声不能引起人耳鼓膜的振动,是人耳听不到的声音。

声波频率的高低影响声调,频率越高,声调亦高;频率低,则声调低。即人们所说的高音和低音。

人耳听到频率为1000 Hz时的声音称为纯音。

2)声压P(Pa)(帕)

当声波在弹性介质中运动时,使介质中的压力在稳定压力P附近增加或者减小,这个压力的变化量,称为声压P,它表示某一声波作用在单位面积上的压力大小。单位是帕(Pa)。在标准大气压中,稳定大气压力为10^6Pa。声压要比大气压小得多,一般在2×10^{-5}~20Pa范围之内。

正常人的耳朵在声波频率为1000Hz时(纯音时)能感觉到的最弱声压为2×10^{-5}Pa,此声压

称为基准声压 P_0,或称听阈声压。当声压达到 20Pa 时,使人的耳朵产生疼痛,故称痛阈声压。

声压大小可用以度量声音强弱。声压大,则声音越强(越响),声压小,则声音听起来弱(低)。声调的高低亦可用声功率和声强来表示。

3) 声功率 W(W)(瓦)

声功率 W 表示声源在单位时间内所辐射的声能(声压)大小,计量单位为 W(瓦),共计算公式为

$$W = \frac{P}{t}$$

4) 声强 I(W/m²)

声强是单位时间内在与声波垂直方向单位面积上的能量,即单位面积通过的声功率,计量单位为 W/m²,共计算公式为

$$I = \frac{W}{S}$$

式中:S—— 声波的作用面积,m²。

痛阈声压所对应的声强为 1W/m²。

5) 声波的形状

人耳听到的声音是由各种不同振动频率和振幅大小的声波组成的。人耳除听到声音调子高低和声音强弱外,还有好不好听,音色是否优美等感觉。音色与声波的形状有关,一般声波有三种形状,如图 12-1 所示。人们希望听到的是乐音或纯音。

以上参数都是指声源,但是声音是通过人耳感觉到的,必须有人耳感觉的衡量参数,这便是响度。

6) 响度 N(宋)

响度是指声源带给人耳的感觉量,单位为"宋"

2. 声音的评价指标

因为人耳听到声音的频率很宽、强弱的范围很广,若用

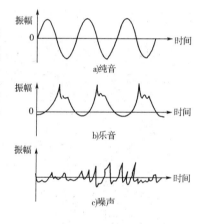

图 12-1 纯音、乐音和噪声波形

时间声压、声调、响度等参数来表示很不方便,此外,大量试验证明,人们对声音强弱变化的感觉,并不是与声压绝对值变化有关,而与声压的相对强弱变化量有关。因此,声音的强弱指标可用"级"来表示,称之为分贝(dB)。所谓级是指实际量与基准量比值的对数,是一种只作相对比较的无量纲单位。在声学中常使用声压级、声强级、声功率级和响度级。

1) 声压级 L_p(dB)(分贝)

大多数声学测量仪器,是直接测量声源的声压,因此,声压级是声学中最常用的级,其定义为:

$$L_p = 20\lg\frac{P}{P_0}$$

式中:P_0——基准声压,取 2×10^{-5} Pa。

2) 声功率级 L_w(dB)

定义为

$$L_w = 10\lg\frac{W}{W_0}$$

式中：W_0——基准声功率（在 1000 Hz 时，为 10^{-12} W/m²）。

必须指出，声功率级与声压级不同，声压级是表示声场中某点的声学性质，而声功率级则表示声源向周围空间辐射的声功率的大小。

3）声强级 L_i(dB)（佣）

定义为

$$L_i = 10\lg\frac{I}{I_0}$$

式中：I_0——基准声强（在 1000Hz 时，为 100W/m²）。

4）响度级 L_N（方）

响度级是人耳听到声音时的主观感觉量的物理描述，因此，它是同时考虑声音的声压级和人耳对不同频率声音响应的一个表示响度的主观评价量，单位是方，方是频率为 1000 Hz 时纯音的声压级数值，如某纯音的声压级 L_p 为 30 dB 时，则它的响度级为 30 方。

人耳是一种特定的听觉器，它对各种频率的声音有不同的选择性和响应。人耳对高频的声音要比低频的敏感，所以感觉得到的声音响。因此，声源的声压级与人听到的响度级是有区别的。只有当声源频率为 1000Hz 时，响度级才与声压级相同，或者说，频率不是 1000Hz 的两个声音听起来一样响，但其声压级却不一样。

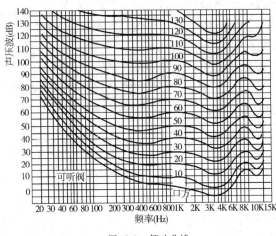

图 12-2　等响曲线

对于 1000Hz 以外的响度级如何确定呢？可把和它一样响的 1000Hz 纯音的声压级数值作为它的响度级数值，这需应用等响度曲线（图 12-2）来确定。如频率为 100Hz，声压级为 45dB 的声音，听起来的响度级是 30 方；频率为 3000Hz，声压级为 25dB 的声音，响度级也是 30 方。

从图 12-2 可以看出，人最敏感的频率范围是 2000~5000Hz。对低频则不太敏感。

响度和响度级的关系为

$$N = 2^{\frac{L-40}{10}}（宋）$$

即：响度级为 40 方时，其响度为 1 宋。

3. 声级计权

由于上述不同声频对响度的影响，在用仪器测量声音的响度时，必须使测量仪器具有和听觉一样的频率响应特性，称之为计权。一般对听觉的修正情况，有 A、B、C 三个计权特性。A、B、C 计权对听觉修正曲线如图 12-3 所示。其中，A 计权特性是模仿人耳 40 方的等响曲线设

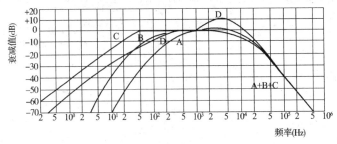

图 12-3　听觉修正曲线

计的,它对低频声音有较大的衰减。

4. 影响声压级变化的因素

1)声源距离

图 12-4 所示是考虑声源面积时,声压级与距离的关系。由图 12-4 可知离声源距离越远,则声压级衰减越大,声源面积大则声压级衰减减小。

2)空气的吸收

声波在大气中传播时,由于空气的吸收,也要损失一定的能量。空气对声能的吸收主要由于空气具有热传导和黏滞性,以及空气中的分子运动所造成的。空气吸收的声能量与声波频率、大气温度及其湿度等有关,当大气温度一定时,声波频率越高,衰减越快。一定频率的声波,湿度越低,最大衰减值越高。

其他(如温度梯度、风等)气象条件使声在大气中传播亦会有影响。

3)周围环境声压

人们听到的声音,一般是周围环境各声源的综合声音。因此,周围环境各声源声压的大小,必然会影响到某一研究对象的声压级;同时,存在一个如何计算和确定某一声源的声压级,以及综合声音的声压级的问题。

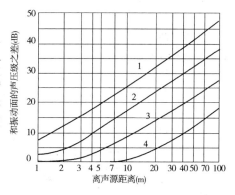

图 12-4 考虑声源面积时,声压级随距离的变化
1-声源面积 $1m^2$;2-声源面积 $10m^2$;3-声源面积 $100m^2$;4-声源面积 $1000m^2$

声压是一个随着时间变化的量,一般不用瞬时声压来研究它,而用均方根声压来表示某一声源声压,即

$$P_i = \sqrt{P_1^2 + P_2^2 + P_3^2 + \cdots + P_n^2} = \sqrt{\sum_i^n P_i^2}$$

式中:P_1、P_2——某一时刻的声压 α。

此时,某一声源的声压级应为

$$L_{pi} = 20\lg \frac{P_i}{P_0}$$

某处受周围声压影响后,其声压级大小的确定:如已知各声源声压级,综合声压级遵循下列方法计算:

(1)首先计算两声源声压级的差值 $L_{pi} - L_{pi-1}$

(2)按表 12-1 查出的两声源声压级增值 ΔL_{pi}

两声源声压级增值量　　　　表 12-1

$L_{pi} - L_{pi-1}$	0	1	2	3	4	5	6	7	8	9	10	11
$\Delta L_{p(i,i-1)}$	3	2.5	2.1	1.7	1.4	1.2	1	0.8	0.75	0.70	0.45	0.3

如 $L_{pi} - L_{pi-1}$ 值较大,因 $\Delta L_{p(i,i-1)}$ 较小,可以忽略,即取 $\Delta L_{p(i,i-1)} = 0$

(3)两声源的综合声压级,为其中大声声压级和两者增值之和。如 $L_{pi} > L_{pi-1} = L_{pi} + \Delta L_{p(i,i-1)}$

(4)如有两个以上综合声源时,则用第三个声源声压级与 $L_{p(i,i-1)}$ 按上述(1)(2)(3)方法计算出三个声源的综合声压级。以此类推,便可得到若干声源的综合声压级。

三、机动车噪声的产生

噪声是使听者不喜欢或无好感的声音总称,因此,噪声不仅有声学方面的性质,而且还具有生理学、心理学方面的含意,即包括声音产生的不舒适程度和对人体影响程度在内。

噪声从声学方面讲是一种由许多不同频率的声强组合的无规律的声波,是一种不协调的声音。

机动车噪声产生的原因有:发动机工作噪声、行车噪声、车体振动噪声、制动噪声、喇叭噪声等,如图12-5所示。

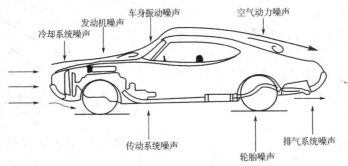

图12-5 汽车主要噪声源

1. 发动机工作噪声

发动机工作噪声是汽车的主要噪声源之一,它对整车噪声级有决定性的影响。

汽车发动机的噪声源,按照噪声辐射的方式来分,有直接向大气辐射的和通过发动机表面而辐射的两大类。发动机工作噪声的分类如图12-6所示。

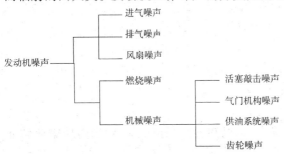

图12-6 发动机工作噪声的分类

1)进气噪声:是由进气门的周期性开、闭发动机噪声源而产生的压力起伏变化所形成的,进气噪声的大小,与发动机的进气方式、进气门结构、缸径、凸轮线型等因素有关。对于同一台发动机来说,转速影响最大,如图12-7所示,转速提高一倍,噪声级增加13~14dB(A)。发动机负荷对进气噪声的影响较小,如图12-8所示。

2)排气噪声:是汽车最主要的噪声源。发动机排气噪声往往比发动机整机噪声高10~15 dB(A),排气噪声是当排气门开启时,较高压力和温度的废气急速从缸内排出,使排气门附近的气体压力发生剧变,产生压力波,以及高速气流在消声器形成剧烈的湍流和旋涡而形成冲击波,它们分别作用在各自的壳壁上而产生的。同时,从排气管排出的废气,其温度和压力都高于外界大气,使其压缩周围的空气而形成强大的脉动声波又形成了释放噪声。

影响发动机排气噪声的主要因素是:汽缸压力、排气门直径、发动机排气量以及排气门开启特性等。对同一发动机来说,受其转速和负荷影响最大,如图12-9所示。由图中曲线可知,转速增加一倍时,排气噪声增加12~14dB(A)。同一转速下全负荷的噪声有明显增加。

3)风扇噪声:是汽车噪声主要噪声源之一,风扇噪声是由风扇旋转的叶片切割空气引起振动及叶片周围产生空气涡流而形成的,风扇除空气动力噪声外,还包括一些机械噪声。风扇噪声与风扇叶片的形状、结构、安装情况以及转速有关。当转速提高一倍时,其噪声级增加 11~17dB(A),如图 12-10 所示。

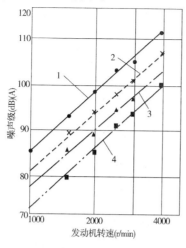

图 12-7 进气噪声与转速关系
1-不带进气歧管;2-带进气歧管;3-安装有小容积进气消声器;4-安装有大容积进气消声器

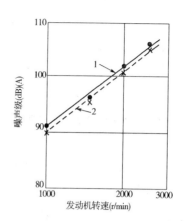

图 12-8 发动机负荷对进气噪声影响
1-全负荷;2-空载

4) 燃烧噪声:汽油机正常燃烧时也会引起较大噪声。柴油机压缩比高,工作粗暴。通常认为柴油机的燃烧噪声主要是在速燃期中由于汽缸内气体压力急速增加,致使发动机各部件振动而引起的。

5) 活塞敲击噪声:通常是发动机最大的机械噪声源。它是由于活塞与汽缸壁之间有间隙以及作用在活塞上的气体压力、惯性力和摩擦力的周期性方向变化,使作用在活塞的侧向推力在上、下止点处反复改变方向,造成活塞冲击汽缸套而形成的敲击噪声。因此,活塞与汽缸套的间隙越大,发动机转速越高则敲击噪声越大。

6) 气门机构噪声:是由于气门开启和关闭时的撞击所造成。气门机构噪声与气门运动速度成正比,如图 12-11 所示。

7) 供油系统噪声:主要是指柴油机的喷油系统噪声,由喷油器和喷油泵产生,这种噪声在发动机总噪声中所占比例不大。

8) 齿轮噪声:齿轮在传动过程中齿与齿之间的撞击和摩擦,从而使齿轮结构产生振动而发出的噪声。它与齿轮结构、加工和安装精度、选用材料及变速器结构等因素有关。

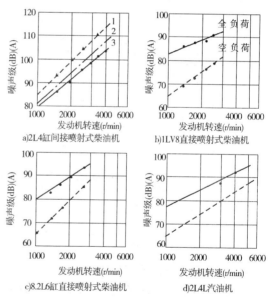

图 12-9 发动机转速和负荷对排气噪声的影响
1-没有排气歧管;2-有排气歧管;3-带排气系统

综上所述,各噪声源所占发动机噪声的比例是不同的,详见图 12-12。由图 12-12 可以看出,汽油机的主要噪声源是风扇噪声和配气机构噪声,柴油机的主要噪声源是燃烧噪声。另外,根据图 12-13 和图 12-14 可知,发动机噪声随发动机转速加快而增加;柴油机的噪声与负荷关系不大,汽油机的噪声则随负荷加大而增加。

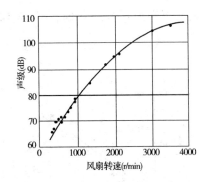

图 12-10　风扇转速对其噪声的影响

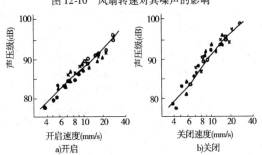

图 12-11　气门机构开闭噪声与气门运动速度的关系

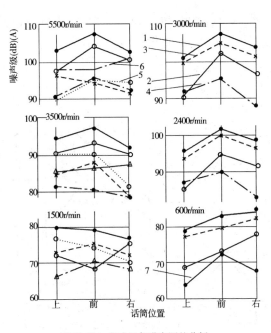

图 12-12　发动机各噪声源的分析
1-总噪声；2-风扇噪声；3-燃烧噪声；4-进气噪声；5-配气机构噪声；6-链传动噪声；7-供油系统噪声

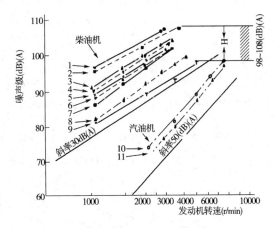

图 12-13　发动机噪声与其转速的关系
1-8 缸 13L；2-8L；3-8L；4-6L；5-8L；6-4L；7-6L；8-2.5L；
9-2.2L；10-1.7L；11-1.5L

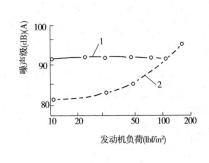

图 12-14　发动机噪声和发动机负荷的关系
1-柴油；2-汽油机

2. 与车速有关的噪声

与车速有关的噪声包括传动噪声（变速器、传动轴等）、轮胎噪声和车体产生的空气动力噪声，详见图 12-15 及图 12-16，其中轮胎噪声是主要的。

轮胎噪声可分为由轮胎直接辐射的噪声和由轮胎激振车体而产生的间接噪声（路面噪声）以及轮胎高速旋转而产生的气流摩擦噪声等。

轮胎直接辐射噪声按其产生机理主要包括轮胎花纹噪声和弹性振动噪声。

轮胎胎面花纹噪声是当轮胎在地面滚动时，轮胎胎面花纹凹部所包含的气体，在离开所接触的地面时，因受到一种类似于泵的挤压作用，使空气向后方排出，引起周围空气压力变化而产生的。

弹性轮胎振动噪声是由于轮胎弹性变化和路面凸凹不平等原因激发轮胎本身振动而产生

的噪声,它的固有振动频率,一般都在200Hz以下,是一种低频的振动噪声。

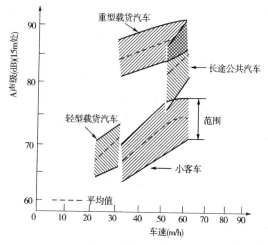

图 12-15 噪声与车速的关系

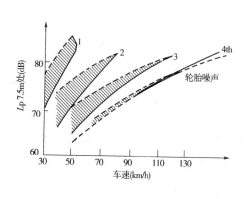

图 12-16 不同挡位、加速度时汽车的噪声

路面噪声是指车辆通过凹凸不平路面时激发轮胎振动,通过悬架和车架传给车体,使之振动而产生的车内、车外噪声。这种噪声的频率范围在 80~150Hz,影响人们的舒适感。

影响轮胎噪声的因素主要是轮胎面的花纹形状、车速、载质量和轮胎气压等,从图 12-17 可以看出车速和胎面花纹的影响力最大,车速与轮胎噪声大体是线性关系,子午线结构的轮胎噪声小。

3. 车体振动噪声

车体振动噪声是车体各种结构在发动机和路面凹凸不平的振动激励下产生的。它是车内噪声的主要原因。影响车体振动噪声的因素为各种间隙和壁的振动,以及发动机振动的传递,因此,为了降低车内噪声需在车内装饰吸声材料及对发动机进行良好隔振。

4. 制动噪声

制动噪声是由于制动器摩擦副之间的摩擦而产生的。实验表明当它们的静摩擦系数是动摩擦系数的 1.6 倍以上时,最容易产生制动噪声,其频率为 1000 ~ 6000Hz,发出尖叫,它是人耳最敏感的噪声。造成的原因是:制动鼓(或制动盘)表面粗造度大、制动蹄支撑销松动、制动蹄片与制动鼓不同心、摩擦片的硬度太高等。一般制动噪声发生在制动器处于冷态和低速行驶的情况下。

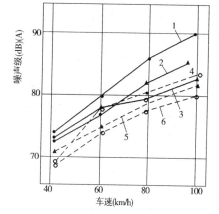

图 12-17 4t 载货汽车的轮胎噪声
1-齿形;2-普通轮胎;3-块状形普通轮胎;4-齿形子午线轮胎;5-块状形子午线轮胎;6-肋条形子午线轮胎

5. 喇叭噪声

在喇叭工作鸣放时才产生。根据喇叭形式与结构,它有不同频率,声压级一般都在 90dB (A)以上。为了控制喇叭噪声,规定在某些场合或地区禁止鸣喇叭,并把喇叭的声压级限制在一定范围内。

四、噪声控制标准

1. 保护听力的容许标准

在高噪声环境中,人耳长期感受高的噪声级之后会使听力受到损伤,从暂时性听阈偏移逐渐演变为永久性听阈偏移，由噪声而产生的永久性听阈偏移，当听力损失大于 25dB 时称为噪声性耳聋，这种永久性听阈偏移是随着暴露于噪声中的时间的延长而逐渐发展的。图 12-18 示出了由噪声诱发听力损失的发展情况。由图可见，在开始暴露噪声的短期内，听力损失先在 4000Hz 左右有一定程度的降低，随着暴露时间的延长，频率范围逐渐扩大，尤其在 2000 ~ 4000Hz 之间降低得特别多。图中最低一根曲线为暴露时间为 35 ~ 39 年的统计值，此时，中、低频的听力损失不到 20dB，而 2000 ~ 4000 Hz 的听力损失可达 50dB 以上。

为了清楚地反映噪声级、工龄与产生噪声性耳聋的危险率之间的关系，国际标准化组织曾经公布过一份详细的统计资料，将其转化为图而示于图 12-19 中。图中的纵坐标为引起耳聋的危险率，它是听力损失受害者（包括噪声性耳聋者）与听力因自然原因而衰减者的百分数之差值。这一统计资料认为噪声级低于 80dB(A)，听力损失主要是自然原因造成的。由图 12-19 可见：危险率随着噪声级（这里用等效连续 A 声级）的增加而增加；噪声越高，随工龄的增长速度也越快；在不同噪声级下，随着工龄的增长而达到一最高值，以后又逐渐下降。根据这一统计资料，可以提出保护听力的容许噪声标准。如将危险率定为 10%，则可看出，容许标准为 85dB(A) 时，在整个工龄期间都是比较安全的。也就是说，若将听力保护的噪声标准定为 85dB(A)，则在整个工龄期间，因噪声诱发的耳聋危险率不会超过 10%。若规定为 90dB(A)，则危险率的最高值要超过 20%。由此可见，为了保护听力，噪声容许标准不应超过 90dB(A)，这是目前国际上比较一致的认识，许多国家在这一方面的标准均为 90dB(A)。表 12-2 所示为一些国家的听力保护容许标准。

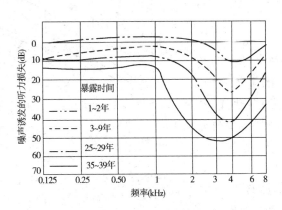

图 12-18 噪声诱发听力损失的发展情况

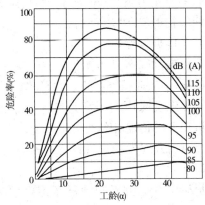

图 12-19 噪声级、工龄与产生噪声性耳聋的危险率之间的关系

一些国家的听力保护容许标准　　　　表 12-2

国别	稳态噪声声压 (dB)(A)	暴露时间 (h)	最高限度 (dB)(A)	脉冲声声压级峰值 (dB)	减半率 (dB)(A)
中国	90	8	—	—	—
德国	90	8	—	—	—
法国	90	40	—	—	—
英国	90	8	135	150	3
美国	90	8	115	140	5
加拿大	90	8	115	140	5

2. 机动车辆噪声标准

机动车辆噪声标准，是控制城市环境噪声的一个重要基础标准。世界上已有几十个国家

颁布了这种标准。它不仅作为一种产品质量标准,为各种车辆的研究、设计和制造提供了噪声控制指标,而且也是城市机动车辆管理、监测的依据。

截至2003年底,我国机动车保有量为96499597辆。其中,汽车24211615辆。并且每年还生产、进口三四百多万辆,为了提高我国车辆的设计、制造水平和控制城市交通噪声污染,我国于2002年颁布了机动车辆噪声限值和试验方法的国家标准GB 1495—2002。其主要内容见表12-3。

汽车加速行驶车外噪声限值　　　　　　　　　　表12-3

汽车分类	噪声限值(dB)(A)	
	第一阶段 2002.10.1~2004.12.30 期间生产的	第二阶段 2005.1.1 以后生产的汽车
M1	77	74
M2(GVM≤3.5t),或N1(GVM≤3.5t): GVM≤2t 2t<GVM≤3.5t	78 79	76 77
M2(3.5t<GVM≤3.5t),或M3(GVM>5t): $P<150kW$ $P≥150kW$	82 85	80 83
N2(3.5t<GVM≤12t),或N3(GVM>12t) $P<75kW$ $75kW≤P<150kW$ $P≥150kW$	83 86 88	81 83 84

说明:
a) M1、M2(GVM≤3.5t)和N1类汽车装用直喷式柴油机时,其限值增加1dB(A)。
b) 对于越野汽车,其GVM>2t时:
如果$P<150kW$,其限值增加1dB(A)。
如果$P≥150kW$,其限值增加2dB(A)。
c) M1类汽车,若其变速器前进挡多于4个,$P>140kW$,P/GVM之比大于75kW/t,并且用第三挡测试时其尾端出线的速度大于61km/h,其限值增加1dB(A)。

注:GVM——最大总质量(t);P——发动机额定功率(kW)。

第二节　噪声的检测

一、噪声检验仪(声级计)的结构与工作原理

声级计是用于测量汽车噪声级和喇叭声响的最常用的仪器,它由传感器、听觉修正线路(网络)、放大器、指示仪表和校准装置等组成。声级计内设有听觉修正线路,测量时可根据工作需要(被测声音的频率范围)选用适当的修正(计权)网络,测得与人耳感觉相适应的噪声值。

常用的声级计有三类:普通声级计,如国产的ND-2、ST-l型,丹麦BK-2206,日本NA-O9

等;精密声级计,如国产的 DSY-25、丹麦 BK-2203、日本 NA-56 等;脉冲噪声精密声级计,如丹麦 BK-2209、日本 NA-57 等。图 12-20 所示为日本直流式声级计。图 12-21 所示为国产 ND-2 型直流式声级计。

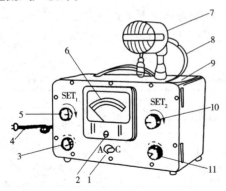

图 12-20　直流式声级计

1-听觉修正网络开关;2-机械零点调整螺钉;3-电源电压控制旋钮;4-电源线;5-电压旋钮;6-指示仪表;7-传声器;8-传声器线;9-传声器盒;10-放大倍数调整旋钮;11-仪表控制旋钮

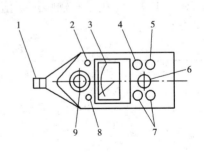

图 12-21　ND-2 型直流式声级计

1-传声器;2-仪表灯;3-指示仪表;4-放大器输出插口;5-指示灯;6-控制按钮;7-外接滤波器插口;8-灵敏度调整旋钮;9-听觉修正网络旋钮

声级计的结构形式虽因制造厂家不同而异,但其主要部分却大致相同,都是由压力型传感器、放大器、计权网络、有效值检波电路、指示仪表等组成。图 12-22 所示即为声级计原理框图。

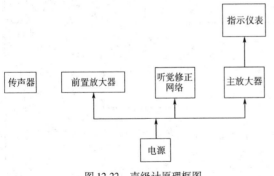

图 12-22　声级计原理框图

1. 传声器

声级计中的传声器采用输出电压与声压成正比的压力型传声器。电压的激发形式很多,一般采用的有静电型、动圈型和压电型。目前,广泛采用频率响应平直且稳定性良好的静电型传声器。

静电型传声器又称电容传声器,其结构如图 12-23 所示。当膜片受声压作用而振动时,膜片与后极板的距离会发生变化,进而引起电容量的变化,这种变化将使膜片与后极板之间产生一输出电压。

动圈传声器的结构如图 12-24 所示。它是在膜片上设置一线圈,并让该线圈位置处于圆柱体强磁场的中央,当膜片在声压作用下引起振动时,线圈在磁场中运动就会产生电动势。动圈传声器的优点是本身杂音小,不易受温度、湿度的影响,但其缺点是频率响应特性在音频范围内不平直。因此,精密声级计不使用这种传声器。

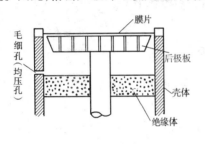

图 12-23　静电型传声器

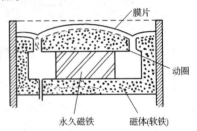

图 12-24　动圈传声器

压电型传声器,在普通声级计中时有采用。它是以锆钛酸铅(PzT)陶瓷作为压电元件的一种传声器。

另外,与静电型传声器具有同样工作原理的是驻极体传声器,它由聚酯、聚四氟乙烯制成的高分子膜片,因膜片被永久磁化而保持着电荷。

传声器有指向性。所谓指向性就是声波与膜片垂直方向入射时的传声器灵敏度和从 Q 角方向入射时的传声器灵敏度的比值变化情况。指向性由传声器的直径尺寸与声音波长的关系所引起,一般在500Hz以下的频率范围时,即为无指向性,而在 4~8kHz 的频率范围入射角从 0°~90°时,普通级声级计有 +15~-15dB 范围的指向性,精密级声级计有 +1~-6dB 范围的指向性。

2. 放大器

放大器是将传声器输出的微弱电压信号放大,以满足指示仪器的需要。其工作原理与结构和一般通用的放大器基本相似。

3. 衰减器

衰减器的作用是调整输入信号或放大器输出信号的幅度,使指示仪表上获得适当的指示值。放大器的输出级和输入级分开设置的目的,是为了按噪声级大小相应地提高信号/噪声比(S/N)。

4. 计权网络

声级计与传声器加输出放大器所组合成的测量仪,其频率特性相异处,在于声级计加入了具有规格化的、与人耳听觉特性相近的计权网络。声级计内基本都设有 A、B、C 三种计权网络。计权网络由电阻器和电容器组合构成,设置于电路中,可起到使传声器到表头的整个频率响应较为近似于听觉响应。A 挡是模拟人耳对 40 方纯音的响度感觉(L_A),能较大地衰减低频带声音;B 挡是模拟人耳对 70 方纯音的响度感觉(L_B),对低频带有一定的衰减;C 挡是模拟人耳对 100 方纯音的响度感觉,因此,可近似代表所测噪声的总声压级。而 A 挡测定值比较接近人耳对声音的感觉,所以常用 A 挡声级(L_A)代表噪声的大小。国际上也统一采用 A 计权网络进行测量。计权网络的频率响应如图 12-25 所示。

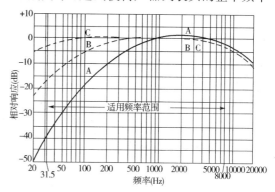

图 12-25　计权网络的频率响应曲线

5. 检波电路

检波电路又称有效值检波电路,它能使仪表的指示值与信号中各频率成分的声能按一定比例关系显示出来。通过采用这种方式,使能量相同的两个声音叠加时,表头上的指示读数将增加 3dB。

另外,为使声音随时间的变动在某种程度上与人耳的响应一致,显示电路中还附加了具有一定时间常数的 RC 电路,并规定了仪表的动态特性,即快(fast)特性和慢(slow)特性,快特性的时间常数大体相当于125ms,对于稳态噪声,规定了约1s的时间常数,称为慢特性。

6. 电源

声级计的电源一般采用直流和交流两种方式。小型声级计,为便于携带,都采用内装电池的直流电源。

7. 校准信号源

声级计在应用时必须能进行校准。有时使用活塞发声器作为标准声源,输入固定声压进行校准。若传声器的灵敏度无特别变化,则能以标准电压校验电气系统的放大量,确定总的增益特性,在一般的声级计中均备有声级计校准用信号发生器用于声级计的校准,如图 12-26 所示。

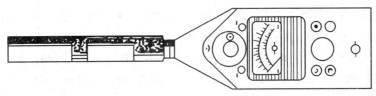

图 12-26　声级计校准用信号发生器

二、声级计的使用方法

1. 测试准备

由于声级计的品种、形式等不同,因此,使用时必须根据仪器使用说明书的要求进行,一般的使用方法如下:

(1)接通电源,使声级计预热 5min 以上,检查电源电压是否正常。

(2)将听觉校正开关(计权挡)拨到所要测量的位置。

(3)根据对被测噪声级的估计值,预先选定量程。

(4)测定环境噪声。

2. 测试

(1)测定行驶噪声和排气噪声、喇叭声音时,将计权网络开关置于(A)挡,采用"快挡"读取噪声的平均值;测量车内噪声频谱时,应将计权网络开关置于(C)挡,采用"慢挡"读取噪声的最大值。

(2)当被测定噪声与环境噪声的差值不足 10dB 时,应进行校正计算。

三、汽车噪声的测定方法

汽车噪声是城市交通噪声的主要声源,在一定车流量下,降低汽车噪声将有助于降低交通噪声。

由于汽车的噪声随运行状况不同而改变,所以如何评定一辆汽车的噪声,是一个既复杂又重要的问题,因为所测得的噪声,既要代表车辆的特性,又要是行车时常出现的状况。

测量汽车噪声的仪器应使用精密声级计或普通声级计和发动机转速表;声级计误差应不超过 ±2dB,同时在测量前后应按规定校准仪器。

1. 车外噪声的测量方法

车外噪声的测量可分为加速行驶车外噪声的测量与匀速行驶车外噪声的测量两种。

测量场地如图 12-27 所示。测量条件如下:

(1)测量场地应平坦而空旷,在测试中心以 50m 为半径的范围内,不应有大的建筑物、围墙等反射物。

(2)测试场地跑道应有 20m 以上的平直、干燥的沥青路面或混凝土路面,路面坡度不超过 0.5%。

(3)本底噪声是指测量对象噪声不存在时,周围环境的噪声。因此,在测量时噪声包括风在内的本底噪声应比所测车辆噪声至少低10dB,并保证测量不被偶然的其他声源干扰。

(4)为避免风噪声干扰,可采用防风罩,但应注意防风罩对声级计灵敏度的影响。

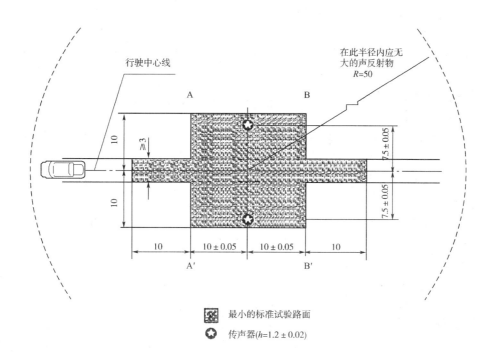

图12-27 车外噪声测量场地示意图(尺寸单位:m)

(5)声级计附近除测量者之外,不应有其他人员,如确系必不可少的人员,则应站在测量者的背后。

(6)被测车辆不载质量。测量时发动机应处于正常使用温度,车辆带有的其他辅助设备都是噪声源,测量时是否开动,应按正常使用情况而定。

(7)图12-27中的测试传声器应位于20m跑道中心O点两侧,各距中心线7.5m,距地面高度1.2m,并用三角架固定,传声器平行于路面,其轴线垂直于车辆行驶方向。

2. 加速行驶车外噪声的测量方法

(1)车辆应按下列规定条件稳定地到达始端线:

①行驶挡位:前进挡位为4挡以上的车辆用第3挡,前进挡位为4挡或4挡以下的用第2挡。

②发动机转速为发动机标定转速的3/4。如果此时车速超过了50km/h,则车辆应以50km/h的车速稳定地到达始端线。

(2)从车辆前端到达始端线开始,立即将加速踏板踩到底或节气门全开,直线加速行驶,当车辆后端到终端线时,立即停止加速。

测量加速行驶噪声时,要求被测车辆在后半区域发动机转速达到其标定转速。如果达不到这个要求,车辆使用挡位要降低一挡。如果车辆在后半区域超过标定转速,可适当降低车辆前端到达始端线时的发动机转速。

(3)声级计用"A"计权网络"快"挡进行测量,读取车辆驶过时的声级计表头最大读数。

(4)同样的测量往返各进行一次。车辆同侧 2 次测量结果之差不应大于 2dB。4 次测量结果的平均值作为被测车辆的最大噪声级。

3. 匀速车外噪声的测量方法

(1)车辆用常用挡位,节气门保持稳定,以 50km/h 的车速匀速通过测量区域。

(2)声级计用"A"计权网络"快"挡进行测量,读取车辆驶过时声级计表头的最大读数。

(3)同样的测量往返各进行 1 次,车辆同侧 2 次测量结果之差不应大于 2 dB。4 次测量值的平均值即为该车的匀速车外噪声。

4. 车内噪声的测量方法

1)车内噪声测量条件

(1)测量跑道应有足够试验需要的长度,应是平直、干燥的沥青路面或混凝土路面。

(2)测量时风速(指相对于地面)应不大于 3m/s。

(3)测量时车辆门窗应关闭。车内带有的其他辅助设备是噪声源,测量时是否开动,应按正常使用情况而定。

(4)车内本底噪声比所测车内噪声至少低 10dB(A),并保证车辆在测量过程中不被其他声源所干扰。

(5)车内除驾驶员测量人员外,不应有其他人员。

2)车内噪声测点位置

(1)车内噪声测量通常在人耳附近布置测点,传声器朝车辆前进方向。

(2)驾驶室车内噪声测点位置如图 12-28 所示。

(3)载客车室内噪声测点可选在车厢中部及最后排座的中间位置,传声器高度参考图 12-28。

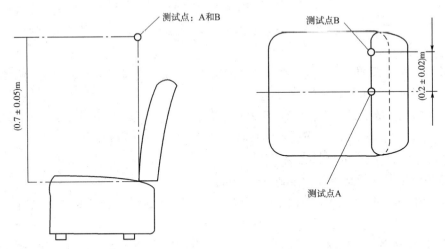

图 12-28　车内噪声测点位置示意图
A-未占用的座位;B-驾驶员座位

3)测量方法

(1)车辆以常用挡位 50km/h 以上不同车速匀速行驶,分别进行测量。

(2)用声级计"慢"挡测量 A、C 计权声级,分别读取表头指针最大读数的平均值。

(3)进行车内噪声频谱分析时,应按中心频率为 31.5Hz、63Hz、125Hz、250Hz、500Hz、1000Hz、2000Hz、4000Hz、8000Hz 倍频带,依次测量各中心频率下的噪声级。

思 考 题

1. 常用的噪声评价指标是什么?
2. 声级计计权网络是依照什么原理设计的?
3. 机动车噪声产生的主要原因有哪些?
4. 简述车内噪声的测量方法?
5. 常用的传声器有哪几种形式?

参考文献

[1] 余志生.汽车理论[M].2版.北京:机械工业出版社,1996.
[2] 张建俊.汽车诊断与检测技术[M].北京:人民交通出版社,1997.
[3] 曹家喆.现代汽车检测诊断技术[M].北京:清华大学出版社,2003.
[4] 赵英勋,刘明.汽车检测与诊断技术[M].北京:机械工业出版社,2003.
[5] 方锡邦.汽车检测技术[M].合肥:安徽科学技术出版社,2000.
[6] 李杰敏.汽车拖拉机试验学[M].2版.北京:机械工业出版社,1995.
[7] [日]近藤政市.基础汽车工程学(上)[M].崔靖(译).西安:陕西科学技术出版社,1990.
[8] [日]近藤政市.基础汽车工程学(下)[M].崔靖(译).西安:陕西科学技术出版社,1990.
[9] [日]景山克三.汽车的性能与试验[M].常文宣(译).北京:人民交通出版社,1985.
[10] 董敬等.摩托车测试技术[M].武汉:武汉测绘科技大学出版社,1992.
[11] 汽车运输职工教育研究会.汽车修理工高级技术培训教材(中册)[M].上海:上海科学技术出版社,1991.
[12] 郑慕侨.车辆试验技术[M].北京:国防工业出版社,1989.
[13] 常健生.检测与转换技术[M].北京:机械工业出版社,1981.
[14] 南京航空学院陀螺仪原理编写组.航空陀螺仪原理[M].北京:国防工业出版社,1981.
[15] 周天佑.汽车安全检验[M].北京:人民交通出版社,1989.
[16] 杨德华.汽车检测与诊断技术[M].南京:江苏科技出版社,1994.
[17] 中国机动车安全检测技术研究组.汽车安全检测设备[M].北京:北京警官教育出版社,1994.
[18] 中国机动车安全检测技术研究组.汽车安全检测技术基础[M].北京:北京警官教育出版社,1994.
[19] 周湧麟,李树民.汽车噪声原理、检测与控制[M].北京:中国环境科学出版社,1992.
[20] 李岳林,王生昌.交通运输环境污染与控制[M].北京:机械工业出版社,2003.
[21] 李兴虎.汽车环境保护技术[M].北京:北京航天航空大学出版社,2004.
[22] 钟志华,张维刚,曹立波,等.汽车碰撞安全技术[M].北京:机械工业出版社,2003.
[23] 《汽车工程手册》编辑委员会.汽车工程手册·试验篇[M].北京:人民交通出版社,2001.
[24] 王洪兰.陀螺理论及在工程测量中的应用[M].北京:国防工业出版社,1995.
[25] 郭秀中.惯导系统陀螺仪理论[M].北京:国防工业出版社.1996.
[26] 李岳林,王生昌.交通运输环境污染与控制[M].北京.机械工业出版社,2003.
[27] 安相壁.汽车环境污染检测与控制[M].北京:国防工业大学出版社,2008.